Reinhard Leube

Atemberaubend

Zweiter Teil

Anderwelt Verlag

The Bank of England

Reinhard Leube

Atemberaubend

London und Deutschland in den Jahren 1933 bis 1937

Der Geschichte zweiter Teil

Illustrationen von Daniel van Oz und Andreas Schäfer

Impressum

Atemberaubend
London und Deutschland in den Jahren 1933 bis 1937
Teil 2

Umschlagbild und Illustrationen von Daniel van Oz
und Andreas Schäfer

1. Auflage 2019

Anderwelt Verlag, München
Druck: CPI Books GmbH Printed in Germany

ISBN: 978-3-940321-20-6

Mein sehr herzlicher Dank gilt allen, die dieses Buchprojekt in vielfältiger Form unterstützt haben. Sie haben es überhaupt erst möglich gemacht.

Den Menschen, auf die mit einem Sternchen*
aufmerksam gemacht wird, werden Sie in den
Jahrzehnten von 1945 bis 1990 in durchaus
herausgehobenen Stellungen wieder begegnen.

1933

Der Staat Adolf Hitlers ruft nach der Kirche

Das waren turbulente Wochen und jetzt schreiben wir den 4. April 1933. Während der Kanzler überall seine Reden für den inneren und äußeren Frieden hält, sind die führenden Männer in den Kirchen im Clinch über ihre Haltung zur avisierten nationalen Erneuerung Deutschlands. Schon am Montag nach jenem Boykott jüdischer Läden und so weiter trifft sich die Führung der „Deutschen Christen" zu ihrer ersten Reichstagung. Sie können sich nicht für das „Altonaer Bekenntnis" vom Januar erwärmen. Wenn Deutschland im revolutionären Aufbruch ist, können sie nicht an alten Sprüchen hängen. Am 4. April 1933 bringen Sie das Ergebnis ihrer wegweisenden Zusammenkunft an die Öffentlichkeit: „Gott hat mich als Deutschen geschaffen, Deutschsein ist Geschenk Gottes. Gott will, dass ich für mein Deutschland kämpfe. Kriegsdienst ist in keinem Fall Vergewaltigung des christlichen Gewissens, sondern Gehorsam gegen Gott ... Der Staat Adolf Hitlers ruft nach der Kirche, die Kirche hat den Ruf zu hören ... Christus ist zu uns gekommen durch Adolf Hitler!"[1] Das mögen evangelische Pfarrer also fortan von der Kanzel verkündigen. Ein Christ, der an die Verheißungen dieses neuen Sozialismus glaubt, ist der Pfarrer Martin Niemöller, der in Berlin-Dahlem predigt. Aber er ist auch lediglich einer von vielen Männern in diesem alten Beruf, die außerhalb ihrer Gemeinde naturgemäß kaum jemand kennt. Wie wird es Niemöller beeinflussen, wenn er die Ausgrenzung anderer Menschen unter dem neu eingesetzten Kanzler erlebt?

Um dabei gerecht zu bleiben – die Nazis nehmen sich die evangelischen Kirchen bei uns auch schneller und massiver vor als die katholische. Der Diplomat Erich Kordt erzählt: Dem Grundsatz getreu, immer nur einen Gegner anzugreifen, konzentriert sich die Führung der NSDAP zunächst auf die protestantische Kirche. In der Art, wie am Anfang die politische Macht übernommen wurde, sollen nunmehr auch die Kirchen gleichgeschaltet werden. Als Einstieg wird eine große Zahl SA-Männer, die zuvor bloß bürgerliche Eheschließungen vorgenommen haben, zu kirchlichen Massentrauungen veranlasst. In der Propaganda wird derweil scharf gegen die aus der Kirche Ausgetretenen gewettert. Zugleich wird die „Vereinigung deutscher Christen“ gebildet, die bei der Kirchenwahl – wenn auch nicht ohne staatliche Unterstützung – eine Mehrheit bekommt und die Pfarrhäuser so ähnlich besetzen soll, wie es vorher ebenfalls mit den Polizeipräsidien durch die SA geschehen ist. Obwohl die NSDAP bei den politischen Wahlen von vielen protestantischen Pfarrern durchaus wertvolle Unterstützung erhalten hat, setzt sich die Mehrheit der Pfarrer nun gegen die Vereinnahmung durch die *Deutschen Christen* zur Wehr. Der unbekannte Pfarrer Martin Niemöller* hebt mit Gleichgesinnten seinen Pfarrernotbund aus der Taufe. Man möchte die Freiheit des christlichen Bekenntnisses vor der Nazi-Ideologie schützen und hält deshalb fest an der Einheit von Altem und Neuem Testament.[2] Das ist entscheidend, um Deutsche und Juden hier nicht auseinanderdividieren zu lassen. Wer in späteren Jahren unsere Zeit vielleicht verstehen will, wird einerseits begreifen müssen, was Leute wie Niemöller zum Nationalsozialismus hinzieht als auch, was sie wiederum abstößt. Selbstverständlich hat auch in diesem Zusammenhang die Medaille wieder zwei Seiten. Es wäre in der Tat ungewöhnlich, wenn große Teile der Gesellschaft morgens aufstehen würden mit dem Vorsatz, tagsüber wieder ein Verbrechen zu begehen – dies wäre insbesondere seltsam bei einem Pfarrer wie Niemöller.

Der politische Katholizismus und die katholische Arbeiterbewegung auf der anderen Seite waren bereits vor dem Jahreswechsel auf Abstand zu den Vorreitern des Rassismus gegangen. Viele Bischöfe verurteilten das Buch *Mythus des 20. Jahrhunderts* des Rassenfanatikers Alfred Rosenberg. Was die Nazis als Weltanschauung verkaufen, bezeichneten sie als eine Irrlehre. Mit dem „artgemäßen Christentum“ in der Evangelischen Kirche können sie nichts anfangen. Anders als bei den Protestanten gibt es in der Katholischen Kirche eine lange Tradition des Widerstands und des Märtyrertums. So sind viele bereit, auch Verfolgung, Haft und Folter wegen ihrer Überzeugungen auf sich zu nehmen,[3] wobei sich dies in der trockenen Theorie etwas feierlicher liest, als es in Wirklichkeit ist. Unter der Hand macht jetzt dieser Spruch die Runde: Auch die Pfarrer grüßen jetzt mit „Heil Hitler!“ Aber der katholische grüßt anders als der evangelische. Der evangelische Pfarrer ruft: „Im Namen Gottes, Heil Hitler!" – Der katholische Pfarrer grüßt: „In Gottes Namen, Heil Hitler."[4] Es klingt anders und es hat auch einen anderen Inhalt.

Die neue Führung stellt die Weichen

Um die Gleichschaltung der Länder noch weiter zu *verbessern*, wird am 7. April ein zweites Gesetz dazu erlassen. Jetzt können Reichsstatthalter ernannt werden. Der Kanzler muss nur geeignete Jungs für diese Posten finden und sie vorschlagen. In der Regel findet er jene in den Gauleitern der NSDAP. So ein Statthalter darf mehr als andere Leute. Er kann den Vorsitzenden der Landesregierung entlassen, wenn der nicht macht, was er soll, und er kann einen geeigneten Kandidaten ernennen. Im Bedarfsfall kann er gleich den ganzen Landtag an die frische Luft befördern. Ein Misstrauensbeschluss der Landtage ist nicht mehr zulässig.[5] Im Prinzip ist keiner so richtig überrascht, dass man immer seltener Gegenstimmen zur Linie der Reichsregierung zu hören bekommt. Weil sie gerade dabei ist, erlässt sie gleich noch ein Gesetz zur Wiederherstellung des Berufsbeamtentums. Damit werden „Nichtarier" endgültig aus vielen Berufen ausgeschlossen. Dieses Gesetz vom 7. April '33 ist zwar gar nicht für die Wirtschaft gedacht, doch manch einer wittert auch hier Morgenluft. Ob in Aufsichtsräten, Vorständen oder den Wirtschaftsverbänden – überall ist man schnell bei der Sache und nutzt die Gelegenheit für den eigenen Vorteil, setzt die Juden vor die Tür und holt dafür gute Bekannte herein. Bei dem Gesetz ging es aber nur darum, Nazis in entscheidende Posten der Verwaltung zu manövrieren. Ergänzt wird das Paket noch von einem Gesetz über die Zulassung zur Rechtsanwaltschaft. Dort wird festgelegt, dass die Zulassung von Anwälten bis zum Herbst dieses Jahres zurückgenommen werden kann.[6] Damit wird natürlich die Unabhängigkeit der Justiz schrittweise untergraben.

Wer an den Gesetzen schon nichts ändern kann, übertreibt sie durch die Übertragung der vergifteten Gesetzestexte in feinstem Beamtendeutsch auf das berufliche Milieu der leichten Mädchen: „Auch das Dirnenwesen soll gemäß dem Reichsbeamten- und Anwaltsgesetz von nichtarischen Elementen gereinigt werden. Danach dürfen beruflich nur noch Dirnen tätig sein: Erstens solche, die rein arisch sind; zweitens solche, die jenes Gewerbe schon vor 1914 ausgeübt haben; drittens solche, deren Mütter im Kriege gefallen sind.“ Bezeichnend für die Wahrnehmung der Presse ist dieser Spottvers: „Was ist es? ’s liegt vor der Tür und lügt. – Der VB.“ 1933 weiß man in Deutschland, dass der VB das Blatt der Nazis ist – der *Völkische Beobachter*. Glücklicherweise gibt es jedoch immer noch eine breite Presselandschaft, in der niemand Interesse daran hat, das Volk zu national-sozialistischen Ideen zu bekehren, erklärt Sebastian Haffner*. Ein anderer Spruch bezieht sich auf Radiogrütze: Wie geht es Ihnen? – Danke, jetzt geht es wieder einigermaßen erträglich: Ich habe den Rundfunk abbestellt.[7] Gebe Gott, dass uns die kleine Freiheit noch, solange es möglich ist, bleibt. Viele Deutsche verlassen in diesen Tagen die Heimat und suchen Zuflucht im Ausland. Unter ihnen ist Herbert Frahm. Es ist kein schwerer Abschied für ihn, als er an einem der ersten Apriltage des Jahres 1933 von Lübeck weggeht. Er muss weg, um nicht Leib und Seele zu riskieren, und den Blick nach draußen wenden, erklärt er – und fragt sich: „Wo hätte ich die Muße hernehmen sollen für den Blick zurück?“[8]

Fern der Heimat legt sich Herbert Frahm den Namen Willy Brandt* zu. Wenn wir schon bei Herbert sind, so wollen wir gleich mit Herbert von Bismarck* weitermachen. Der andere Herbert hat die Möglichkeit, hier in der Reichshauptstadt zu bleiben. Er ist Staatssekretär im preußischen Innenministerium, zumindest bis 1933. Er legt sich dauernd an mit dem neuen Chef Hermann Göring und protestiert laut und deutlich gegen die Gesetzwidrigkeit der Verfolgungen, die neuerdings auch von staatlichen Organen ausgehen und er bemüht sich, die Minister, die nicht der Nazi-Partei angehören, zum Rücktritt zu bewegen. Weil ihm das nicht gelingt, tritt er selbst am 10. April zurück. Bleibt nur anzumerken, dass der eine Herbert in den folgenden *Tausend Jahren* im Ausland genauso viel oder wenig für Deutschland tun kann wie der andere Herbert in der inneren Emigration. Wie man es macht, ist es falsch. Nur wer als Bremsklotz im

Getriebe bleibt, kann versuchen, hier und da vielleicht doch noch Unheil abzuwenden. Fakt ist jedoch: Wer weg ist, rettet hier nichts mehr.[9] Sind Sie eigentlich mit allem zufrieden, was im Land geschieht? Und, tun Sie etwas, damit sich etwas ändert, oder haben Sie abgeschaltet, weil Sie an den großen Entscheidungen doch nichts machen können? Und wann ist der Punkt erreicht, dass Sie Ihre eigene Existenz plus Familie aufs Spiel setzen würden, weil sie sehen, dass anderen Unrecht getan wird?

Polens Führung will Hitler die Flügel stutzen

Mitte April sondiert Warschau erneut in Paris die Bereitschaft für einen Präventivkrieg gegen das Reich. Es mag vielleicht überraschen, aber ein Krieg wäre bei einer auf 100.000 Soldaten begrenzten Reichswehr noch nicht einmal absolut chancenlos. In Polen sind im Moment gerade mehr die antideutschen Stimmungen in Mode – die polnische Aversion gegen die Ukrainer, Kaschuben, Juden, Weißrussen und Tschechen im Lande spielen jetzt eher so eine untergeordnete Rolle. Man muss auf jeden Fall Prioritäten setzen. Piłsudski lässt Truppen aufmarschieren – auf Befehl des Marschalls hin wird Kavallerie in Pomerellen, vor Danzig und an der Grenze zu Ostpreußen konzentriert, Elite-Truppen werden von der Ostgrenze abgezogen und auch an die deutschen Grenzen verlegt. In diesen Tagen informiert der deutsche Botschafter von Moltke das Auswärtige Amt über die Warschauer Versuche, Frankreich zum Präventivkrieg zu bewegen. Erneut ist es die französische Regierung, die dieses Ansinnen mit Erfolg abwehrt.[10]

1933

Kanzler Hitler schafft einen staatlichen Feiertag

Der 1. Mai ist traditionell der große Kampftag der Arbeiter. Die Berliner Regierung erklärt ihn ab diesem Jahr zu einem richtigen Feiertag. Viele Menschen strömen in unsere Reichshauptstadt. Die Teilnehmer an dem Fest sind aus fernen Dörfern und Städten angereist, um an einer großen Festveranstaltung auf dem Tempelhofer Feld in Berlin mit dem Stargast Kanzler Adolf Hitler teilzunehmen. Wann war zuvor im Klassenstaat ein Regierungschef der Schirmherr? In Berlin selbst ist man ja bekanntlich nicht so von ihm angetan. In den noblen Gegenden am Grunewald blickt man auf den Volksredner herab und in den Arbeiterbezirken wählen die Leute eher SPD oder KPD. Na ja, als das noch möglich war, hat man für diese zwei Parteien votiert. Vor über einer Million Teilnehmern tauft der Kanzler diesen Tag jetzt zum *Feiertag der nationalen Arbeit*.[11] Hitler hat dem Publikum auch ganz besonders feine Überraschungen mitgebracht. Der Kanzler besticht mit einem Autobahnprogramm für Deutschland – die Pläne verstauben seit Jahren in Berliner Schreibtischen.[12] Vielleicht hat ja wirklich bisher noch niemand gesehen, welche Wirkung solch ein Projekt in einer Krise haben könnte; es hat aber andererseits auch noch niemand vor ihm Gelder für zivile Großprojekte in Aussicht gehabt. Und den Deutschen wird ein *Volkswagen* in Aussicht gestellt, wenn sie jeden Monat ein paar Mark auf die hohe Kante legen. Den Wagen gibt es zwar noch nicht, aber Vorfreude ist immer noch die schönste Freude. So wird *Er* bei den kleinen Leuten schnell der Größte. 336.668 Sparer legen über die Jahre 236 Millionen Mark an und hoffen. Weil keiner von ihnen ein Hellseher ist, wissen sie auf dem Tempelhofer Feld natürlich nicht, dass kaum einer von ihnen solch ein Auto kaufen wird, weil das VW-Werk bei strenger Geheimhaltung fast nur Militärfahrzeuge herstellen wird.[13]

Ein Denker wie Gottfried Benn ist immer noch mächtig überzeugt. Benn hält danach fest, die Arbeit sei endlich, befreit vom Makel proletarischen Leids, zur Grundlage eines neuen Gemeinschaftsbewusstseins gemacht und ein „Teil der Menschenrechte neu proklamiert“[14] worden. Nach den heftigen Jahren der Inflation, der Krise und Arbeitslosigkeit gewinnt für viele in der Bevölkerung ihr Tun endlich wieder seinen Sinnzusammenhang zurück; noch die geringste Tätigkeit sieht sich zu preiswürdiger Bedeutung erhoben, und zugespitzt ließe sich sagen, dass Hitler tatsächlich etwas von jenem Bewusstsein verbreitet, auf das er zielte, als er von der Ehre sprach, als Straßenfeger Bürger dieses Reiches zu sein. Wenn man die Hebel kennt, die man bei einem Menschen bedienen muss, ist es ein Leichtes, die Leute für sich zu gewinnen.[15]

Von den Bahnhöfen der 4-Millionen-Stadt marschieren Gäste in Berlins Innenstadt, um an dem Fest teilzunehmen. Der französische Botschafter André François-Poncet ist vom Aufmarsch eines Teiles der Bevölkerung auf jeden Fall beeindruckt: „Bei Hereinbrechen der Nacht durchziehen dichte Kolonnen die Straßen von Berlin in schöner Ordnung, im Gleichschritt, Schilder werden vorangetragen, Pfeifergruppen, Musikkapellen spielen, so zieht man zum Versammlungsort; ein Bild wie beim Einzug der Zünfte in den Meistersingern!“ Wahrscheinlich muss man das Chaos des letzten Jahrzehnts auf den Straßen selbst erlebt haben, um die überraschende, wenn auch erzwungene Ordnung in der Bevölkerung genauso zu empfinden. „Ein rot schimmerndes Meer von Fahnen schließt im Hintergrund das Bild ab. Gleich dem Bug eines Schiffes erhebt sich vorn eine Tribüne, mit zahlreichen Mikrophonen besetzt, unter der die Menge brandet: Die Reihen der Reichswehreinheiten, dahinter eine Million Männer. SA und SS wachen über die strenge Ordnung bei diesem gewaltigen Treffen. Die Naziführer erscheinen, einer nach dem anderen, von der Menge lebhaft begrüßt. Bayerische Bauern, Bergarbeiter, Fischer in ihrer Berufskleidung, österreichische Abordnungen, Abordnungen aus dem Saarland und aus Danzig besteigen die Tribüne. Sie sind Ehrengäste des Reiches.“ Es ist schon aufschlussreich, wie der ausländische Botschafter das empfindet. „Alles atmet gute, frohe Stimmung, allgemeine Freude. Nichts erinnert an Zwang.“ Hier nicht… „Um acht Uhr entsteht Bewegung. Hitler erscheint, aufrecht stehend in seinem Wagen, mit ausgestrecktem Arm, das Gesicht starr, etwas verkrampft. Er wird mit lang anhaltenden Rufen begrüßt, die machtvoll aus Tausenden von Kehlen aufbrausen.“ Es ist eine Atmosphäre wie in Moskau. Und auch dort sind es bloß Teile des Volkes, die jubeln. „Inzwischen ist es Nacht geworden. Die Scheinwerfer flammen auf, in weiten Abständen aufgestellt, so dass zwischen ihren bläulichen Lichtkreisen Dunkelheit liegt. Ein Menschenmeer, aus dem hie und da in Lichtstreifen bewegte Gruppen auftauchen; ein eigenartiges Bild, diese atmende, wogende Menge, die man im Licht der Scheinwerfer sieht und im Dunkel errät. Nach einigen einführenden Worten von Goebbels besteigt Hitler die Rednertribüne. Die Scheinwerfer erlöschen, mit Ausnahme jener, die den Führer in strahlende Helle tauchen, so dass er wie in einem Märchenschiff über dem Gewoge der Massen zu stehen scheint. Es herrscht Stille wie in einer Kirche. Hitler spricht.“[16]

Die Gewerkschaften werden ausgeschaltet

Für den 3. Mai wünscht sich der neue Kanzler den Beitritt der christlich orientierten Gewerkschaften zu einem nationalsozialistisch orientierten „Aktionskomitee zum Schutz der deutschen Arbeit“ – also faktisch eine Selbstauflösung der christlichen Arbeitervereine. Viele der Funktionäre stimmen aus unterschiedlichen Gründen zu. Aber einer verweigert sich. Er heißt Jakob Kaiser*. Er wird aus seiner Gewerkschaft entlassen, doch er bemüht sich nach der Zerschlagung der christlichen Gewerkschaften als eine Art Treuhänder, die Anerkennung von Versorgungsansprüchen entlassener Gewerkschaftsmitglieder bei Behörden durchzusetzen, was ihm aber nicht gelingt.[17] Den Versuch ist es jedenfalls wert gewesen.

Die glühenden Reste der falschen Bücher

Nur neun Tage nach dem 1. Mai findet wieder so eine Großveranstaltung statt und große Feuer brennen in deutschen Städten. In Berlin findet sie gegenüber der Wilhelms-Universität und neben der Bibliothek statt. Das ist praktisch, denn man will ja die falschen Bücher auf einem lodernden Scheiterhaufen abfackeln. Theodor Heuss* ist jetzt weniger überrascht, dass seine Broschüre *Hitlers Weg* aus dem Vorjahr genannt und in die Flammen geworfen wird, als darüber, dass bei dieser feierlichen Bücherverbrennung auch gleich alles andere falsch gewesen sein soll, was er in seinem bisherigen Leben gelesen hat. Er kann sich auch nicht vorstellen, dass die uniform gekleideten Männer, die jetzt einen Bücherstapel nach dem anderen nehmen und in die Glut werfen, wirklich die Qualifikation haben, um zu entscheiden, in welchen Büchern die absolute Wahrheit zu finden ist und in welchen vollständiger Unfug steht. Es lässt freilich tief blicken, dass diese intelligenzfernen Truppenteile schon seit über einem Jahrzehnt aus anderen Ländern finanziert werden. Und die Deutschen?

Gehen jetzt all die Leseratten zu ihren Bücherregalen und entfernen ihre Bücher von den *falschen* Autoren? Doch warum hält niemand die braun Uniformierten von ihrem Tun ab? Steht es an den Veranstaltungsorten nicht hundert zu null? Warum protestiert niemand? Heinrich Heine ist zum Protest nicht mehr in der Lage. Er ist nun bereits geraume Zeit tot. Doch Theodor Heuss ist quicklebendig. Hat er sich zwischen das Feuer und die Muskelmänner gestellt? Kann man also formulieren, dass diese Aktion von den Autoren und Leseratten in Deutschland begrüßt wurde? Doch etwas kann man sagen: dass diese wüste Szene, die sich in vielen Universitätsstädten abspielt, ohne Zweifel beiträgt zur Meinungsbildung in der Bevölkerung, so oder so. Manch einer kauft sich zum Beispiel die neue Platte von Weiß-Ferdl. Der Text dieses Couplets zeigt unterschiedliche Reaktionen auf die aktuellen Lebensumstände in Deutschland vom bissigen Zynismus bis zur Formulierung ernster Hoffnungen der Leute. Hören wir ein bisschen hinein.

Die neue Platte von Weiß-Ferdl

Früher gab's so viel Parteien,
deshalb auch viel Reibereien
bis dann kam ein Ingenieur,
und sprach: nein, so geht's nicht mehr.

1933

Weg mit diesen Wechselströmen,
woll'n wir lieber Gleichstrom nehmen.
Er hat aus- und umgeschaltet:
gleichgeschaltet, gleichgeschaltet.

Hat man Zeitungen gelesen,
früher ist man blöd gewesen.
Die schrieb: Bravo! Richtig! Heil!
Die and're: Pfui – grad 's Gegenteil!
Doch das Geld kannst dir jetzt sparen.
Liest du eine, bist im Klaren:
Gleichlautend sind all' gestaltet,
Gleichgeschaltet, gleichgeschaltet.

Arbeitsdienst wurd' eingeführet,
mancher freudig mitmarschieret,
endlich schaffen, Gott sei Dank.
And're aber macht das bang.
Statt beim Fünf-Uhr-Tee beim Schwofen
soll er jetzt im Gleichschritt loofen,
handgepflegt den Spaten halten.
Gleichgeschaltet, gleichgeschaltet.

Man hört nicht mehr Saxophone,
tanzt nicht Rumba, Tscharlestone, (Charleston)
Fort mit Jazz und Niggertanz,
sind nicht mehr meschugge ganz.
Alte Weisen hört man wieder,
stramme Märsche, deutsche Lieder,
die man gern im Ohr behaltet,
gleichgeschaltet, gleichgeschaltet.

Bei den Abrüstungskonf'renzen,
die Franzosen immer penzen, (jammern)

1933

Deutschland, ach, bedroht uns sehr,
doch die Welt glaubt's längst nicht mehr.
Unser Kanzler sprach es offen:
Friede hat nur der zu hoffen,
der abrüstet. Da Wort haltet!
Gleichgeschaltet, gleichgeschaltet.

Will der Mann e' Freundin halten
und nich treu blei'm seiner Alten,
geht im Saft die deutsche Frau,
droht dem Gatten mit Dacháu.
Zwanzig Jahr' hast du verdrossen,
meine Reize du genossen?
Dabei bleibt's, du bist auch veraltet.
Gleichgeschaltet, gleichgeschaltet.

Ganz vereint sind Bayern-Preißen,
nicht mehr ausanand zu reißen.
Statt, dass in die Berg' wir ziehen,
mach mer Weekend in Berlin,
nun im Lunapark dort droben,
die Preußen lernen dafür jodeln.
Mensch, wie det zusammenhaltet,
Gleichjeschaltet, gleichjeschaltet.

Wenn wir fest zusammen stehen,
muss's doch wieder aufwärts gehen!
Baue Arbeitsmann und Knecht,
alle Bürger gleiches Recht!
Für das Land, das wir gestritten,
und viel Jahre Not gelitten,
woll'n wir leben ungespaltet,
gleichgeschaltet, gleichgeschaltet.[18]

Moskau beendet die Militärhilfe für Deutschland

Auch im Ausland tragen die Veränderungen der letzten Monate auf der politischen Bühne in Deutschland zu einem Meinungswandel bei. Wenn der sowjetische Botschafter in Berlin nach dem Frühstück die Zeitungen liest, wird jetzt noch öfter vom nötigen Kampf gegen den Bolschewismus geschrieben. Darüber macht er sich so seine Gedanken. Im Moment ist das für sein Land natürlich keine Gefahr, dafür ist die eigene Armee zu groß und die deutsche dagegen verschwindend klein. Aber er macht sich eben seine Gedanken. Moskauer Diplomaten und Politiker hatten schon seit Jahren davor gewarnt, die Reichswehr zu sehr zu unterstützen. Die Militärs hatten sich aber immer durchgesetzt. Im Mai 1933 ist das Maß voll, und die Militärs selbst werden losgeschickt, um die Deutschen das wissen zu lassen. Kliment Woroschilow, Alexander Jegorow und Michail Tuchatschewski treffen General von Bockelberg und erklären ihm, dass die Beziehungen zwischen ihren Streitkräften doch nicht völlig von der großen Politik ihrer Regierungen abgekoppelt werden könnten.[19] Unser General wird das sicherlich verstehen, aber übertrieben ist es trotzdem. Welche Regierung hat denn hier anderthalb Jahre Bestand gehabt? Die Russen hingegen bleiben steinhart. Als doppelzüngig bezeichnen sie die deutsche Außenpolitik.[20]

Die Rechte anderer Völker respektieren

Vor dem Berliner Reichstag wandelt der frische Reichskanzler Hitler am 17. Mai Worte ab, die er so ähnlich bei jenem Dinner im Februar vor den Generälen ausgesprochen hatte. Doch auf einmal klingt die ganze Argumentation absolut anders: „Indem wir in grenzenloser Liebe und Treue an unserem eigenen Volkstum hängen, respektieren wir die nationalen Rechte auch der anderen Völker.“ Ist das derselbe Redner? Er weiß sich vollkommen einig mit dem Publikum, wenn er formuliert, wir „möchten aus tiefinnerstem Herzen mit ihnen in Frieden und Freundschaft leben. Wir kennen daher auch nicht den Begriff des Germanisierens. Die geistige Mentalität des vergangenen Jahrhunderts, aus der heraus man glaubte, vielleicht aus Polen und Franzosen Deutsche machen zu können, ist uns genauso fremd, wie wir uns leidenschaftlich gegen jeden umgekehrten Versuch wenden." Ja und ob man das im Reich gerne hört. Weshalb sonst würde Adolf Hitler denn mit so einem Argument operieren? Dabei lügt er noch nicht einmal; er sagt bloß einfach nicht, dass die Menschen einfach aus ihren Heimatländern ausgewiesen werden sollen. Er kommt dann auf eines seiner großen Themen zurück: „Es wäre ein Glück für die Welt gewesen, wenn im Vertrag von Versailles diese Realitäten auch im Bezug auf Deutschland gewürdigt worden wären." Wo Hitler Recht hat, hat er Recht: „Eine überlegte Behandlung der Probleme hätte damals im Osten ohne Weiteres eine Lösung finden können, die den verständlichen Ansprüchen Polens genauso wie den natürlichen Rechten Deutschlands entgegengekommen wäre."[21] Weltweit, also in London, unterstützt man die Forderung des Kanzlers nach der Gleichberechtigung Deutschlands, darunter die Londoner *The Times*. Ja richtig: Direktor Geoffrey Dawson, *Milner's Kindergarten, Round-Table-Bewegung*. US-Präsident Franklin Roosevelt ist vom Auftritt Hitlers begeistert.[22] Gut, und was beabsichtigt er damit? Zu Beginn seiner Präsidentschaft erkennt Roosevelt ebenfalls die Sowjetunion diplomatisch an. Was führt er im Schilde, wenn er diese beiden Diktaturen in Deutschland und der Sowjetunion hochjubelt?[23]

Zur Abstimmung steht heute eine Resolution, die Hitlers Friedenspolitik billigen soll. Wie wird *die* Partei dastehen, die den Frieden ablehnt? Also ehrlich. Jene SPD-Leute, die nicht in ein Konzentrationslager verbracht worden waren und nicht ins Ausland geflohen sind, sitzen in der Patsche und stimmen dieser Resolution zu. Sie meinen, dass dieser Kanzler bald abgewirtschaftet haben wird und so lange versuchen sie zu überwintern. Ihre Partei taumelt jetzt ebenfalls am Rande des Abgrundes. Seit einigen Monaten ist die Partei in sich gespalten – ein Teil der Führungsspitze ist aus Angst vor dem Zugriff durch die Schlägertrupps nach Prag geflohen. Vom Ausland aus rufen sie ihren Genossen, die in der Reichshauptstadt verblieben sind, zu: „Ihr täuscht euch; Hitler wird lange dauern; und er wird euch nicht überwintern lassen."[24]

Das „Ja" der Rest-SPD zu der Resolution führt zum Bruch zwischen den Ängstlichen und den Ratlosen in der Parteiführung. Die Ängstlichen in Prag formulieren ein Manifest, das mutigere Männer zum Sturze Hitlers aufruft. Letzterer nutzt die Gelegenheit und macht die SPD-Führung in der Hauptstadt für dieses Manifest verantwortlich. Der Aufruf wird zum Anlass, um den Terror gegen die ratlosen Männer weiter zu verschärfen. Dass sie entrüstet ihre Unschuld beteuern macht dieses Trauerspiel nur noch peinlicher, zumal gerade viele junge Männer in der *Eisernen Front* gegen die Nazis kämpfen wollen.[25] Das wäre der Moment der Wahrheit. Diese *Eiserne Front* war am 16. Dezember 1931 von SPD, Allgemeinem Deutschem Gewerkschaftsbund, vom sozialdemokratischen Kampfbund Reichsbanner Schwarz-Rot-Gold und den Arbeitersportverbänden überhaupt nur gegründet worden, um der zunehmenden Gewalttätigkeit der Nazis etwas entgegensetzen zu können, wenn nicht jeder auf der Straße einzeln verprügelt werden wollte. Oberstes Ziel war die Verteidigung der Weimarer Republik gegen Nationalsozialisten, Kommunisten und gegen die von ihnen sogenannte Adelskamarilla.[26]

London lässt Europa hängen

In den Hauptstädten Europas geht unterdessen die Debatte weiter, wie sich Abrüstung organisieren lässt, ohne Überfälle durch andere Staaten zu riskieren. Jetzt ist es wirklich unerlässlich, dass Großbritannien eine Schutzgarantie für den Kontinent übernimmt. Dazu ist London jedoch nicht bereit. John Simon erklärt vor dem Unterhaus: „Unsere Freunde auf dem Kontinent müssen Verständnis dafür haben – und je klarer sie die Sachlage erkennen, umso besser ist es –, dass Großbritannien nicht die Absicht hat, irgendwelche Verpflichtungen zu übernehmen, die über das hinausgehen, was wir im Locarno-Pakt (Garantie der französisch-deutschen Grenze) und als Mitglied des Völkerbundes bereits übernommen haben."[27] Auf die kontinentaleuropäischen Abgeordneten auf dieser Abrüstungskonferenz in Genf, besonders die Franzosen, wirkt das „wie eine kalte Dusche".[28] Noch eine Frage spielt in Genf eine enorme Rolle:

Um eine Sicherheitsmaschinerie in Bewegung zu setzen, muss vor allen Dingen eine klare Definition eines Angreifers aufgestellt werden. Nur in mühseligen Debatten finden die Teilnehmerländer hier zu einer gemeinsamen Formel. Sie lautet letztlich: „Wer zuerst einem anderen Land den Krieg erklärt, wer mit seiner Wehrmacht auch ohne Kriegserklärung in das Gebiet eines anderen Landes einmarschiert, wer mit seinen Land-, See- oder Luftstreitkräften auch ohne Kriegserklärung ... angreift, wer eine Blockade gegen ein anderes Land durchführt und schließlich, wer bewaffneten Banden auf seinem eigenen Staatsgebiet zum Angriff auf das Gebiet eines anderen Landes Unterstützung gewährt, der ist der Angreifer."[29] Uff, eine schwere Geburt.

Am 26. Mai ist das Wetter recht schön in Paris. Philippe sitzt vor einem Café und liest die *Temps*, die mehr oder weniger ein Regierungsblatt ist. Gestern hieß es da, die Engländer meinten, man könnte nicht mit voller Sicherheit die Verantwortung in einem bewaffneten Konflikt festlegen. Heute schreiben sie: „Man kann nicht an der Tatsache vorbeigehen, dass die englische Haltung in dieser Frage außerordentlich enttäuschend ist." Er nimmt noch einen Schluck Kaffee und liest weiter: „Noch immer sind die Engländer nicht zu der Überzeugung gelangt, dass sie, genauso wie die anderen Völker, rückhaltlos Verpflichtungen übernehmen müssen, um die Sicherheit der zivilisierten Welt zu garantieren. Diese Haltung geht von der Idee aus, die zur Zeit der »splendid isolation« ihre Gültigkeit hatte, dass nämlich Großbritannien sich nur bei Konflikten festlegt, die seine Interessen berühren, und dass es sich in allen anderen Fällen die Möglichkeit vorbehalten muss, zum Zeitpunkt der Bereinigung des Konfliktes die Rolle des Schiedsrichters zu spielen."[30] Man muss es bloß verstehen: Das ist die Taktik zur Strategie der Balance of Power.

Gesetz zur Verminderung der Arbeitslosigkeit

Der 1. Juni bringt im Reich eine große Neuerung. Zum ersten Mal wird ein Gesetz zur Verminderung der Arbeitslosigkeit verabschiedet. Am 21. September folgt das zweite Gesetz mit demselben Ziel. Damit wird eine sogenannte Arbeitsschlacht eröffnet.[31] Man kann sich vorstellen, welche Wirkung solche sozialpolitischen Maßnahmen auf Millionen von Leuten haben, deren Familien seit mehreren Jahren unter der Wirtschaftskrise und der verbreiteten Arbeitslosigkeit leiden. Das dürfte neben der Angst vor dem Terror der SA ein weiterer Grund sein, warum sich gerade jetzt viele Mitglieder der SPD und der KPD dazu entschließen, dieser NSDAP oder einer ihrer Untergliederungen beizutreten, nachdem der Reichstag am 28. Mai das Vermögen der Kommunisten beschlagnahmen ließ – mit der Begründung, dass die Partei „als in der Gesamtheit dem Hochverrat dienend“ anzusehen sei, und am 22. Juni 1933 auch das Verbot der SPD beschließt. Aber ein solches Gesetz hatte weder die eine noch die andere Partei durchgesetzt. Auch die Mandate der SPD gelten als erloschen und jede Propaganda für diese Partei wird verboten.[32] Im Jahre 1933 geht die treffliche Frage um: „Wer ist das? Eine Zigeunerfrisur, ein französisches Bärtchen, eine englische Uniform und eine russische Idee?“ Die Antwort ist klar: Adolf Hitler.[33]

Hitlers braune Partei heißt freilich auch nicht einfach bloß spaßeshalber National-Sozialistische Arbeiter-Partei. Wobei es streng genommen gar nicht unbedingt das Klübchen der Parteimitglieder ist, in welchem sich in diesem Teile der Gesellschaft sozialistische Hoffnungen eingefressen haben. Dr. Hans Bernd Gisevius meint, die SA sei „unter den nationalsozialistischen Gruppen die Einzige, in der das Wort vom Sozialismus verwurzelt ist. Die Partei als solche kommt selbst in den Zeiten ihres größten Zulaufs nie über eine Bewegung des in sich zerfallenden Mittelstandes hinaus.“ Weiter analysiert er: „Der SA glückt, was der organisierten Partei nur in sehr bedingtem Maße gelingt, nämlich in die große Masse des entwurzelten Proletariats einzudringen.“ Damit nähern wir uns den Hintergründen der SA-Erfolge: „Das Rücksichtslose und Kämpferische an ihr zieht jene jungen, lebensgierigen Schichten an, deren soziale Eingliederung trotz der Irrungen und Wirrungen eines Jahrhunderts immer noch aussteht."[34] Die KPD als Interessenvertretung gibt es nicht mehr, keine Gewerkschaften, keine SPD, nichts. „Aber noch gellt den Arbeitslosen, verheißungsvoll und verführerisch zugleich, das bereits von den Großvätern überkommene Losungswort vom Sozialismus in den Ohren. Da nehmen die jungen unter ihnen einen neuen Anlauf. Noch einmal – ist es das letzte Mal? – bilden sie einen, wie sie meinen, sozialistischen Stoßtrupp, von Leidenschaft, voll von verwegenen Phantasien, voll von Begehrlichkeit, aber doch auch voll von gläubigem Idealismus und hingabebereitem Opfermut." P.S.: Praktisch sieht jenes Gesetz dann so aus, dass durch die Senkung von Abgaben hauswirtschaftliche Hilfskräfte in Lohn und Brot kommen, und dass eine Vergabe von Ehestandsdarlehen an die Voraussetzung gebunden wird, dass die Frauen aus dem Arbeitsleben ausscheiden und sich in ihren Haushalt zurückziehen. Aber Gesetz zur Verminderung der Arbeitslosigkeit klingt erstmal richtig gut.[35]

Das Überlaufen von Rotfrontkämpfern zu den Auffangbecken der Nazis bringt auch groteske Blüten hervor. So lernt das siebenjährige Mädchen Carola Stern* auf langen Bänken um einen großen Tisch herum bei den Ahlbecker braunen Jungmädeln ein Lied mit einer zündenden Melodie: „Leb' wohl, du kleiner Trompeter, wir hatten dich alle so lieb ..." Es geht darin um einen lustigen Hitlerjungen, der von Rotfrontlern hinterrücks erschossen worden sei. Das Mädel liebt das Lied und ihre Freundinnen mögen es ebenso. Werden sie irgendwann erfahren, dass dieses ein Lied des Rotfrontkämpferbundes gewesen ist und das Opfer der Kommunist Friedrich August oder kurz Fritz Weineck? Aber Geschichte wird immer das sein, was man über sie erfährt.[36]

Deutschland im Sommer 1933

Und was ist mit dem Terror überall im Deutschen Reich? Gisevius sieht, wie leicht auch bürgerliche Gemüter in seiner Umgebung zu beruhigen sind, indem Hitler von „bedauerlichen Missgriffen“[37] redet, die eben im „Übereifer für die nationalsozialistische Revolution“ passieren. Er hört auch, wie immer wieder „eine alsbaldige Kaltstellung des Radikalismus angekündigt“ wird. Gisevius meint, Hitlers Leistung im Sommer 1933 ist es vor allem, zu verzögern, bis er eines Tages wirtschaftliche Erfolge vorweisen kann. Am 1. Juli 1933 spricht der Kanzler endlich ein Machtwort. Er erklärt die nationalsozialistische Revolution für beendet.[38] Das trägt sicherlich auch dazu bei, dass sich „die Schockwirkung der Revolution ... eine beachtliche Zeit“ verzögert. Hans Bernd Gisevius sagt: „Noch etwas paradoxer ausgedrückt, die Schrecksekunde des Bürgertums dauert fast ein ganzes Jahr.“[39]

Vielleicht ist es nicht leicht nachvollziehbar, vielleicht ist es nur damit zu erklären, dass die Hoffnung immer zuletzt stirbt, aber die Ankündigung, dass die Revolution jetzt vorbei sei, muss bei manchem Wirkung zeigen. Es zeichnet die Hoffnung ja aus, dass sie gerade dann am nötigsten ist, wenn alles am aussichtslosesten scheint. Der kritische Zeitgenosse sieht im Sommer 1933 hingegen den ersten Höhepunkt der Anwendung von Gewalt im öffentlichen Leben des Reiches: „Wie leicht lernt und übt sich die nackte Gewalt! Besser noch als bei Hitler können wir diesen Vorgang an seinen Unterführern beobachten. Wir haben gesehen, wie sie binnen weniger Wochen als Führer oder Unterführer in ungeahnte Machtpositionen hineingeraten, wie ihnen im Grunde mehr zufällt, als sie zunächst selber ahnen. Was soll eigentlich diese Art von Menschen, die so plötzlich aus den Tiefen wirtschaftlicher Verschuldung oder kleinbürgerlichster Lebenshaltung zu Ministern, Staatssekretären, Reichsstatthaltern, Oberpräsidenten, Staatsräten, Oberbürgermeistern, Landeshauptleuten, Polizeipräsidenten, kurzum zu bislang unvorstellbaren Höhen emporklettern, mit aller dieser Macht anfangen?“ Was Dr. Gisevius hier bietet, ist die möglicherweise treffendste Beschreibung dessen, was Diktatorentypen der Art von Adolf Hitler und Jossif Stalin mit vielen ihrer kleinen ausführenden Apparatschiks gemeinsam haben: „Berufliche Vorbildung haben sie nicht. Gesetzliche Vorschriften kennen sie nicht. Eingearbeiteten Beamten trauen sie nicht. Was bleibt ihnen anderes übrig, als zu extemporieren? Sie diktieren einfach, fest darauf vertrauend, dass die anderen schon gehorchen werden. Hierbei machen sie eine völlig unverhoffte Entdeckung: Sie merken, dass ihre unbeholfene Methode vorzüglich funktioniert, weil fleißige Aktuare und nimmermüde Dezernenten grundsätzlich nicht aussterben. Was spätabends beim Umtrunk dekretiert wird, liegt mittags fix und fertig in der Unterschriftenmappe. Rauhe Befehle wandeln sich in geschniegelte Erlasse." Schön. „Derbe Flüche lesen sich wie eine abgeklärte Erläuterung zum bürgerlichen Gesetzbuch. Diese neuen Größen werden sich bis zuletzt ihre souveräne Verachtung vor Zuständigkeitsfragen oder Gesetzestexten bewahren. Nur insoweit passen sie sich allmählich den neuen Amtsgewohnheiten an, als sie auf die Findigkeit ihrer Beamten vertrauen lernen." Er zeigt auf, wie es hier funktioniert: „Da diese nun einmal die erstaunliche Fähigkeit besitzen, selbst noch die verwegensten Maßnahmen in ein reich besticktes Paragraphenmäntelchen zu hüllen, einigt man sich mit der Zeit auf Arbeitsteilung: die neuen Behördenchefs praktizieren die Gesetzlosigkeit, und die pflichtgetreuen Beamten legalisieren die Gewalt."[40]

Aufmerksam beobachtet Dr. Gisevius, wohin sich die Dinge entwickeln: „Nachdem die breite Masse derart aus ihrer Gleichgewichtslage geraten ist, kommt alles, wie es gar nicht anders kommen kann. Da keiner gern der dumme Letzte sein möchte, überstürzen sie sich samt und sonders, tunlichst zu den neunmalklugen Ersten zu gehören ... Doch sie alle begreifen, dass Verstocktheit keinesfalls mehr am Platze ist." Damit diese Aufgeschlossenheit sich recht vernehmbar kundtue, sprächen die Leute von jetzt an monatelang in denselben revolutionären Vokabeln, prägten sich die Namen ihres Gauleiters ein, merkten sich Rangabzeichen aller nächstwohnenden SA-Führer, und mit besonderem Eifer beteiligten sie sich an dem atemberaubenden Wettrennen um die niederen Mitgliedsnummern. Bitter grinst Gisevius, diese seien ja noch nicht einmal billig.

Die Partei ließe sich ihre Wahlschulden gleich doppelt und dreifach zurückerstatten. Er beobachtet, dass viele „im stillen Herzenskämmerlein" überschlagen, ob sie ohne derartige spendenfreudige Rückversicherung ihres lieben Nächsten sicher sind. Formulierungen wie diese sind reine Euphemismen. Mit *ihren lieben Nächsten* meint Gisevius die prolligen, kräftigen Schläger von der SA, mit denen niemand ernsthaften Ärger zu haben wünscht. Seine Worte umschreiben die Angst all derer, die längst nicht davon überzeugt sind, dass das hier seine Richtigkeit hat. Gisevius verbindet das Große und das Kleine: „Denn eine Revolution präsentiert mit unheimlicher Gedächtnisschärfe längst vergilbte Rechnungen, nicht nur die historischen, sondern auch die allerpersönlichsten. Ein Alpdruck quält darum nächtens solche Unglückseligen, über deren politische Zuverlässigkeit noch das Testat ihres Hauswartes oder des Betriebszellenobmanns aussteht. Deshalb haben sie es alle so eilig." Will man wissen, was hier passiert, lese man sein Buch. „Wohl treibt viele unter ihnen die Begeisterung. Aber mindestens ebenso viele Schlauberger fliehen in die NSDAP. Schlauere tun ein wenig mehr und laufen überdies zur SA." Es geht besser: „Noch Klügere tippen auf die SS, während die Gerissensten sich einen Amtswalterposten bei irgendeinem der neu gegründeten Verbände verleihen lassen, etwa beim Luftschutz oder der Winterhilfe." Da können sie unpolitisch sein und doch einigermaßen unangreifbar. Dann liefert er eine schlüssige Begründung, wie aus dem bunten Völkchen der Deutschen binnen weniger Monate eine uniformierte Masse wie bei den Sowjets wird: „Schlaue, Kluge und Gerissene sind sich jedoch in einem völlig einig: Ein sichtbares Abzeichen ist gut, indessen weit besser noch zieht man sich hurtig eine Uniform an. In diesen erregten Wochen hat man lieber seinen unverbindlich-verbindlichen braunen Schutzheiligen zu Hause als irgendeinen verjährten Konflikt mit dem SA-Mann in der Nachbarschaft." Wer sich gerne mit harten Jungs schlägt, kann sich die Frage stellen, ob man mit der allgegenwärtigen Gewalt auch anders umgehen kann. Verurteilen muss man die reichen Strippenzieher der Entwicklung, die 1917 in Russland einsetzte und vor einigen Monaten auch im Deutschen Reich. Wenn diese Rechnung aufgeht, dann haben andere Länder was vor sich. „Bald sind Zivilisten eine seltene Ausnahme in dem gebräunten Straßenbild der Städte. Sie werden entweder als Ausländer angeglotzt oder gelten als suspekt. Ein ganzes geschlagenes Jahr wird es dauern, bis diese braune Pracht – dann allerdings über Nacht und nahezu vollständig wieder verschwindet.“[41]

Verblüfft reiben sich national gesinnte Leute die Augen darüber, wie die linksradikalen Braunhemden Hitlers sie jetzt auf einmal auf der *rechten* Seite überholen können: „Hieraus erklärt sich ohne Umschweife, warum die schwarz-weiß-roten Koalitionsgenossen jetzt so schnell ausfallen. Sie kommen bei diesem Stimmaufwand und Marschtempo nicht mehr mit.“ So ist es, wenn die Konservativen auf Revolutionäre treffen. „Ihre schöngeistigen Essays, erst recht ihre gutherzigen Beteuerungen, an dem viel gefeierten Erfolge nicht ganz unbeteiligt zu sein, werden von den Braunhemden überschrien und von der faszinierten Menge inmitten allen Siegeslärms überhört.“ Das ist wiederum nicht erstaunlich. Viele von ihnen verstehen nicht ansatzweise, dass das, was sich hier entwickelt, nicht ist, was sie angestrebt haben. Wer selbst verstehen will, was solche national gesinnten Menschen wollen, ruft sich noch einmal die Monate der *Talks* zu Versailles in Erinnerung und wie das Wirtschaftswunderland danach in Verzweiflung und Tod versank. Das Denken der Menschen kann stets nur auf dem beruhen, was sie im Laufe ihres Lebens mitgemacht haben. Was die Zukunft angeht, herrscht bei den meisten Mitmenschen immer wieder das Prinzip Hoffnung, und ich bin mir nicht sicher, wie man sich sonst motivieren würde, jeden Morgen wieder aufzustehen. Dr. Gisevius benennt ihr Problem: „Fast über Nacht werden sie zu »Auchnationalen« und können froh sein, wenn sie schnell noch als »Märzgefallene« Unterschlupf bei der Partei oder SA finden.“ Das mag beim aktuellen Angebot verständlich sein, doch weder da noch dort können sie finden, worum es ihnen geht. Wir werden verfolgen, wann die ersten von ihnen genau das auch bemerken. Gisevius beantwortet sich auch die Frage, ob diese Entwicklung bloß am schnöden Undank der nationalsozialistischen Parteiführer liegt. Das glaubt er nicht: „Nein, das Volk will selber in diesen bewegten Wochen eines einzigartigen Taumels keine Koalitionseifersüchteleien. Es verlangt nach ungestörten Freudenfesten.“ An diesem Traum von Harmonie in Deutschland wird sich wohl auch so schnell nicht sehr viel ändern und vielleicht ist es ja woanders auch nicht anders. Für den Moment jedenfalls ist es gelungen, das heillose Durcheinander im Reich zu bändigen. Gisevius fragt rhetorisch, ob nicht Deutschland die Neubegründung seiner Volksgemeinschaft feiere und ergänzt, dass das Volk zu zu den angeblich überparteilichen Siegeskundgebungen der NSDAP viel lieber geht als zu dem nüchternen Triumvirat Hugenberg-Papen-Seldte. Hitlers NSDAP leitet ihrerseits aus ihren gerissen aufgemachten Parteiveranstaltungen ihre künftige und ausschließliche Daseinsberechtigung ab, sagt er und fügt hinzu, dass sich nunmehr ein riesenhaftes Vakuum plötzlich vor der siegreichen Bewegung auftue. Er fragt sich, wie sie das wohl ausfüllen werde, und hat wohl Recht: „Sie weiß es noch nicht, kann es gar nicht so schnell wissen. Einstweilen verhängt sie es mit braunem Tuch und pocht auf ihre Totalität.“[42]

Ein Mann, der mit seinen schöngeistigen Essays für eine Wiedergeburt Deutschlands unter segensreicheren Vorzeichen eingetreten war, ist der vierunddreißigjährige Hans Zehrer*, der Herausgeber der konservativen Monatsschrift *Die Tat*. Das neue Regime setzt ihn ganz banal ab, gerade eben weil er konservativ und nicht revolutionär ist. Michael in Hamburg ist einer der treuesten Leser der *Tat* und das nicht zuletzt gerade wegen der Artikel von Zehrer. Er bleibt auch nicht der Einzige, der den klugen Gedanken dieses Konservativen aus Berlin nachtrauert. Schwerer hat es ein anderer Denker aus dieser Ecke, der 43 Jahre alte Ewald von Kleist-Schmenzin von einem Gehöft in Pommern in der Nähe der Ostsee. Doch das hindert ihn nicht daran, schon vor und erst recht nach Hitlers Griff nach der Macht Schriften gegen die Nationalsozialisten zu verfassen. Er unterhält auch Kontakte zum Herausgeber der Zeitschrift *Widerstand*, Ernst Niekisch*, der zügig begreift, dass Deutschland die Nazis jetzt nur noch von der Macht wegbekommt, wenn alle anderen zusammenhalten, und knüpft Kontakte zu den verschiedensten Leuten – von konservativ über kommunistisch bis hin zu den deutschnationalen Kreisen. Ewald von Kleist-Schmenzin, ein Jahr jünger als Ernst Niekisch*, hat mit dem *Mitteilungsblatt der konservativen Hauptvereinigung* nicht das Glück wie Niekisch. Nach dem Abdruck eines zu kritischen Artikels von Fabian von Schlabrendorff* wird Kleists Blatt von den Nazis verboten.[43]

Es ist geradezu grotesk, dass Hitler das Ende der Kommunisten und der Sozialdemokraten noch in regulären Verordnungen regeln ließ, denn bei den Konservativen wird so viel Mühe schon gar nicht mehr aufgewandt. Wie vollzieht sich die *freiwillige* Auflösung der deutschen Parteien und der Vereine? „Man braucht die SA nicht einmal aufzusuchen, sie kommt ganz von selber und handelt nach der Regel, dass der Abschied von altvertrauten Büroräumen leichter fällt, wenn die Schemel zerbrochen an der Wand liegen und aus den Akten ein Freudenfeuer angezündet wird, während der Hauswirt die Schadenersatzrechnung präsentiert. Selbst hartgesottene Individualisten halten es daher für besser, beizeiten nachzugeben. Wenn sie dann einander begegnen, schimpfen sie wohl auf die Gesinnungslumpen um sich herum, sie zwinkern sich auch gegenseitig zu, sie selber brächten dergleichen Opfer selbstverständlich nur zur Tarnung. Aber was tut's? Mit der Zeit gewöhnen sich bewährteste Reaktionäre ebenso wie Rotfrontisten an die braune Farbe, und keinerlei noch so verbräunte *reservatio mentalis* ändert etwas am äußeren Sieg der Bewegung. Was gegnerisch ist, verschwindet von der Bildfläche." Wie geht es in diesen Wochen ganz praktisch weiter? „Die großen Parteien fallen, Gewerkschaften und Unternehmerverbände werden beseitigt, sämtliche Logen, die meisten Vereine und Bünde hören auf zu bestehen, kurzum, auf der ganzen Linie wird *Tabula rasa* gemacht. Wir dürfen hinter diesem gewaltmäßigen Vorgang keine systematische Planung vermuten. Im Gegenteil, es geht wirr und planlos zu. Wiederum ist es ein und dieselbe unaufhaltsame, innere Dynamik, die die siegreiche Bewegung zu ihren unersättlichen Vorstößen treibt. Der ihr innewohnende, unbestimmbare Drang lässt sich einfach nicht mehr abbremsen, bevor nicht die restlose Nivellierung unseres gesamten völkischen Lebens erreicht ist."[44]

Der Stahlhelm und die Deutschnationalen Kampfringe lösen sich am 21. Juni auf, die übrig gebliebenen Organisationen der Arbeitnehmer sowie der Arbeitgeber einen einzigen Tag später. Auf die Art und Weise endet auch die Deutschnationale Volkspartei, die vergebens auf ihr Recht zum Fortbestand gehofft hatte. Ihr folgen schon am 28. Juni die Staatspartei, die Zentrumsverbände am 1. Juli, der Jungdeutsche Orden verschwindet am 3. Juli, die Bayerische Volkspartei löst sich auch lediglich einen Tag danach auf und am 5. Juli sieht sich letztlich die Zentrumspartei ebenso zum Aufgaben genötigt.[45] Und wie geht es mit den großen Chefs weiter? Die gewählten Minister, die nicht der richtigen Partei angehören, stehen plötzlich ohne Parteibuch und obendrein ohne ihre Parteimitglieder da. Jetzt können sie ohne Hemmung wollen, was sie wollen; keiner wird sie dabei unterstützen können. Doch zum Verlassen der Regierung können sie sich nicht entschließen. Was soll denn werden, wenn Hitlers Männer absolut allein regieren dürfen? Andere müssen nicht selbst entscheiden.

Der Wirtschaftsboss und Politiker Alfred Hugenberg, der bei den Nazis unter *Das alte Rübenschwein* läuft, wird am 27. Juni zum Rücktritt aus Hitlers Kabinett gezwungen. Seine Deutschnationale Partei verfiel in der neuen Lage etwas spät auch auf den Gedanken, sich eine Parteiarmee zu organisieren. *Deutschnationale Kampfstaffeln* sollten sie heißen. Hitlers Staatspolizei löste den Kampfverband brutal auf. Hugenbergs Protest ist nur noch der Anlass für den Rauswurf.[46] Zuvor hatte Hugenberg seinen letzten politischen Auftritt auf der Weltwirtschaftskonferenz in London. Dort wollte er die Nationalsozialisten ausstechen mit seiner Forderung, das alte deutsche Kolonialreich wiederzuerrichten. Aber der Kanzler, der oft genug betont, dass er einen Krieg selbst erlitten hat, spricht sich für Vernunft und Völkerfrieden aus.[47] Wenn unsere Enkel und Urenkel die Frage stellen, warum sich ziemlich viele Leute von Hitler 1933 einseifen lassen, müssen in erster Linie seine ständigen scheinheiligen Reden für den Frieden herausgestellt werden. Das wollen die Deutschen hören und nicht neue Forderungen nach Kolonien, die womöglich *noch* einen Krieg bedeuten können. Mit dem gut gemeinten Auftritt hatte sich Hugenberg banal verkalkuliert. Erinnern Sie sich an Hitlers Resolution vom 17. Mai, die die Friedenspolitik billigen sollte? Die hat unseren Sozialdemokraten auch schon das Genick gebrochen.

Am 14. Juli beschließt unser Reichstag ein Gesetz gegen die Neubildung von Parteien. Einen Tag danach wird ebenso ein Gesetz erlassen, das der Reichsregierung die Möglichkeit gibt, das deutsche Volk zu befragen, ob es einer beabsichtigten Maßnahme zustimmt oder nicht. Es ist sicherlich auch ein feines Abstimmen, wenn viele der Mitdenkenden das Land aus dem einen oder dem anderen Grund bereits verlassen haben, wenn die anderen eingesperrt sind, und wenn dem Rest der Mund verboten wird. Ein Wort noch zum Verlassen des Landes. Allein schon aus finanziellen wie aus familiären Gründen kann nicht jeder einfach weglaufen. Und in die Meinungsbildung eines Landes kann man von außen kaum noch eingreifen. Wenn schon in den ersten Wochen dieses Jahres ungefähr zweihundertfünfzig namhafte Gelehrte und Schriftsteller das Reich verlassen haben, dann sind jetzt für viele Leute mehr kritische Köpfe weg, als man überhaupt gekannt hatte. Dazu kommen die, die sich nicht entscheiden müssen, sondern offiziell durch den Reichsinnenminister ausgebürgert werden, darunter prominente Persönlichkeiten wie Albert Einstein, Lion Feuchtwanger, Alfred Kerr, Heinrich und Thomas Mann, etc. Natürlich wirkt es sich auch auf die Meinungsbildung aus, dass bekannte Namen bis hin zu dem alten Schriftsteller Gerhart Hauptmann das neue Regime öffentlichkeitswirksam begrüßen.[48] Was findet ein Intellektueller jedoch gut am Nationalsozialismus? Ende der zwanziger Jahre hat Max Scheler einen Vortrag gehalten, in dem er zwar die damals modisch gewordene Verächtlichmachung des Geistes kritisierte, auf der anderen Seite jedoch die irrationalistischen Bewegungen seiner Zeit als „Gesundungsprozess" verstanden hat, als „systematische Triebrevolte im Menschen des neuen Weltalters gegen die übersteigerte Intellektualität unserer Väter".[49] Die neue Heilslehre sieht manch einer als das Gegengewicht zum Versagen rationaler Prinzipien, die nicht in der Lage waren, die Probleme in dem Chaos nach dem Weltkrieg anzupacken und angepackt werden muss ja. Adolf Hitler selbst sagte übrigens schon gleich am Anfang des laufenden Jahres: „Es ist herrlich, in einer Zeit zu leben, die ihren Menschen große Aufgaben stellt."[50] Es ist gar keine Frage: Natürlich gibt es manche, die wirklich Gläubige sind, Menschen, die aus heißem Herzen und aus edler Leidenschaft an die neue Form des Sozialismus glauben, die nunmehr in

Deutschland verwirklicht werden soll, an die Überwindung des Klassenstaates, an eine gerechte Verteilung der Güter sowie die Beseitigung der Vorherrschaft von Junkern und Industriemagnaten. Sagen Sie bloß, Sie kennen diese Losungen nicht. Die sonnigen Worte für die Volksgemeinschaft im Inland werden noch verstärkt durch die Anerkennung, die der Oberindianer in Berlin aus dem demokratischen Westen erfährt. Wobei es mit der Demokratie dort auch nicht weit her ist. Glauben Sie, dass sie die Leute auf der Straße fragen, wenn sie ihre weltpolitischen Spielchen in den Hinterzimmern der Macht aushecken? Das kann immerhin schon bald wieder Kriegseinsätze für die eigene Bevölkerung bedeuten.

Das Deutsche Reich ist im Viererpakt

Am 15. Juli hat Rom letztlich Erfolg mit seinem Vorstoß für ein Quartett unter Einschluss Deutschlands. Und die Deutschen sind stolz auf ihren Friedenskanzler. Na ja, auf jeden Fall staunen die Deutschen, wie Adolf Hitler mit den Großen dieser Welt an einen Tisch kommt. Davon hatten unsere Demokraten seit dem Weltkrieg umsonst geträumt. Deutschland gehört wieder zu den Großmächten. Ein „Pakt des Einvernehmens und der Zusammenarbeit“[51] wird von den Regierungsvertretern aus London, Rom, Paris und Berlin unterzeichnet. Und das in der ewigen Stadt Rom. Dies bedeutet endgültig Frieden. *Einvernehmen* und *Zusammenarbeit*. Nur in Moskau verstärkt sich das Gefühl von Bedrohung, zumal sich der kommunistische Gigant im Osten durch Japan ebenfalls bedroht sieht.

Anders ist die Lage in Europa westlich des kommunistischen Landes. In vielen Hauptstädten kleinerer Länder wird dieses Übereinkommen der *Großen Vier* begrüßt. In der polnischen Hauptstadt blicken sie der Veränderung in der deutschen Außenpolitik mit großer Hoffnung entgegen. Die Pläne für einen Präventivkrieg gegen Deutschland treten nunmehr eher in den Hintergrund. Die Neuorientierung weckt dort die Hoffnung, dass der in Deutschland eben gewählte Kanzler Adolf Hitler freundlicher an die Außenpolitik herangehen wird als die antipolnischen Vorgänger.

Was die Polen selbst angeht, handelte es sich ja sogar um Innenpolitik, denn Polen war in den vergangenen zwei Jahrhunderten dreimal durch Russland, Österreich und Preußen aufgeteilt worden, bis Polen von der Landkarte verschwunden war. Seit das Deutsche Reich im Januar 1871 gegründet worden war, dominierten dort ausgerechnet die preußischen Junker die Innen- und Außenpolitik, die es unter Kanzler Bismarck und seinen Nachfolgern mit den Polen im Reich gar nicht gut meinten. Polen gab es überhaupt erst wieder seit dem 5. November 1916, als Berlin und Wien einen polnischen Staat proklamierten, um treue Soldaten für ihren Feldzug gegen Russland zu gewinnen. Befriedigend war die Lösung noch nicht, da dem Staat kein Staatsgebiet zugesprochen wurde. Die Republik Polen gibt es im eigentlichen Sinne erst seit dem 11. November 1918 und somit nach dem Ende des Weltkriegs. Und im Jahre '20 hatte Warschau, das erst seit zwei Jahren wieder Hauptstadt Polens war, nichts Besseres zu tun, als Zehntausende von Deutschen in Konzentrationslager einzusperren und mit eigenen Truppen in das vom Bürgerkrieg geschwächte Russland einzufallen, um selbst Gebiete im Westen dieses Landes zu erobern. Somit sind die Beziehungen zu Berlin und zu Moskau unterkühlt. Im Sommer des Jahres '33 gewinnt Warschau Berlin positive Seiten ab. Mit dem dortigen Machtwechsel sind die entscheidenden Männer in der politischen Führung endlich keine Preußen mehr. Hermann Göring zum Beispiel ist ein gemütlicher Bayer, unser Joseph Goebbels ein fröhlicher Rheinländer und der neue Kanzler ist gar ein Österreicher.[52] Wien hatte sich bei den Polen längst nicht derart unbeliebt gemacht wie Berlin; dort hatten sie aber auch seit Ewigkeiten Erfahrung mit der Verwaltung eines Vielvölkerreiches.

1933

Die Franzosen beenden diesen Spuk

Paule ist von der Aufnahme des Reiches in den Kreis der großen Länder sehr angetan und seine Freunde sind es ebenfalls. So wird das später im Geschichtsbuch stehen. Oder auch nicht. Was den siebzehnjährigen Paul Conradi aus dem thüringischen Oberweißbach mit dem fünfundachtzigjährigen Paul von Hindenburg aus der Stadt Posen in dieser Sache verbindet, ist der Wunsch, dass ihr Deutschland wieder die geachtete Großmacht wird, auf die sie stolz sein wollen wie die Briten auf ihr Land. Ob das nun unbedingt berechtigt ist, sei einmal dahingestellt. Mit Ruhm bekleckert haben sich die Briten bei den Menschenrechten im Rahmen des Imperialismus weder in Amerika noch in China oder vielleicht woanders in der Welt. Großartig waren aber ihre Reden darüber im Parlament. In Frankreich gehen allerdings Leute gegen den *Viererpakt* auf die Straße. Paule und seine Freunde sind schrecklich enttäuscht. Sie fragen sich, ob die Franzosen etwa nochmal einen Krieg in Europa wollen. Wegen jener Ablehnung in der Bevölkerung traut sich die Pariser Regierung daraufhin nicht mehr, den Vertrag mit London, Rom und Berlin zur Ratifizierung in die Französische Nationalversammlung zu bringen. So bleibt das Unterfangen auf halber Strecke liegen und das Deutsche Reich ist zügig wieder da, wo es 1919 einmal angefangen hatte. Es dauert gar nicht sehr lange, da hat der Volksmund den Pakt, den es nun doch nicht geben soll, so aufgegriffen: Zwei Sachsen gehen über den KuDamm. Die Zeitungsverkäufer rufen die Gazetten aus: „Der Viererpakt! Der Viererpakt!" Der eine Sachse ist erstaunt: „Was? Der Fiehrer packt ... ? Schon?"[53] Das ist wieder ein Hinweis darauf, dass viele Leute durch die unverändert üble Lage in der Wirtschaft glauben, der fünfzehnte Kanzler seit dem Kriege werde so schnell abgewirtschaftet haben wie die vierzehn zuvor. Damit genau das aber nicht eintritt, müssen jetzt die Rahmenbedingungen für Deutschland verändert werden. Dafür sorgen die Mächtigen zu London jetzt – und sie verlieren ihren Viererpakt nicht aus den Augen.

Ein neues deutsches Wirtschaftswunder

Im Sommer bürgt Montagu Norman, Gouverneur der Bank of England, ohne jedwede weitere Erklärung öffentlich für den Verkauf einer ersten Ausgabe von neuesten Nazi-Anleihen auf dem Finanzmarkt von London. Die *Bank of England* prangt nicht zufällig auf dem Buchumschlag; ohne das nötige Kleingeld helfen in der Wirtschaft die schönsten Ideen nichts. Deutsche Tochterfirmen des multinationalen Wirtschaftsgiganten International Telephone and Telegraph (ITT) überweisen Geld an „unseren" Reichsführer-SS Heinrich Himmler. Ein erstes Treffen zwischen Hitler und Männern von der ITT findet im August in Berchtesgaden statt. Die ITT kauft sich innerhalb weniger Jahre „erhebliche Anteile an deutschen Rüstungsfirmen", u. a. bei der Flugzeugfirma Focke-Wulf. So macht die Firma ansehnliche Gewinne, die an die Mutterfirma in den Vereinigten Staaten zurückgeführt werden könnten. Doch die Gewinne werden stattdessen in die deutsche Rüstungsindustrie reinvestiert.[54] Während man in London den Kanzlern vor Hitler in der immer schwieriger werdenden Finanzlage der letzten Jahre die Unterstützung verweigert hat, kommen nach der Machtergreifung die Summen ins Reich, die für die wirtschaftliche Erholung notwendig sind. Ohne diese Summen würde es auch bei den Autobahnen bei der vollmundigen Ankündigung bleiben. Genau sie sind die Grundlage für die allgemeine Wahrnehmung, dass es unter dem neuen Kanzler doch endlich wieder aufwärts geht. Da bleibt nur die eine Frage offen: Wundert sich Hitler wenigstens, weshalb ihm ausgerechnet aus dem bösen London beim Führen der Deutschen geholfen wird?

Die Angst geht um im Reich

Krieg und Frieden und beide eigentlich in der umgekehrten Reihenfolge gehören zum Ressort jedes höheren Offiziers. Er wiederum unterliegt in dieser Frage den Entscheidungen der großen Politik. So ist interessant, wie sich die aktuelle Politik des Jahres '33 auf den Alltag eines höheren Soldaten auswirkt, der zu politischer Zurückhaltung aufgerufen ist. Der

35-jährige Hauptmann Hans Speidel, der vor acht Jahren seinen Doktor in Tübingen mit *magna cum laude*, mit großem Lob abgeschlossen hat, bemerkt bald eine unangenehme Veränderung in der Armee: Während des Manövers des V. Armeekorps im September 1933 in Oberschwaben nimmt der neue Chef des Stabes des Reichskriegsministers, der Oberst im Generalstab von Reichenau, den Kameraden Hans Speidel zur Seite und verwarnt ihn: Es sei ihm zu Ohren gekommen, dass Speidel unserer neuen deutschen Regierung gegenüber kritisch eingestellt sei und dass er das nationalsozialistische Gedankengut nicht verträte in der Öffentlichkeit. Er erwarte eine grundlegende Änderung seiner Auffassungen, nicht zuletzt im Hinblick auf seine bevorzugte Verwendung. Speidel begreift, dass ihn ein Teilnehmer ihrer Diskussionsabende also gemeldet hat. Das wirkt wie ein Schock auf ihn: Kann man unter Kameraden und unter Freunden nicht mehr offen sein? Ein innerer Zwiespalt bahnt sich bei ihm an.[55]

Gehen wir nach Berlin in das zweigeschossige Gebäude des Auswärtigen Amtes in der Wilhelmstraße. Da ist Dr. Paul Schmidt Dolmetscher. Wie schätzt Schmidt die Lage ein? „Im Auswärtigen Amt in Berlin hatte sich nichts geändert. An ihm war die neue Zeit spurlos vorübergegangen.“[56] Das glaube ich kaum, sagt der ungläubige Thomas. Doch Hans Rothfels bestätigt das. Er sagt, für das Auswärtige Amt lasse sich eine Anzahl von Persönlichkeiten der frühen *Opposition* zurechnen, soweit man bei den Zuständen hier von „Opposition“ sprechen kann. Zu ihnen zählt Hans Rothfels Dr. Robert A. Ulrich*, Dr. Georg von Bruns, Dr. Ad. Velhagen, Dr. Siegfried von der Heyden-Rynsch, Dr. Aschmann, E. v. Selzam, Dr. von Twardowski*, Eduard Brücklmeier, Gottfried von Nostitz* und nicht zuletzt auch Herbert Blankenhorn*. Rothfels hat allen Grund, bei seinen deutschen Mitbürgern sehr sorgfältig zu unterscheiden. Der Geschichtsprofessor aus Kassel ist trotz seiner jüdischen Herkunft nicht als Lehrbeauftragter für Geschichte der Handelshochschule zu Königsberg weit drüben in Ostpreußen entlassen worden, weil sich Studenten des Historischen Seminars sowie Privatdozenten wie ein Erich Maschke oder zum Beispiel Rudolf Craemer sowie der Kurator Friedrich Hoffmann von der

Hans Rothfels

Albertus-Universität Königsberg im Frühjahr für ihn verwendet haben. Die Gegenarbeit des Amtes werde durch Weitergabe von Informationen an die oppositionellen Kreise ergänzt, sagt Prof. Rothfels. Dabei sei Paul Schmidt eine nicht unwichtige Figur, da er doch als Dolmetscher an den internationalen Besprechungen Hitlers teilnimmt.[57] Folgerichtig spricht der Reichskanzler, wenn es um die Mitarbeiter des AA geht, von „diesen Weihnachtsmännern in der Wilhelmstraße".[58] Der Dolmetscher ist der nächste Kandidat, der vor der Entscheidung steht, irgendwann den Job zu quittieren oder weiter im Amt zu arbeiten. Doch er bleibt und hält die Stellung. Der erste Kandidat, der Schmidt ersetzen würde, wäre Hitlers Vertrauter Joachim von Ribbentrop. Wenigstens Französisch und Englisch kann der auch und irgendeine Blüte würde sich auch für Italienisch auftreiben lassen. Das will wirklich niemand. Was für ein Menschenbild, ja was für Vorstellungen von der Welt muss man aber auch haben, wenn man unterstellt, jeder Mitarbeiter jeder staatlichen Institution würde bei jedem neuen Kanzler seine vorherigen Anschauungen über Bord werfen und dem nächsten von ihnen an den Lippen hängen. Die Reichskanzler der letzten vierzehn Jahre kamen aus der SPD, aus der Zentrumspartei, aus der Deutschen Volkspartei oder waren einfach nur parteilos. Aktuell versucht sich seit einem halben Jahr ein Vertreter der NSDAP und wenn man vorher schon nicht über jedes Stöckchen sprang, dann sicher beim neuesten Kandidaten auf dem heißen Stuhl noch am allerwenigsten.

Paul Schmidt selbst sagt, die Besorgnis über die internationalen Folgen der Umstellung sei groß, denn die Berichte, die aus Europa und Übersee eintreffen, zeigen, dass Deutschland innerhalb weniger Monate zurück in eine fast völlige Isolierung geraten sei, und er meint die offiziellen Beziehungen des Auslandes zum Reich. Die von Gustav Stresemann sowie von dessen Nachfolgern mit so unendlicher Mühe erzielten Gewinne auf moralischem Gebiet seien so gut wie verloren gegangen. Sicher seien die Durchbrüche nach Versailles wie gerade die Räumung des Rheinlandes von fremden Soldaten sowie die Aussetzung der Reparationen erhalten geblieben. Doch die Diplomaten fragen sich besorgt, ob sich auch die im Vorjahre zuerkannte Gleichberechtigung auf militärischem Gebiet jetzt noch verwirklichen lassen wird. Letztlich steht seit mehr als einem Jahrzehnt die heillose Unterlegenheit des noch erlaubten deutschen Militärs bei einem erneuten Angriff von außen als Problem im Raum. Doch wird man das bei marschierenden braunen Truppenteilen abkaufen? Wird es in Genf jetzt noch möglich sein, mehr Sicherheit zu erreichen?[59]

Mit dieser offenen Frage, die die Gemüter im Auswärtigen Amte bewegt, reisen sie mit einer Völkerbundsdelegation am 20. September 1933 nach Genf ab. Viel stärker noch als vor einem Monat in London tritt dort die Ablehnung des Auslandes gegenüber dem revolutionierten Reich zutage. Sehr bemerkenswert findet Dr. Schmidt das Auftreten von Propagandaminister Dr. Goebbels. Der bewegt sich im Genfer Milieu, das er immer so heftig geschmäht hatte, völlig ungezwungen, als wäre er schon jahrelang Delegierter beim Völkerbund gewesen. Rein äußerlich macht „der wilde Mann aus Deutschland", wie sie ihn ungeniert in der „Bavaria" bezeichnen, einen gepflegten und ruhigen Eindruck, wenn er zum Beispiel mit Außenamtschef Konstantin von Neurath oder mit anderen von den deutschen Delegierten in den Wandelgängen oder in der Hotelhalle sitzt und dabei zwanglos mit Ausländern ins Gespräch kommt. Bei derartigen Gelegenheiten kann Schmidt als Dolmetscher – soweit es sich um nichtdeutschsprechende Delegierte handelt – feststellen, dass sich Goebbels sehr schnell den Genfer Jargon angewöhnt hat. Wenn man nicht weiß, wer er ist, könnte man tatsächlich glauben, er wäre der friedliebendste und verständigungsbereiteste Mensch auf der Welt. Auf diese Weise hat er bald außerhalb der Völkerbundsitzungen und bei einigen Abendveranstaltungen, zu denen er mit der deutschen Delegation eingeladen ist, beinahe mit allen prominenten Ausländern mindestens ein paar Worte gewechselt. Paul Schmidt kriegt den Eindruck, dass sie fast alle genauso überrascht sind wie er selbst, anstatt des tobenden Volkstribunen einen völlig normalen, von Zeit zu Zeit auch einmal liebenswürdig lächelnden Typ eines Völkerbunddelegierten vor sich zu finden, wie Dutzende auf den Septembertagungen auftreten. Während viele Ausländer Goebbels deswegen mit einem amüsierten, durchaus nicht immer auch kritischen Interesse begegnen, erregen sein glattes Wesen und die scheinbare Verständigungsbereitschaft bei anderen, vor allem bei der Presse, ein umso größeres Ärgernis, weil das Verhalten des Propagandaministers nicht zu Unrecht für eine gefährliche, täuschende Maske gehalten wird. Auch bei der Genfer Bevölkerung muss wohl instinktiv dieser Eindruck bestehen. Das erlebt Schmidt persönlich in einem Kino, als eine Wochenschau gezeigt wird, in der er mit Goebbels am Tisch sitzt und dessen Worte über den Frieden auf Französisch wiedergibt. Goebbels' Erscheinen im Bilde löst noch keine Demonstrationen aus, auch so lange er deutsch spricht, ist das Publikum ruhig. Erst als es durch die Übersetzung erfährt, was er gesagt hat, geht ein vielstimmiges Pfeifkonzert los.[60]

Im Foyer des Hotels Carlton hält Goebbels am 28. September eine Rede, in der er gewissermaßen weint: „Mit Schmerz und Enttäuschung hat das deutsche Volk in den vergangenen Monaten die Beobachtung gemacht, dass das Werden des nationalsozialistischen Staates und seine positiven Rückwirkungen ... in der Welt vielfach Verständnislosigkeit, Misstrauen oder gar Ablehnung gefunden haben."[61] Vor den Anwesenden erklärt er die neuen Zustände in Deutschland zu einer „veredelten Art von Demokratie, in der kraft Mandat das Volk autoritär regiert wird." Dr. Schmidt schaut sich um und sieht die ungläubige Skepsis und manches ironische Lächeln. Auf eine breite Zustimmung treffen hingegen Goebbels' Worte gegen den Kommunismus: „Wem die Methoden, mit denen wir dem bolschewistischen Ansturm begegneten, zu hart erscheinen, der möge sich vor Augen halten, was geschehen wäre, wenn es umgekehrt gekommen wäre."[62] Das entspricht sicher der öffentlichen Meinung bei uns. Gegen Berufsverbote gegen Kommunisten hat kaum einer etwas einzuwenden. Ob der Beobachter das auch so sieht, ist dabei vollkommen unerheblich. Auch in Genf steht nicht der herumwütende Zwerg, wie man ihn von der Leinwand kennt, sondern ein Herr im Anzug mit einer ruhigen Stimme. Schmidt konstatiert, wie ihn die Pressevertreter nachdenklich anblicken und dass einige Engländer und Amerikaner bereits zustimmend nicken. Leider kommt der Dolmetscher nicht auf die richtige Schlussfolgerung. Angesprochen auf den Umgang mit Juden erklärt unser Minister Joseph Goebbels restlos unbeteiligt, dass „im Verlauf der nationalen Revolution gelegentlich Übergriffe seitens unkontrollierbarer Elemente geschehen" sind.[63] Schmidt sieht, wie eifrig die Worte des Meisters notiert werden, und dass sie natürlich am nächsten Tage in vielen Auslandszeitungen in großer Aufmachung erscheinen,[64] dass dann jedoch sein nächster Satz, verschämt weggelassen wird. Da sagt er: „Unverständlich aber scheint es uns, dass sich das Ausland weigert, den von Deutschland abwandernden jüdischen Überschuss aufzunehmen."[65] Bei dieser unschönen Wahrheit nimmt man sich auch im Ausland die Freiheit, sie zu verschweigen.

Schmidt steht neben dem Herrn Minister, übersetzt und beobachtet die Zuhörerschaft in der feinen Halle. Wie der Kanzler spricht der Minister von der Sehnsucht des deutschen Volkes nach Frieden. Wohl oder übel räumt der Dolmetscher ein, dass die Art und Weise, wie der Minister Dr. Goebbels formuliert, eben wie er sich gibt an diesem Nachmittag hier in Genf, die Vertreter der Presse aus aller Welt trotz aller Vorbehalte gegen das Regime, das er vertritt, sehr beeindruckt. Genau so wie die Politiker sind auch sie überrascht, dass der maßlose Demagoge, als welchen man Goebbels aus dessen Äußerungen kennt, allhier in einer fein zivilisierten und verbindlichen Gestalt vor ihnen steht.[66] Paul Schmidt fällt auf, dass sich speziell die Journalistinnen herandrängen. Ein Sicherheitsbeamter sagt danach zu ihm: „Mir war oft nicht ganz behaglich zumute, wenn ich Damen mit Handtaschen dicht vor dem Minister stehen sah. Man weiß nie, was plötzlich aus so einer Tasche herausgezogen wird."[67]

Wer hat denn nun den Reichstag in Brand gesetzt?

Im Reichsgericht zu Leipzig beginnt unterdessen am 21. September der Prozess gegen die Brandstifter vom Berliner Reichstag. Dr. Hans Bernd Gisevius nimmt daran als Beobachter teil und berichtet für uns aus dem Saale: „Zunächst erweist sich freilich lange Zeit als die einzige Sensation dieses Leipziger Sensationsprozesses, dass er überhaupt keine Sensation bringt. So etwas ist nach großspurigen Ankündigungen immer peinlich." Diesmal wirke es besonders übel, denn die Neugierigen würden so ziemlich alles verzeihen – nur nicht, wenn von ihnen erwartete Enthüllungen nicht geboten werden. Er konstatiert, dass die Zuschauer ganz gespannt auf den Plätzen sitzen, und auch die aus der Welt zusammengeströmten Presseleute harren unentwegt der Dinge, die da kommen sollen. Es gebe jedoch weder Zwischenfälle noch enthülle sich das Geheimnis. Langsam, wie eine dicke zähflüssige Masse, fließe der Strom der Zeugen sowie der Sachverständigen vorüber. Jeder sage sein längst bekanntes Sprüchlein herunter; keiner hinterlasse beim Publikum Eindruck. Ungeahnt langweilig sei die Verhandlung, die sich drei Monate hinschleppt. Jedes Mal, wenn sich eine dramatische Verwicklung anzuspinnen beginne, wiegele der temperamentlose Vorsitzende ab, und die halb entschlummerte Zuhörerschaft versinkt erneut in Apathie.“[68]

Marinus van der Lubbe, der 24 Jahre alte Hauptangeklagte aus Holland, hinter welchem die Flammen aufgelodert waren, als der beim Verlassen des Reichstages gestellt und verhaftet wurde, hängt wie ein erloschener Lichtstumpf in seiner Anklagebank und schweigt.[69] Seinen Dienst getan hatte er freilich schon, als einen Tag danach die Kommunistische Partei in Deutschland ausgeschaltet worden war. Von einem Kommunisten hat der gerade fünf Jahre ältere Hans Bernd allerdings eine Vorstellung, die sich mit der Erscheinung dieses Wirrkopfes nicht deckt. Es bleibt auch fraglich, ob dieses Häufchen Elend Kontakt mit einer kommunistischen Gruppe hatte. Der junge Mann führte nach Gisevius persönlichem Eindruck ein genormtes Vagabundendasein und ergänzt: „Wer je dieses zusammengeschrumpfte Etwas betrachtet hat, wird dieses Jammerbild nie mehr vergessen.“[70] Während der jugendliche Held sicher ist, dass er das mächtige Gebäude allein in Brand gesetzt hat, ist sich der Rest der Welt sicher, dass das gar nicht möglich ist. Gegen Lubbes Behauptung, er sei der Alleintäter gewesen, steht die vereinte Front der Sachverständigen. Brandpolizei wie Gerichtschemiker stimmen darin überein, dass unbedingt eine Mehrzahl von Tätern am Werk gewesen sein muss. Die vielen festgestellten Brandherde und die schnelle Ausbreitung dieses Feuers ist anders überhaupt nicht verständlich. Die Gutachter lachen, wenn Lubbe ihnen weismachen möchte, seine paar Kohlenanzünderchen hätten den

Reichstag in Brand gesteckt. Die Analysen haben ergeben, dass sich eine Kolonne einer leicht entzündbaren Flüssigkeit bedient haben muss.[71]

Als peinlich empfindet der Berufseinsteiger auch den Auftritt von Ernst Torgler: „Man muss sich immerhin vorstellen, dass er kein x-beliebiger, irgendwo aufgegriffener Kommunist ist. Außer Thälmann ist er wohl der bekannteste Führer der deutschen kommunistischen Partei, auf deren Stufenleiter er es bis zum Vorsitzenden der Reichstagsfraktion gebracht hat." Weiter schreibt der Beobachter: „Nein, dieser Mann ist kein Held. An seiner traurigen Haltung erweist sich überzeugend vor dem Tribunal der Geschichte, warum trotz 1918, trotz der großen Wirtschaftskrise von 1930 bis 1933 die Roten nicht zum Zuge kamen." Wenn man sehe, welch ungeheure Machtquelle in der marxistisch organisierten Arbeitermasse ihrer politischen Auswertung harrte, und sich daran erinnere, dass sich aus dieser Menschenfülle nur eine Gruppe von sicher achtbaren, jedoch meist unzulänglichen Funktionären herauslöste, dann erst verstehe man das Scheitern der deutschen Arbeiterbewegung, findet er. Dieser Torgler hockt also auf der Anklagebank und meint, er müsse sich von dem Vorwurf der Brandstiftung reinwaschen. Gisevius lästert: „Ein blöder Zufall oder war es die Teufelei seiner politischen Gegner? – hat ihn noch einmal ins helle Rampenlicht gestellt. Wenigen Desperados wurde solch ein Abgang von der politischen Bühne geboten." Und dann kommt die ausgewachsene Enttäuschung: „Kein Volkstribun schmettert die letzte Fanfare. Statt dessen bittet da jemand um einen Freispruch für seine kleinbürgerliche Existenz."[72] So sind allerdings nicht alle Kommunisten.

Als Glanzpunkt des Prozesses vor dem Reichsgericht feiert Hans Bernd Gisevius den Auftritt des bulgarischen Kommunisten Georgi Dimitroff: „Ein Raunen geht durch den Saal, sobald er sich erhebt."[73] Als ein böser Anarchist war Dimitroff in Bulgarien zu 32 Jahren schwerer Kerkerhaft verurteilt worden und flüchtete über die Sowjetunion nach Deutschland. Durch Zufall gerät er in diese Verhaftungswelle in der Reichshauptstadt. Am 27. Februar hielt er sich aber in München auf und kann sich deshalb sicher fühlen, dass er nicht schuldig gesprochen werden kann. Grinsend kommentiert Gisevius, es sei „zwar keiner im ganzen Saal, der Dimitroff nicht einen Angriff gegen die bürgerliche Ordnung zutrauen würde, aber hinsichtlich des Reichstagsbrands ist ihm wirklich nichts anzuhaben.“[74] Dr. Gisevius merkt an: „Nicht einen Augenblick vergisst Dimitroff, dass er politischer Angeklagter ist. Die Anklage der Brandstiftung als solche lässt ihn völlig kalt, wie ihn auch seine Vorstrafen nicht beschweren.“ Es ist zu spüren, dass er sich die Butter von keinem vom Brot nehmen lässt: „Ich habe gehört, dass ich in Bulgarien zum Tode verurteilt bin; nähere Erkundigungen habe ich darüber nicht eingezogen, denn das interessiert mich nicht“, meint er mit lässiger Handbewegung.[75] Die Äußerung, dass er nicht nur Angeklagter sei, sondern auch der Verteidiger für Dimitroff, wird quittiert, indem er bis auf Weiteres von dieser Sitzung des Gerichts ausgeschlossen wird. „Es wird auch höchste Zeit“, kommentiert der Gast im Saal, weil er sich gefährlich an den Kern der Dinge herantastete: „Ist es möglich, dass die Brandstifter durch den unterirdischen Gang in den Reichstag gekommen sind?“ Immer wieder bohrt er in dieser peinlichen Geschichte herum.[76]

Dann kommt Hermann Göring in den Saal und möchte hier auch etwas sagen, er ist jedoch ganz schlecht. Eigens für diesen Auftritt hat sich der Innenminister ein Kostüm bauen lassen. Nie vorher, nie hinterher wird er darin abgebildet werden. Aber für diesen Tag passt es vorzüglich. Ein greller, brauner Jagdanzug aus Leinen, Kniehosen, hohe braune Stiefel, so wirkt er schon rein äußerlich als Provokation des höchsten deutschen Gerichtshofes. Und dann legt Hermann Göring los, er brüllt, überschreit sich. Mit der einen Hand fuchtelt er wild in der Gegend herum. Mit dem Taschentuch in der anderen Hand wischt er sich den perlenden Schweiß von der Stirn. Erst höhnt er laut: „In großen Zügen wird im Braunbuch behauptet, dass mein Freund Goebbels mir diesen Plan beigebracht hätte, den Reichstag anzuzünden, und dass ich ihn dann freudig ausgeführt hätte. Es wird weiter behauptet, dass ich diesem Brande zugesehen hätte, ich glaube, in eine blauseidene Toga gehüllt. Es fehlt nur noch, dass man behauptet, ich hätte, wie Nero beim Brande Roms, Laute gespielt.“ Dann wettert er: „Das Braunbuch ist eine Hetzschrift, die ich vernichten lasse, wo ich sie finde. Mit dieser idiotischen Untersuchung dürften wir uns überhaupt nicht befassen, denn damit verkümmern wir unsere eigenen Rechtsbegriffe." Dann tobt unser Innenminister, er habe die Polizei wieder das Schießen gelehrt: „Ich übernehme die Verantwortung. Wenn dort einer erschossen liegt, so habe ich ihn erschossen."[77] Einem Manne mit solch einem üblen Rechtsverständnis untersteht jetzt unsere Polizei. Traurig, wie sehr sich der Vertreter einer staatlichen Institution vergisst. Der Uniformenfimmel des Hermann Göring zählt zu den Dauerthemen. Es dauert gar nicht lange, da hat unser Volksmund schon diesen Spruch ausgeheckt: Hermann bestellt wieder eine Uniform. „Aber diesmal ganz schlicht. Oben nur ein schmaler Kragen mit drei silbernen Streifen. Und alles Übrige dann ganz einfach in Gold."[78] Den Leuten entgeht das nicht, dass Sozialismus für alle nicht ausschließt, dass sich wieder ein paar von den neuerdings führenden Bonzen Privilegien für sich herauspicken.

Als Dimitroff sprechen darf, kommt er der Lösung noch ein gutes Stück näher: „Ich frage, was hat der Herr Innenminister am 28. Februar und in den nächsten Tagen getan, damit durch die polizeiliche Untersuchung der Weg Lubbes von Berlin nach Henningsdorf, sein Aufenthalt im dortigen Asyl, seine Bekanntschaft mit zwei anderen Leuten dort festgestellt und so die Komplizen ausfindig gemacht werden konnten?"[79] Daraufhin gelangt Minister Hermann Göring zu der phänomenalen Ableitung: „Ich selbst bin nicht Kriminalbeamter, sondern verantwortlicher Minister. – Für mich war es deshalb nicht so wichtig, den einzelnen kleinen Strolch festzustellen, sondern die Partei, die verbrecherische Weltanschauung, die dafür verantwortlich war."[80] Na, wie überzeugend wirken die Worte von unserem Minister Göring auf Sie? Eine endlose Zeugenvernehmung klärt nicht auf, eigentlich macht sie den Kriminalfall von Tag zu Tag verworrener. Übergehen wir hier einmal die berufsmäßigen Lügner à la SS-Gruppenführer und neue Polizeipräsidenten, dann ist das Merkwürdige, dass man keineswegs von lauter gedungenen Zeugen reden kann. Dazu sind ihre Aussagen viel zu auseinander liegend und ungekünstelt. Diese Leute sind meistens echt. Sie sind typische Zeugen, wie man sie allenthalben finden kann. Keiner von den Angestellten, Ehefrauen, Kellnern,

Kneipwirten, Chauffeuren und Fahrstuhlführern wird so ohne Weiteres seine Hand zum Meineid erheben. Sie bilden sich gewiss ein, mit ihren eigenen Augen gesehen zu haben, was sie jetzt weitschweifig bezeugen. Sie wollen nicht der Verschleierung dienen, sie wollen aufklären, wollen die Schuldigen der gerechten Strafe zuführen, aber gerade dadurch verwirren sie und helfen den wahren Tätern so, aus dem Blickfelde zu verschwinden.[81] So weit also die Beobachtungen von Hans Bernd Gisevius aus dem Gerichtssaal. Das Urteil in dieser Staatsangelegenheit wird erst Ende des Jahres erwartet. Bis dahin müssen wir uns gedulden.

Während Dr. Gisevius auf den Landstraßen zwischen der Reichshauptstadt und der alten Messestadt Leipzig hin- und herfährt, geschieht noch einiges mehr in Deutschland. So macht *unser* Kanzler am 29. September den feierlichen ersten Spatenstich für *sein* großangelegtes Infrastrukturprojekt, die Reichsautobahnen.[82] An ihren Baustellen werden viele Leute Arbeit finden und bald wird es auch eine Autobahn nach Leipzig geben. Interessant ist, wie das im neuen Deutschland auf einmal machbar wird, wo doch die Pläne seit mehreren Jahren in den Schubladen von Berliner Ministerien einstauben. Die Regierung unter dem neuen Kanzler hat da kurzerhand einen Billiglohnsektor eingerichtet, ja und wer arbeiten will, bekommt heutzutage auch Arbeit. Ob er davon auch gut leben kann oder nicht, das spielt an dieser Stelle überhaupt keine Rolle. Der Kanzler sagt sich, dass wenig besser ist als nüscht. Sie werden sich an seine Vorträge vor den Industriellen erinnern: Er hatte ihnen in die Hand versprochen, dass das Gerede von der sozialen Gerechtigkeit, vom Brechen der Zinsknechtschaft, vom Enteignen der Kapitalisten und Junker und das ganze andere linke Gedöns nur seiner Wahlkampftaktik geschuldet war. Er hat geschafft, was die Konservativen und die Liberalen nicht wagten: Ihm ist es mit Lichtgeschwindigkeit gelungen, die Macht der Gewerkschaften zu brechen und Lohndrückerei wie früher zu ermöglichen.

Als Diplomat im Ausland

Im Dezember des Jahres 1932 war Hauptmann Hans Speidel informiert worden, dass entsprechend einer internationalen Entscheidung wieder die Posten von Militärattachés an den Botschaften in den Hauptstädten der Welt wie vor dem Krieg eingerichtet werden sollten und er ist als Gehilfe des Militärattachés an der deutschen Botschaft in Paris vorgesehen. Im Oktober 1933 ist es soweit. So lernt Hans Speidel* die Sichtweise von deutschen Diplomaten auf die neuen „Herren" über Deutschland näher kennen. Mit den höheren Beamten der Botschaft entwickelt sich, wie er sagt, ein bleibendes Freundschaftsverhältnis. Den Weltkrieg hatten alle als Offiziere mitgemacht, unser Botschafter Dr. Roland Köster, der sein Flugzeugführerabzeichen wie auch das Eiserne Kreuz I. Klasse bei allen Einladungen auf dem Frack trägt, der kultivierte Botschaftsrat Dr. Dirk Forster, ein profunder Kenner der ganzen politischen Materie, dann der gewandte, über hervorragende internationale Beziehungen verfügende Gesandtschaftsrat Dr. Dumont, die Legationssekretäre wie Freiherr von Maltzan, Freiherr von der Heyden-Rynsch, von Holleben und nicht zuletzt auch Peter Pfeiffer. Außer dem Freiherrn von der Heyden haben sie alle der neuen Regierung gegenüber starke Bedenken. Forster und Freiherr von Maltzan müssen wohl später den Dienst quittieren. Dem treuen Freund Voit von Maltzan* aber bleiben sie verbunden."[83]

Jeder tut, was er kann

Die Reichsregierung sorgt sich verstärkt um Leib und Leben der Amtswalter der NSDAP sowie der Angehörigen der SA und der ihr weiterhin unterstellten SS. Am 13. Oktober erlässt sie deshalb ein Gesetz zur Gewährleistung des Rechtsfriedens. Wer den besonderen Deutschen nach dem Leben trachtet, soll hingerichtet werden.[84] Erlaubt bleibt natürlich, dass die besseren Deutschen wie gehabt den anderen Leuten nach dem Leben trachten dürfen. Seit Anfang des Jahres kostete dieser ungleiche Kampf fünf- bis sechshundert Menschen das Leben, und über sechsundzwangzigtausend verloren als „Polizeigefangene“ ihre Freiheit.[85] Könnte ein einzelner Mensch etwas gegen solche Zustände tun? Vielleicht kann er nicht die Welt bewegen, aber das Wenige, was er heute tun kann, tut zum Beispiel auch der Landrat von Rendsburg in den Tiefen des Reiches und schreibt eine Denkschrift, in der er das Regime, wie es jetzt ist, klar und deutlich kritisiert und ihm von einer religiösen Grundlage aus den Kampf ansagt. Unser Landrat hat wohl auch einen Namen, aber diesen Namen kennen nur die Leute in der Gegend rund um das verschlafene Rendsburg. Er heißt Theodor Steltzer*. Von dieser Denkschrift werden soundsoviele Abzüge gemacht, die von ihm in seinem Bekanntenkreise verbreitet werden. In eine Zeitung kommt er damit nicht mehr rein.[86]

Wie die Leute verarbeiten, was sie erleben, findet sich in *Witzen* wieder. Kurt steht an einer Bushaltestelle und wartet. Es dauert gar nicht lange, und Peter kommt dazu. Nach ein paar allgemeinen Worten grinst Peter grimmig und fragt, ob Kurt wohl *den* Spruch schon kennt: In der Schule fragt der Herr Lehrer, welche Bilder großer Führer der Bewegung sie zu Hause hängen haben. Natürlich werden Hitler, Göring und Goebbels am meisten genannt, bis der Arbeiterjunge Michael sagt: „Wir haben noch keinen; aber meine Mutter hat gesagt, warte nur, bis Vater aus dem KZ zurückkommt, dann hängen wir alle drei auf!“[87] Allerdings finden nicht nur Arbeiter, dass bloß die eigenen Bekannten gegen das Regime seien, schon weil man nur mit denen solche Gespräche überhaupt führt. Dafür ist auch der unbekannte Theodor Steltzer ein geeignetes Beispiel.

Wer heutzutage bei uns den Mund aufmacht, kann darauf warten, wann die Gestapo vor der Tür steht. Den Rest will sich keiner ausmalen. Hitler sah das wohl richtig, als er Polens Außenminister Beck auf den Weg mitgab, man brauche kein Programm, um die Macht zu behalten, aber man müsse dafür sorgen, 30 Prozent der Bevölkerung hinter sich zu bringen. Außerdem sei „eine gute Polizei“ erforderlich.[88] Dazu kommt ein soziales Handicap für die Kommunikation: Eine Gräfin spricht keine Köchin an, und ein Proletarier keinen General. Marion Gräfin Dönhoff findet wahre Worte für diese Tag für Tag immer wieder graue und sehr unangenehme

Atmosphäre: Zuerst wird vorsichtig abgetastet, wes Geistes Kind der Gesprächspartner ist. So stark sei das Bedürfnis, trotz der gegebenen Umstände Gesinnungsfreunde zu finden, dass man mit der Zeit schon einen sechsten Sinn für diese Kunst entwickelt und natürlich auch für die Gefahren, die damit verbunden sind. Ihr ergeht es oft so, dass sie während eines kurzen Sachgespräches in irgendeiner gleichgültigen Behörde auf einmal an irgendeinem Wort, manchmal nur an einem Attribut erkennt: „Der da ist einer, den man brauchen könnte." Letzten Ende muss man ja doch versuchen, wieder normale Zustände in Deutschland herzustellen. Manchmal spürt sie, auch bei einer beliebigen Versammlung ist jemand im Raum, der so denkt wie sie selbst. Marion Dönhoff meint, dieser Urinstinkt zur Solidarität gedeihe offenbar nur unter äußerstem Druck.[89]

Was Leuten blüht, die praktisch den Aufstand proben, kann man gerade in Oberbayern sehen. Als die Bergarbeiterstadt Penzberg 1933 und 1934 energische Aufstandsbestrebungen gegen diese Diktatur zeigt, wird den Leuten im Städtchen vorgeführt, wie die braunen Machthaber so einen renitenten Akt abzuwürgen verstehen.[90] Hoffentlich kommt das irgendwann in deutsche Geschichtsbücher und verödet nicht in den regionalen Heimatmuseen. Darauf darf man sehr stolz sein. Es gibt sehr wohl „weit verbreiteten Widerstand"[91] überall in Deutschland, aber auf viele Leute im Reich trifft bedauerlicherweise trotzdem die Formulierung zu: „Wer stellt ein medizinisches Wunder dar? – Viele Deutsche. Sie können aufrecht gehen und haben doch ein gebrochenes Rückgrat.[92] Der Diplomat Erich Kordt hört, dass viele Leute meinen, der Reichspräsident und die Reichswehrführung sowie Kabinettsmitglieder wie ein Neurath und ein Schwerin-Krosigk sowie der Reichsbankpräsident Schacht würden wohl zunächst Adolf Hitler einmal zeigen lassen, was er könne. Nach dem zu erwartenden Misserfolg würden sie aber für die Wiederherstellung von Recht und Gerechtigkeit sorgen. Auch aus außenpolitischen Gründen, so argumentiert man, könnte sich der Reichspräsident nicht auf die Dauer passiv verhalten und diesem Treiben nur zusehen.[93]

Warum tritt das nicht ein? Kreise der Elite meinen, wenn Hitler versagt, hat sich das Problem von selbst geklärt, und wenn er Erfolg hat, fällt der Glanz auf die zurück, die ihn zum Chef gemacht haben. So versichert der Leipziger Oberbürgermeister Carl Friedrich Goerdeler mit dem Brustton der Überzeugung, man werde Adolf Hitler auf seinen Architekturspleen abdrängen und danach selbst Politik machen.[94] In dieser Hinsicht macht sich Erich Kordt andererseits nichts vor. Er weiß, dass es Leute gibt, die glauben, einen Hitler beherrschen zu können: bayerische Nationalisten, preußische Reaktionäre, und reaktionär ist vor allem das Gegenteil von revolutionär, dann auch Industriemagnaten, radikale Landsknechte, die Armee. Witzig: Im Ausland hört er, dass häufig die Auffassung vertreten wird, Hitler glaube zu schieben, er werde allerdings selbst geschoben, – und erklärt es sich damit, dass man da wohl nur „die große Domäne der Willkür sieht, die Hitler bewusst seinen Helfershelfern überlässt." Er befindet schließlich, dass Adolf Hitler „das Werkzeug von niemandem" ist und dass der Meister „unbestritten auch ohne Sachkenntnis, ja, ohne ein Programm, das außerhalb seiner Person" liegt, regiert.[95] So weit, so gut.

Damit gibt er seine eigenen Schlussfolgerungen als Angestellter nahe am Zentrum der Macht wieder, kann jedoch zu einer viel übleren Ableitung nicht gelangen. Kann es sein, dass die Äußerungen im Ausland gar keine Spekulationen über die Machtverhältnisse in Deutschland sind, sondern schlicht und ergreifend davon ablenken sollen, dass die ausschlaggebenden Leute dort wissen, dass sie ihn über das letzte Jahrzehnt hinweg erst dazu befähigt haben, *König von Deutschland* zu werden? Denn es ist ja ganz richtig: Hitler glaubt, er sei der große Macher, doch er wurde durch reiche Sponsoren dorthin geschoben, wo er sich nun nach Belieben austoben kann. Selbstverständlich ist er ein Werkzeug; es überrascht jedoch mäßig, dass Kordt das nicht glaubt. Vielleicht müsste erst einer von dem Format eines Londoner Premierministers zu Hitler kommen und ihn vor dem Aufstand der alten deutschen Eliten retten, damit Erich Kordt solch eine Überlegung anstellt. Auf alle Fälle wird die Blauäugigkeit deutscher Diplomaten durch den neuen Mann in Berlin zum ernsten Problem. Wie werden sie die tagesaktuellen Handgriffe zum Beispiel von Politikern in

London interpretieren, wenn sie deren Ziele falsch einschätzen? War der Viererpakt womöglich nur ein erster Vorgeschmack für das, was noch in Szene gesetzt werden kann, um Ihn unter den Großen zu halten?[96]

Am 14. Oktober 1933 werden der Reichstag und alle Landtage aufgelöst. Im Herbst 1933 hat Hitler beinahe alle Konkurrenten und Widersacher beseitigt, erläutert der Diplomat Dr. Erich Kordt, 29, aus dem Berliner Auswärtigen Amt: Die Kommunisten, die Sozialdemokraten, die Regierungen der süddeutschen Staaten, die Gewerkschaften, das Zentrum, die Monarchisten, den Stahlhelm, die Industrieführer, alle sind sie „einzeln, meist nach geschickten Täuschungsmanövern, politisch ausgeschaltet" worden. Diese Konzentrationslager, in die viele der alten und alle neuen Opponenten wandern, sorgen dafür, dass sich keine neue Opposition – zumindest keine legale Opposition – bilden kann. Die wenigen Führer, die sich ins Ausland retteten, werden in anderen Ländern bis auf ganz verschwindend geringe Ausnahmen bloß widerwillig aufgenommen und sie können den Terror von dort aus andererseits auch nicht bekämpfen. Kordt ist davon überzeugt, dass es ganz gewiss mehr spontane Akte des Widerstandes gegen das Regime Hitlers geben würde, wenn nicht große Teile des deutschen Volkes doch noch weiter auf den Reichspräsidenten von Hindenburg und auf die Reichswehr setzten. Das wird man draußen im Ausland gar nicht so wissen, aber die Reichswehr ist weiterhin so ein Staat im Staate. Wer Soldat ist, darf gar keiner Partei angehören, und so treten ausgerechnet Regimekritiker ein, um vor der NSDAP bewahrt zu bleiben. Wie heißt es so wunderbar im Deutschen? In der Not frisst der Teufel Fliegen.[97] Adolf Hitler weiß zu gut, dass er keinen falschen Schritt machen darf und er macht ihn auch nicht. Solange er nicht in die Rechte des Reichspräsidenten oder der Angehörigen der Reichswehr eingreift, werden sie weiter abwarten.

Unterstützung aus dem Ausland

Sowohl im Reich als auch außerhalb desselben sind die Meinungen über Deutschland geteilt. Erich Kordt merkt dazu an, schwache Regierungen und unzufriedene Völker überall auf der Welt scheinen doch Beweis zu sein dafür, dass trotz aller abstoßenden Züge seines Regimes Hitler den richtigen Weg kennt. Von dieser allgemeinen Begriffsverwirrung bleiben nach seiner Beobachtung auch viele ausländische Persönlichkeiten nicht frei. Sie helfen, die Besinnlichen in Deutschland zu paralysieren. Kordt glaubt, die hypnotische Wirkung, die Hitler auf das Ausland ausübe, sei noch schwerer zu verstehen als die auf das deutsche Volk.[98] So ähnlich.

Professor Hans Rothfels liefert ein Beispiel für ausländische Ansichten, die zu dieser Paralyse der Besinnlichen im Deutschen Reich mit beiträgt. Nach der Publikation vom *Brown Book of the Hitler Terror*, in dem der Londoner jüdische Verleger Victor Golancz bekannt gewordene Fälle der körperlichen Misshandlung von Bürgern im Deutschen Reich aufführte, sagt der frühere US- Botschafter in Berlin James Gerard bei einer Buchbesprechung in der *New York Times* am 15. Oktober: „Hitler tut viel für Deutschland, seine Einigung der Deutschen, seine Schaffung eines spartanischen Staats, der durch Patriotismus belebt ist, seine Einschränkung der parlamentarischen Regierungsweise, die für den deutschen Charakter so ungeeignet ist, sein Schutz der Rechte des Privateigentums – all dieses ist gut."[99] Berichten Deutsche, die den Horror eines Lagers erlebt haben und nach der Entlassung aus der Heimat geflohen sind, Freunden im Ausland davon, treffen sie oft genug bloß auf leichtes Kopfschütteln. Und die Ungläubigkeit verstärkt sich, wenn es sich um die Zahl der Betroffenen oder um die angewandten Methoden handelt.[100] Ob es nun im Ausland ist oder hier – mag sein, dass die Belgier mit den Schwarzen in Afrika umgingen wie mit Tieren, aber so geht doch keiner mit Deutschen um, selbst nicht in irgendwelchen Lagern! Gut, in der Einheitspresse ist ja auch noch nie ein Bild von einer Misshandlung gewesen. 42 Jahre alt ist Hans Rothfels* und diese Einstellung empört ihn.

Er erlebt mit, wie die Verfolgungswelle über unser Land rollt und merkt verärgert an, solange die Insassen in den Konzentrationslagern lediglich Deutsche sind, wird den dort begangenen Verbrechen im Ausland wenig Beachtung geschenkt.[101] Die *Fehleinschätzung* muss böse Folgen haben, denn im Reich werden *die Köpfe* aus Politik und Gewerkschaften in die Zuchtanstalten geschickt. Wer soll jetzt noch die Bevölkerung gegen die braune Revolution organisieren? Der Schneider an der Ecke wohl kaum. Fragen Sie den Carlo. Ihm wird zur Gewissheit, dass keine Aussicht besteht, der sich nun bildenden Gewaltherrschaft wirksam Widerstand zu leisten. Wer wird sie, wie die Dinge liegen, außer Stande setzen können, in Deutschland ihre Ziele zu verwirklichen? Er meint, es gebe durchaus die verschiedensten Möglichkeiten, nein zu sagen: Man könne öffentlich protestieren und die Welt vor dem warnen, was durch die neuen Herren Deutschlands auf sie zukommen werde. Aber das wird das Regime nicht schwächen, es wird den mutigen Rufer bloß in der Wüste verschwinden lassen. Politische Wirkung im Ausland bedarf eines Namens, der schon vorher in der öffentlichen Meinung der Welt Geltung besaß, meint Carlo und ergänzt, dass es solche Namen und solche Warner gibt, doch leider habe ihr mahnendes Wort – etwa die Stimme eines Thomas Mann – die Haltung von fremden Regierungen dem Dritten Reich gegenüber nicht zu ändern vermocht.[102]

So ist das im Leben. Natürlich ist Carlo Schmid* enttäuscht und wütend darüber. Was ist zu tun? Er denkt über die Möglichkeit des Emigrierens nach und wägt alles Für und Wider ab. Am Ende bleibt er hier. Warum? Entscheidend dafür wird die Gewissheit, dass es gut sein könnte, wenn auch unter einer totalen Gewaltherrschaft Menschen im Land aushalten, die durch ihr Tun und Lassen zeigen, dass man sein Leben trotz der Umstände nach menschenwürdigeren Prinzipien führen kann als jenen, die die neuen Herren plakatieren. Es würde eventuell Gelegenheiten geben, Böses zu vereiteln, das die Machthaber vielleicht im Schilde führen, und sei es nur, indem er Studenten durch Darstellung der Gegenwelt davon abhält, sich durch Gepränge und Mystik jenes Dritten Reiches verführen zu lassen. Verhindern und helfen würde er in wirksamer Weise bloß in

Stellungen können, die das Privileg relativer Unabhängigkeit genießen: Justiz und Dozentur – doch hier ergibt sich auch schon die Gewissensbelastung. Wenn das Verbleiben in diesen Positionen aktive Mitwirkung an den dem Regime eigentümlichen Bestrebungen erforderte, also nicht nur „richtiges Recht“ zu sprechen, nicht bloß zu lehren, was er vor dem eigenen Gewissen verantworten kann, dann wird er bereit sein müssen, seine Stellung durchaus aufzugeben. Die Überlegungen haben zur Folge, dass er der Partei nicht beitritt, ihren Veranstaltungen fernbleibt, jedoch den Beitritt zum NS-Rechtswahrerbund und der NS-Volkswohlfahrt, in die die Mitglieder des württembergischen Richterbundes nun überführt werden, hinnimmt und sich der Zeremonie unterzieht, mit der von den Richtern und von den Beamten eine Ausdehnung des Amtseids auf den Führer der Nazis vollzogen wird.[103] Wer Carlo nicht genauer kennt, dem bleiben zwei Möglichkeiten: Man kann sich in seine Situation hineinversetzen und überlegen, wie er sich verhalten könnte, und man kann etwas vorwitzig verurteilen, dass er nicht als ersten Schritt den für sein Gebiet zuständigen Gauleiter um die Ecke bringt und dann für eine Revolution in Deutschland sorgt. Gute Ratschläge müssen auf Tuchfühlung mit der Realität bleiben. Menschen werden immer in Situationen gestellt und in denen müssen sie dann zusehen, was sie konkret machen können. Es ist zu erwarten, dass ich manchem zu nachsichtig bin, aber es genügt nicht, wenn ein Mutiger den Aufstand vorhat. Für eine große Aktion, die etwas bewirkt, müssen auch ein paar Rahmenbedingungen stimmen.

Vor der gleichen Problematik steht zum Beispiel auch das Jungchen aus Österreich. Ihm ist nach eigenem Bekunden bewusst, dass er gegen den größten Teil der Bevölkerung Deutschlands agiert und dass er eine gute Polizei braucht,[104] um durchzuziehen, was ihm in seinem kranken Hirn vorschwebt. Auch er kann nicht einfach machen, was er will, sondern er muss sehen, was sich in der Welt tut, und dann muss er sich überlegen, wie er weiter vorgehen könnte. Nehmen Sie jenen Abrüstungsplan, den Londons Premier Ramsay MacDonald am 16. März ’33 vorgestellt hatte. Adolf Hitler hat ihn am 23. März als Zeichen der Verantwortung und des guten Willens anerkannt.[105] Doch dem Plan folgten keine schnellen Entscheidungen. Im Sommer vertagte sich die Konferenz, und London und Paris besprachen die Probleme vermeintlich wegen der Entwicklung im Reich alleine weiter. Als Ergebnis war ein neuer Plan herausgekommen, den Londons Außenminister John Simon am 9. Oktober 1933 dem Büro der Abrüstungskonferenz vorgelegt hat, der nun Deutschlands Gleichberechtigung, wie sie der MacDonald-Plan noch zugestanden hatte, für ein erstes Stadium von vier Jahren ausschließt. Während dieser Periode soll eine offiziell für alle Mächte geltende, in Wirklichkeit aber in erster Linie nur auf Deutschland anwendbare Kontrolle eingeführt werden.[106]

Vergegenwärtigt man sich diesen Abriss der Ereignisse und nimmt dazu, dass die Führung in London beispielsweise schon am Anfang der 1920er Jahre über die geheime Aufrüstung Deutschlands so gut informiert war wie über die streng geheime Kooperation zwischen Deutschland und der Sowjetunion seit den frühen 1920er Jahren und über die Unterstützung bei der Aufrüstung, die von englischen und amerikanischen Firmen kam und an Geheimhaltung alles andere in den Schatten stellte, dann stellen sich jetzt entweder gar keine Fragen mehr oder man will einfach wissen, warum London nun wieder in regierungsamtlicher Form das bedauernswerte Deutsche Reich des lieben Adolf Hitler so erbärmlich schmäht.

Deutschland startet eine Solokarriere

Kanzler Hitler nutzt diese Steilvorlage. Am 19. Oktober wird der Austritt des Reiches aus dem Völkerbund erklärt. Die USA wollten damit gleich nichts zu tun haben, die Sowjetunion durfte nicht rein, Japan ist schon draußen, da es lieber Krieg gegen das große China führen will, also kann Hitler damit rechnen, dass mit seinem Schritt der Völkerbund nunmehr endgültig auseinanderfällt. Der Minister Goebbels begründet den Schritt in einem Interview in der Form: „Wir fordern gleiche Berechtigung, und wir weigern uns von vornherein, uns mit dem Makel der Ehrlosigkeit behaften zu lassen. Da uns weder im Völkerbund noch auf der Abrüstungskonferenz diese gleiche Berechtigung zugestanden worden ist, mussten wir sowohl den Völkerbund als auch die Abrüstungskonferenz aus Gründen der Ehre verlassen."[107] Hitler nennt Frankreich „unseren alten, aber glorreichen Gegner" und solche Leute „wahnsinnig, die sich einen Krieg zwischen unseren beiden Ländern vorzustellen" in der Lage sind.[108] Und manch einer in Europa denkt sich: Recht hat dieser Mann. Doch nur wer den Überblick über alle relevanten Einflüsse auf das Deutsche Reich hat, kann vermuten, dass Hitler dieser Ball absichtsvoll vorgelegt wurde. Die englische Presse formuliert den allgemeinen Überdruss an dem „Genfer Palaver, an den Paradoxien und Heucheleien".[109] Die *Morning Post* hält fest, dass die Redaktion „dem Völkerbund und der Abrüstungskonferenz keine Träne" nachweine – man sei eher erleichtert, dass „ein derartiger Humbug"[110] sein Ende gefunden habe. In einem Londoner Kino brandet Beifall auf, als die Wochenschau das Bild des Kanzlers zeigt.[111] Da haben die Qualitätsmedien ja wohl ganze Arbeit geleistet und das Publikum auf der grünen Insel im Atlantik mit allen nötigen Infos versorgt. Hitler hat gar keine hypnotische Wirkung auf irgendjemanden nötig, wie von Erich Kordt in den Raum gestellt. Der Reichskanzler hat an wichtigen Punkten auf den ersten Blick Recht – aber die Rahmenbedingungen, unter denen das Jungchen Entscheidungen trifft, werden raffiniert vorgelegt. Welche *lauteren* Gründe sollte John Simon für seinen Vorschlag gehabt haben? Im Juli wollte er mit demselben Hitler noch den *Viererpakt* schließen.

Nach dem Ausscheiden Deutschlands aus dem Völkerbund stellt sich Sir John Simon, der britische Außenminister, am 7. November 1933 vor das Londoner Unterhaus und erzählt von seinem Bestreben, auch weiterhin eine Versöhnung zwischen Paris und Berlin zu suchen.[112] Ist Ihnen noch in Erinnerung, wann sich jemand in London um ein Anliegen dieser Art bemüht hätte? Wenn er aber neben Samuel Hoare der größte Verfechter des *Appeasement* gegenüber Hitler ist, dann dürfen wir auch in seinem Falle getrost von einem *Insider* der Londoner Verschwörung zum Erhalt des Empires ausgehen. Appeasement ist nicht mehr als die Wartung und Pflege des Selbstzerstörungsmechanismus im Innern des ökonomischen Konkurrenten Deutschland. Das ist der springende Punkt: Es soll in den Nachrichten immer alles vernünftig klingen und das tut es auch einigermaßen. Aber das tägliche Hören der Nachrichten ist wertlos, wenn man sich nicht wenigstens Notizen davon macht. Erst nach Monaten, Jahren und Jahrzehnten wird den Nachgeborenen klar, worauf die gefundenen schönen Worte in Wirklichkeit hinausgelaufen waren. Erinnern Sie sich, wie es 1914 zum Krieg zwischen Deutschland und Frankreich gekommen war? Mag sein, dass es in Frankreich seit 1871 den Drang nach Krieg gab gegen das vereinigte Deutsche Kaiserreich, um die reichen Länder Elsaß und Lothringen wieder in das eigene Portfolio zurückzubekommen, aber im Angesicht des gestärkten Reiches hätte Frankreich bestimmt keinen Krieg gegen Wilhelms Reich angezettelt. London hatte 1904 Frankreich mit seiner Liebe überschüttet und drei Jahre später Russland, 1914 kam ein Attentat, von dessen Planung die richtigen Leute in London überdies zuvor wussten, dann schickte Außenminister Edward Grey verschiedene und klug berechnete Wahrheiten nach Belgrad, nach Paris, nach Berlin, Wien und St. Petersburg, flankiert von den Artikeln der freiesten Presse der freien Welt und der dauernden Betonung des Londoner Willens zur Erhaltung des Friedens, dann hat sich London für das menschenrechtsfremde Belgien geopfert und Deutschland den Krieg erklärt, die Revolte gegen den mit England verbündeten Zaren inszeniert und Frankreich im eigenen Blut ersaufen lassen. Oder wie hat England im *Herzland* seinen Fuß in die Tür gekriegt? 1916 „einigten" sie sich unter der Hand mit den Franzosen im Sykes-Picot-Abkommen über ihre Einflussgebiete und als sie nach dem Krieg selbst im Nahen Osten waren, haben sie den Arabern Waffen ausgeteilt, um deren Unabhängigkeitskampf gegen die Kolonialherrschaft der Franzosen zu unterstützen. Gauner.

Eine Wahl jagt die nächste

Unterdessen ist im Reich wieder Wahlkampf. Der Kanzler ist unterwegs und wirbt für seine Politik. Er versichert, dass das Leben in Deutschland nicht aus dem Grund solch einen militärischen Zuschnitt habe, weil man etwa gegen Frankreich demonstrieren will, „sondern um jene politische Willensbildung zu zeigen und zu dokumentieren, die zur Niederwerfung des Kommunismus notwendig war." Er hat ein phänomenales Geschick, im richtigen Moment die Argumente zu wählen, die selbst seine Gegner anerkennen müssen. Nicht einmal im Ausland kann man leugnen, dass auch folgendes Argument besticht: Wenn die übrige Welt sich in unzerstörbaren Festungen verschanze, ungeheure Fluggeschwader baue sowie riesige Panzer konstruiere, von denen das Reich meilenweit entfernt ist, enorme Geschütze gieße, dann könne sie ja nicht von Bedrohung reden, „weil deutsche Nationalsozialisten gänzlich waffenlos in Viererkolonnen marschieren", womit sie einfach bloß „der deutschen Volksgemeinschaft sichtbaren Ausdruck und wirksamen Schutz verleihen". Und man soll ja auch nicht sagen, dass *dieser* Satz vielleicht von schlechten Eltern wäre: „Die Sicherheit Deutschlands ist kein geringeres Recht als die Sicherheit anderer Nationen."[113] Das hören die einen so und die anderen anders – und dazwischen kocht der Kanzler sein eigenes Süppchen. Man braucht sich einfach nur selbst zu beobachten, um herauszufinden, wie die Leute so im Kopf ticken. Es ist eine sehr peinliche Übung, wenn man abwartet, welches Ergebnis bei einer Nummer herauskommt, und dann bekundet, genau das habe man vorher schon geahnt.

Am 12. November wird der Reichstag neu gewählt. Da sollen die Bürger nur noch die aufgestellten Kandidaten der NSDAP bestätigen. Zugleich wird eine Volksabstimmung über Hitlers Außenpolitik durchgeführt. In erster Linie geht es um eine Bestätigung des Austrittes aus dem Völkerbund. Die Wahlbeteiligung soll horrend hoch sein und nur wenige Leute seien gegen diese neue Außenpolitik. Wer das glaubt, wird selig, und wer es nicht glaubt, lässt es sein. Wer in der Kabine noch so viel Courage hat, mit *Nein* zu stimmen, wird das draußen natürlich keiner Seele verraten;

doch dann kann man keine unabhängigen Überprüfungen der Resultate mehr organisieren. Unter der Hand versichere ich Ihnen: Natürlich wird das Wahlergebnis auf die genannten Werte korrigiert. Davon hat schon der junge Hitler geträumt, dass er eines Tages die Wahlergebnisse in der Art ändern kann, dass alle Leute seine Partei wählen, egal für wen diese Kasper eigentlich stimmen wollen. Jetzt haben die Nazis die Macht, aber der Wahlbetrug wird genauso plump ausgeführt wie seinerzeit die Vertuschung der Namen von Spendern für die schwarzen Kassen der Partei. Da greifen die Wahlleiter auch schon mal ganz einfach zu Radiergummi und Bleistift und setzen die Kreuzchen an die richtige Stelle um. Um die Absurdität dieser Wahl zu illustrieren, sollen hier bloß die Resultate aus dem Konzentrationslager Dachau aufgeführt werden: Die Häftlinge dort hatten sich geeinigt, dass es unter den gegebenen Umständen nicht unanständig sei, wenn sie mit Ja stimmten. Jeder denkende Mensch muss einfach merken, wie das zu verstehen ist. So können Rundfunk und auch Extrablätter jetzt verkünden: KZ Dachau 2850 Ja-Stimmen. 6 Häftlinge aber wollten es wissen und haben mit Nein gestimmt. Und dann?[114]

Warschau und Berlin

Der Warschauer Recke Józef Piłsudski versucht trotz allem noch einmal, Paris zu veranlassen, einer möglichen Wiederaufrüstung Deutschlands durch einen Präventivkrieg zuvorzukommen. Als Frankreich ihm erneut die kalte Schulter zeigt, entschließt sich der Staatschef, die Außenpolitik seines Landes endgültig zu ändern.[115] Vielleicht hoffen sie in Warschau auch mehr als sie glauben, die neue Führung im alten Berlin sei wirklich „unbelastet vom traditionellen antipolnischen Komplex".[116] In Warschau hegt die Führung nun die Hoffnung, Hitler-Deutschland könne sich zum Verbündeten gegen die Sowjetunion mausern. Die antikommunistische und antijüdische Einstellung macht Hitler für Warschau als denkbaren Partner klar attraktiver als die Vorgänger, die sich mit der Sowjetunion verbündet hatten, um die durch diese Verträge von Versailles und Saint-Germain verursachte Isolation des Deutschen Reiches zu durchbrechen.

Am 15. November lässt Marschall Piłsudski seinen Botschafter in Berlin Józef Lipski bei der Reichsregierung anfragen, ob man eine Möglichkeit sehe, Polen nach dem Austritt unseres Reichs aus dem Völkerbund eine Rückversicherung für die eigene Sicherheit zu geben. Adolf Hitler bietet Józef Piłsudski einen *Freundschafts- und Nichtangriffsvertrag* an. Am 24. November legt der Berliner Botschafter in Warschau von Moltke den Vertragsentwurf im Warschauer Außenministerium vor.[117]

Paris und Berlin

Auch der französische Kriegsminister Daladier sucht den Ausgleich mit Hitler. Zweimal schickt der den Grafen Fernand de Brinon nach Berlin. Der Journalist mit exzellenten Beziehungen zu Finanzkreisen soll sehen, wie Frankreich weiter mit Deutschland zusammenarbeiten kann. Hitler gewährt ihm ein Interview, das am 23. November im Pariser *Matin* und im Berliner *Völkischen Beobachter* zu lesen ist. Hitler sagt darin, dass es jetzt darum geht, die Zugehörigkeit des Saarlandes zu Deutschland oder zu Frankreich zu klären, damit es keine Streitfragen in den Beziehungen mehr gibt, die Kriege rechtfertigen. Wörtlich sagt Hitler: „Man beleidigt mich, wenn man weiterhin erklärt, dass ich den Krieg will."[118] De Brinon fragt nach, ob später wirklich keine neuen Schwierigkeiten zwischen den beiden Ländern auftreten werden, und Hitler antwortet ihm: „Wenn ich mein Wort gebe, so bin ich gewohnt, es zu halten." Genauso kennt man ihn und so liebt man ihn: Manche Industriekapitäne waren dabei, als er bei seinen einstigen Aufklärungsvorträgen sagte, dass seine Versprechen an die Masse der Arbeiterschaft der Wahlkampftaktik geschuldet waren, und Dr. Ludwig Kaas hat unser Reich längst verlassen, weil der Kanzler seine Zusicherung an die Parlamentarier der Zentrumspartei gebrochen hatte, nach denen unser Kanzler einen Brief überreichen wollte, der den Widerruf jener Passagen des Reichstagsbrand-Erlasses enthalten sollte, die die bürgerlichen und die politischen Freiheiten unserer Staatsbürger verletzt haben. Der Journalist möchte außerdem wissen, ob Deutschland in den Völkerbund zurückkehren wird, worauf Hitler sagt: „Wir werden nicht nach Genf zurückkehren. Ich bin aber stets bereit, Verhandlungen mit einer Regierung aufzunehmen, die mit mir sprechen will."[119] Es darf davon ausgegangen werden, dass er zweiseitige Verträge anstrebt, wie er sie auch bei den Verhandlungen mit Warschau haben will. Was werden Sie dort zu seinen Vorstellungen in den außenpolitischen Belangen des neu aufgestellten Deutschen Reiches sagen?

Wenn das der Führer wüsste

Nirgendwo ist man so unmittelbar mit den neuen Herrschaften in Berlin konfrontiert wie in Deutschland selbst und jeder sucht seinen Weg, um mit den ungewohnten Umständen klarzukommen. Dabei sind sich viele Leute nicht sicher, wie viel Reichskanzler Hitler von den Zuständen im Land weiß. Vielleicht glaubt der Kanzler ja, Kundgebungen wie die vom 13. des Monats im Berliner Sportpalast widerspiegelten die Meinungen der meisten Christen in der evangelischen Kirche. In seinen öffentlichen Reden gibt er sich doch immer so staatsmännisch. Vielleicht weiß er im Ernst nicht, wie die Leute in Deutschland denken. Also setzt sich Gustav Heinemann* am 29. November aufgewühlt an seinen Schreibtisch und richtet einen scharfen Brief an ihn: „Sehr verehrter Herr Reichskanzler! Wieder einmal versucht die »Glaubensbewegung Deutscher Christen«, hohe Regierungsstellen durch falsche Berichte über den wahren Zustand der evangelischen Kirche irrezuführen." Erbost verweist er auf aktuelle Telegramme über Vorgänge, die sich in seiner Heimatstadt abspielten.[120]

Sicher brodelt es überall im Reich, aber in Essen kennt er sich aus, da ist er seit Jahren zu Hause, da ist er Justiziar und Prokurist bei den Rheinischen Stahlwerken sowie Kirchenvorsteher der Evangelischen Gemeinde Essen-Altstadt. In seinem Brief nimmt er auch Stellung zu den jüngsten Einlassungen von Studienrat Dr. Krause im Berliner Sportpalast, der dort zum Aufbau einer Volkskirche aufrief, wozu seiner Auffassung nach die „Befreiung von allem Undeutschen im Gottesdienst und im Bekenntnismäßigen" gehört.[121] Von dem stromlinienförmigen Studienrat kommt

Gustav Heinemann

auch folgende Erkenntnis: „Die Juden sind nicht Gottes Volk. Wenn wir Nationalsozialisten uns schämen, eine Krawatte vom Juden zu kaufen, dann müssten wir uns erst recht schämen, irgendetwas, das zu unserer Seele spricht, das innerste Religiöse vom Juden anzunehmen. Hierher gehört auch, dass unsere Kirche keine Menschen judenblütiger Art mehr in ihre Reihen aufnehmen darf."[122]

Im Brief an den Kanzler setzt sich Gustav Heinemann mit diesem Dreck auseinander: „Die ungeheuerlichen Angriffe des Berliner Gauobmannes Dr. Krause auf die Grundlagen des Christentums und der evangelischen Kirche haben eine gewaltige Erregung in den hiesigen Gemeinden hervorgerufen. Diese Erregung steigert sich täglich, nicht zuletzt deshalb, weil eine plötzlich eintretende Nachrichtensperre für die hiesige Presse den Gerüchten Tür und Tor öffnet."[123] Obwohl Gustav schon 34 Jahre alt ist, oder vielleicht gerade weil er erst 34 ist, hat er den argen Drang, dem Herrn Kanzler die Wahrheit über die Stimmung im Reich zu vermitteln; wie sollte es der Kanzler in der fernen Hauptstadt Berlin sonst erfahren, wenn es ihm keiner mitteilt? „17 Pfarrer des Kirchenkreises Essen haben heute ihren Austritt aus der Glaubensbewegung Deutscher Christen erklärt, weil sie nach der Weimarer Tagung überzeugt sind, dass diese Bewegung mit dieser Führung nicht mehr auf den rechten Weg zu bringen ist. Von den 54 Pfarrern des hiesigen Kirchenkreises verbleiben damit nur noch etwa 5 bei den »Deutschen Christen«. Immer deutlicher wird es weiten Kreisen der Gemeinden mit ihren Pfarrern, dass die Kirchenpolitik der Reichsleitung der »Deutschen Christen« und der von ihr einseitig beherrschten preußischen Kirchenbehörden ein Verderb für Staat und Kirche ist."[124] Gustav muss ernsthaft glauben, der Kanzler wisse das alles nicht, sonst hätte er diesen Brief gar nicht erst geschrieben. Er erhält wenig überraschend keine Antwort darauf. Dafür erlässt die Reichsregierung am 1. Dezember '33 ein Gesetz zur Sicherung der Einheit von Partei und Staat. So geht es mit kleinen Schritten zur Alleinherrschaft.[125]

Warum wird die Abrüstung ausgebremst?

Kanzler Hitler unterbreitet seinerseits am 18. Dezember London, Paris und Rom ein Memorandum, das unter anderem auch den Vorschlag zur Umwandlung der Reichswehr in ein kurz dienendes Heer von 300.000 Mann und eine Reihe von Vorschlägen über eine qualitative allgemeine Beschränkung der Rüstungen auf defensive Waffen, eine Stellungnahme zur Bewertung der SA und SS im Rahmen der Abrüstung, konkrete Darlegungen über ein System allseitiger periodischer Kontrollen und vieles andere enthält. Der Diplomat Erich Kordt hält es für ein schweres Versäumnis der Westmächte, dass bei dieser Gelegenheit nicht der Versuch unternommen wird, den Kanzler beim Wort zu nehmen und auf die im Großen und Ganzen maßvollen Vorschläge festzunageln.[126] Doch es gibt sie nicht, *die Westmächte*. Paris glaubt seit seiner Unterschrift unter die Entente Cordiale mit London offenkundig ernsthaft an die Überwindung der tausendjährigen Rivalität zwischen England und Frankreich und hat keine eigenständige Politik gegenüber Deutschland. Jene Engländer und jene Amerikaner aber, die in der ersten Liga mitmischen, verfolgen ganz andere Ziele bezüglich des Deutschen Reiches. Wer das verstanden hat, ordnet ihre Außen- und Wirtschaftspolitik selbstverständlich anders ein. Ende des Jahres schickt die Firma Standard Oil Company aus New York nur einmal zum Beispiel eine Million Dollar, „um den Deutschen bei der Herstellung von Benzin aus Steinkohle für Kriegs-Notfälle zu helfen“. Es ist nicht leicht nachvollziehbar, wozu sie dies denn eigentlich brauchen, wenn doch keiner Krieg will. William Dodd, der US-Botschafter hier im Reich will mehr wissen: „Warum läuft die Produktion der International Harvester in Deutschland weiter, wenn die Firma dafür nichts aus dem Land herausnehmen kann und wenn sie bei der Eintreibung der Kriegsverluste gescheitert ist?“[127] Das ist ja nun eine sehr gute Frage. Wie lange wird sich ein offenbar integrer Mann wie William Edward Dodd auf dem Stuhl des Botschafters der Vereinigten Staaten von Amerika in Deutschland noch halten können? Dass er nicht auf Linie ist, wird ja schon klar, wenn er sich für politische Gefangene im Deutschen Reich einsetzt.

Im Witz kann man anonym Kritik in Umlauf bringen

Einen Tag vor Heiligabend wird das Urteil im Leipziger Prozess um den Brand des Reichstags zu Berlin gesprochen. Das Ergebnis entspricht den Vorstellungen der Staatsführung nun ganz und gar nicht. Der KPD-Chef Ernst Torgler erweist sich als so harmlos, dass ihn das Gericht für einen kurzen Zeitraum in ein Konzentrationslager schickt; doch dort muss er nicht lange warten, dann lassen sie ihn heraus, und hurtig taucht er im Gewühl der Weltstadt Berlin unter.[128] Die drei angeklagten bulgarischen Kommunisten Bulgaren Dimitroff, Popoff und Taneff werden von jeder Beteiligung freigesprochen. Das ist eine herbe Niederlage für den neuen Kanzler, der extra rückwirkend die Todesstrafe für das Delikt einführen ließ. Lediglich Marinus van der Lubbe ereilt sein Schicksal. Die Richter erklären den geständigen und überführten jungen Mann aus Holland für einen von mehreren Brandstiftern. Indessen sind sie nach wie vor nicht in der Lage, etwas über die Helfershelfer mitzuteilen. Sie bekennen, dass das eigentliche Rätsel der Brandnacht auch für sie ungelöst bleibe. Der jugendliche Held, der den Reichstag unbedingt allein angezündet haben will, wird wenig später hingerichtet.[129]

Wer vor einem Jahr noch denken konnte, hat sein Urteilsvermögen jetzt auch nicht verloren, unabhängig davon, dass man das kritische Denken nicht mehr in den Einheitsmedien finden kann. Sicher hat dieser junge Mann aus Holland gestanden, aber aus allem, was man so liest und hört, kann er es nicht allein gewesen sein. Man sieht doch, wer die Nutznießer des Großbrandes in der Reichshauptstadt waren. Wer die Zustimmungswerte für eine Diktatur freilich in derselben Manier ermitteln will wie in einer Demokratie, der sollte nicht anstreben, Historiker zu werden. Auf Deutschlands Straßen tauchen noch vor Weihnachten Sprüche in dieser Güte auf: Vater und Sohn sitzen beim Essen. „Papa, wer hat den Reichstag angezündet?" – „Junge, das weiß ich nicht." – „Ach, Papa, sag es mir doch!" – „Ich weiß es doch nicht!" – „Doch, du wirst es schon wissen!" – „Halt den Mund. ESS, ESS!" Anderswo heißt es: „Wer hat den Reichstag angezündet?" – „Die Gebrüder SASS." Wenn Sie nicht von alleine darauf gekommen sind – die Täterschaft vermutet mancher bei SA und SS. Die Gebrüder Sass, die als Geldschrankknacker zur Legende wurden, liefern durch ihren Nachnamen unfreiwillig die Grundlage für das Sprachspiel. Ganz wunderbar ist selbstredend auch der folgende Witz: Ein SA-Mann flüstert seinem Freunde zu: „Der Reichstag brennt!" Der Freund schaut sich um, legt den Finger auf den Mund und sagt: „Pst! Erst morgen!"[130]

Ich weiß schon – Sie lesen das doch nur wegen der Witze. Na ja, warum auch nicht. So kommen die Leute von der Straße auch mal zu Wort. Na, was erzählt man sich 1933 noch so? Ein kleiner Landbürgermeister wird aufgefordert, die Kommunisten seines Ortes festzustellen. Weil er nicht weiß, wie er sie erkennen soll, ruft er in der Stadt an. Da erklärt ihm ein Mann, der es wissen müsste: „Kommunisten? Das sind Leute, die nichts tun aber viel verdienen wollen." Der Landbürgermeister hat verstanden und meint: „Ach, da haben wir nur zwei: den Pfarrer und den Lehrer."[131]

Einblicke gibt wohl auch dieser *Witz*: „Als Neuestes wird jetzt die Hitler-Zigarre sehr empfohlen", sagt der Verkäufer im Zigarrenladen zu einem alten Kunden. „Hitler-Zigarre? Was ist das für eine?" Die Erklärung sagt alles: „Nun, braunes Deckblatt und blauer Dunst." Und wie gefällt Ihnen dieser Spruch über den Propagandachef? Kurz vor der Machtergreifung. Goebbels muss auf einer Versammlung reden und ruft ein Taxi. Sagt der Chauffeur: „Wo wollen Sie denn hin, ich habe nicht viel Zeit, ich will den Goebbels reden hören!" Goebbels schmunzelt und erklärt, er wolle auch in die Richtung. Vor dem Versammlungslokal steigt er aus und gibt dem Chauffeur 10 Reichsmark Trinkgeld. Zu seinem Erstaunen sieht er, dass der Taxifahrer wieder einsteigt und fortfahren will. Erstaunt fragt er ihn: „Nanu! Ich dachte, Sie wollten sich Goebbels anhören?" Daraufhin gibt der Chauffeur die passende Antwort, die daran erinnert, wie jüdisch das Gesicht von Goebbels aussieht: „Ja, ich wollte! Aber wenn die Juden so anständig sind wie Sie, dann lasse ich den ganzen Goebbels schießen!"[132] Völlig richtig – Dann lasse ich Goebbels einfach Goebbels sein und finde heute noch eine sinnvolle Beschäftigung für mein Hirn.

Und wie finden Sie den auf Präsidenten, Kanzler und Kommunistenchef Thälmann? Hindenburg, Hitler und Thälmann klopfen bei Petrus an; sie wollen in den Himmel. Petrus sagt: „Ich muss erst prüfen, ob ihr hineingehört. Nach welchen Wahlsprüchen habt ihr euch auf Erden gerichtet?" Hindenburg meint: „Ein' feste Burg ist unser Gott." Hitler gibt sich ganz besonders bescheiden: „Mit unsrer Macht ist nichts getan. " Kommunistenchef Thälmann ruft: „Und wenn die Welt voll Teufel wär, es muss uns doch gelingen." Da klopft Petrus Thälmann auf die Schulter und strahlt: „Du bist richtig! Du darfst 'rein!"[133]

Hier und da erzählt man sich diesen Witz: Hitler, Göring und Goebbels beratschlagten, was sie tun sollten, falls sie angesichts der großen Unzufriedenheit gezwungen würden, abzudanken. Sagt Hitler: „Für mich ist das einfach. Ich werde als lästiger Ausländer ausgewiesen." Auch Göring gibt sich in dieser Hinsicht zuversichtlich: „Ich ziehe mir Zivil an, da erkennt mich niemand." Goebbels meint: „Bei mir ist es noch leichter. Ich fordere als Jude Entschädigung für erlittene Unbill!"[134] Damit wird auch gleich noch einmal an den Fakt erinnert, dass er selbst nicht „arisch" wie im Bilderbuch aussieht. In seinem Fall trifft mehr das Gegenteil zu. *Der Jude an sich* ist hier ohnehin ein Dauerthema. Kommt jemand zu einem Bauern und will ein Schwein kaufen, es müsse jedoch ein arisches sein. Fragt der Bauer den Fremden: „Arisch? Woran erkennt man das?" Der Fremde erläutert bereitwillig: „Nun, es muss Borsten haben wie Hitler, ein Maul wie Goebbels und einen Bauch wie Göring."[135] Diese Witze sind ja gar nicht so übel, sie sind jedoch stets vor dem Hintergrund der Angst zu sehen, die sich im Reich eingefressen hat und die es unmöglich macht festzustellen, wie groß der Anteil der Leute ist, die die Zustände ähnlich kritisch sehen. Wenn man aber nicht sagen kann, wie viele es sind, darf man sich auch nicht hinstellen und behaupten, dass es wenige sind. Aus großer Entfernung kann man gleich gar keine Diagnose stellen.

1933

Den Jahreswechsel verbringt jeder auf seine Weise. Pauls Mutter steht am Herd und bereitet die traditionelle Linsensuppe zu. Die Linsen symbolisieren Taler und die Hoffnung auf genug Geld im Neuen Jahr. Zum Abendessen sammelt sich die Familie in der Küche des Häuschens oben im Thüringer Wald. Der Vater hatte im Herbst endlich Arbeit gefunden durch eine Arbeitsbeschaffungsmaßnahme in Dr. Leys Arbeitsfront. Das ist noch nicht großartig aber es ist immerhin besser als in der Zeit davor. Wovon sollte der Vater die Familie denn ernähren wenn nicht von seiner Hände Arbeit? Geschenkt wird keinem etwas. Die Begeisterung hält sich sonst im Land in Grenzen, denn der versprochene Aufschwung lässt auf sich warten. Vorige Woche erst hatte Paul diesen Spruch aufgeschnappt: „Komm, lieber Hitler, und sei unser Gast und beschere uns, was du uns versprochen hast. Bei den verfluchten Sozialdemokraten gab es ab und zu noch Kartoffeln und Braten, doch bei Goebbels und Hermann Göring gibt's nur noch Pellkartoffeln und Hering."[136] Nein, eine gute Stimmung in der Bevölkerung sieht anders aus. Einer der Sprüche, die im Umlauf sind, geht so: Der Lehrer lässt die Abc-Schützen Gedichtchen aufsagen, die sie bereits kennen. Besonders lobt er Fritzchen, der folgenden Vers vorträgt: „Unsere Katz' hat Junge, sieben an der Zahl. Eins von ihnen ist Sozi, sechs sind national!" Als wenig später der Schulrat kommt, ruft er Fritzchen auf, das Gedicht zu wiederholen. Fritz rezitiert: „Unsere Katz' hat Junge, sieben an der Zahl. Sechs davon sind Sozis, eins ist national!" Verlegen und ärgerlich sagt der Lehrer: „Aber Fritz, das letzte Mal waren doch sechs national und eines nur Sozi!" Darauf meint Fritzchen: „Na ja, Herr Lehrer, damals waren sie auch noch blind. Inzwischen sind ihnen die Augen aufgegangen."[137]

1933

1 Schubert, Jana (2001), Kirche im Nationalsozialismus [online]. Verfügbar unter http://www.hausarbeiten.de/faecher/vorschau/106042.html#inside [05.09.17]

2 Kordt (1948), S. 34
Steinbach & Tuchel (1994), S. 166

3 Ebd., S. 166f.

4 Hirche (1964), S. 84

5 Ecke (1990), S. 22

6 Ebd., S. 94 bis 97

7 Hirche (1964), S. 88 und 120
Reiser, Wolf (2018), Der Anfang vom Ende. Am 11. September 2001 begann der Niedergang der Medienwelt [online]. Verfügbar unter https://www.rubikon.news/artikel/der-anfang-vom-ende

8 Brandt (1990), S. 85

9 Schmid (1981), S. 160
Kordt (1948), S. 35

10 Schultze-Rhonhof (2007), S. 405f.

11 Huber & Müller (1964), Band 1, S. 106

12 Fest (1991), S. 597 und Fußnote 103

13 Ecke (1990), S. 53

14 Fest (1991), S. 579f.

15 Ebd., S. 590

16 Ebd., S. 577f.

17 Steinbach & Tuchel (1994), S. 161

18 Weiß Ferdl (1933). Von der Schellack-Platte *Gleichgeschaltet*. Ein Hörbeispiel ist verfügbar unter https://www.youtube.com/watch?v=22TC1zYVYIQ [05.09.17]

19 Falin (1995), S. 36

20 Ebd., S. 36

21 Schultze-Rhonhof (2007), S. 313, Fußnote 8

22 Fest (1991), S. 600

23 Haisenko (2010), S. 139

24 Haffner (1997), S. 49

25 Ebd., S. 49

26 Wikipedia (2017). Eiserne Front [online]. Verfügbar unter https://de.wikipedia.org/wiki/Eiserne_Front [05.09.17]

27 Schmidt (1949), S. 258

28 Ebd., S. 258

29 Ebd.

30 Ebd., S. 259

31 Huber & Müller (1964), Band 1, S. 106

32 Ebd.

33 Hirche (1964), S. 93

34 Gisevius (1947), Band 1, S. 156f.

35 Ebd., S. 157 und Kranig (1984), S. 110

36 Stern (2002), S. 27
Im Jahr 1933 hieß sie noch Erika Assmus. Aber an dieser Stelle ist mir wichtiger, dass das Publikum den Namen der späteren Journalistin erkennen kann. Sie zählt zu jenen, die den deutschen Vereinigungsfetischisten Willy Brandt mit den Mitteln der vierten Gewalt im Staate vom Amt des Kanzlers weggeschrieben haben.
37 Gisevius (1947), Band 1, S. 148
38 Huber & Müller (1964), Band 1, S. 106
39 Gisevius (1947), Band 1, S. 148
40 Ebd., S. 132
41 Ebd., S. 125 bis 130
42 Ebd.
43 Hoffmann (1970), S. 36
44 Gisevius (1947), Band 1, S. 129
45 Ebd., S. 568
46 Haffner (1997), S. 51f.
47 Fest (1991), S. 568
48 Ebd., S. 582f.
49 Ebd., S. 584
50 Ebd., S. 589
51 Falin (1995), S. 37
Wojciechowski (1990), S. 260
Kordt (1948), S. 412
Namier (1949), S. 26
52 Wojciechowski (1990), S. 265
Namier (1949), S. 26 bis 29 und 34
Fest (1991), S. 607
Zayas (2001), S. 157f.
New World Encyclopedia (2017), Concentration camp [online]. Verfügbar unter http://www.newworldencyclopedia.org/entry/Concentration_camp [02.09.17]
Bügel, Frank (2009), Polnische Verbrechen an Volksdeutschen zwischen 1918 und 1939 [online]. Verfügbar unter http://newsgroups.derkeiler.com/Archive/De/de.soc.politik.texte/2009-01/msg00001.html [02.09.17]
Freiger, Stephan (2009), Rückblick mit historischem Bezug [online]. Verfügbar unter http://www.heimatkreis-neumark.de/Rede_07.html [02.09.17]
53 Hirche (1964), S. 95
54 Preparata (2011), S. 271
Sutton (2008), S. 80f.
55 Speidel (1977), S. 53f.
56 Schmidt (1949), S. 277
57 Rothfels (1960), S. 60
Hoffmann (1970), S. 52
Wikipedia (2017). Hans Rothfels [online]. Verfügbar unter https://de.wikipedia.org/wiki/Hans_Rothfels#cite_note-4 [07.07.17]

58 Fest (1991), S. 600
59 Schmidt (1949), S. 277f.
60 Ebd., S. 278f.
61 Ebd., S. 279
62 Ebd.
63 Ebd., S. 279f.
64 Ebd., S. 280
65 Ebd.
66 Ebd.
67 Ebd.
68 Gisevius (1947), Band 1, S. 39
69 Ebd., S. 40
70 Ebd.
71 Ebd. S. 36f.
72 Ebd., S. 44ff.
73 Ebd., S. 42
74 Ebd.
75 Ebd.
76 Ebd., S. 42f.
77 Ebd., S. 43
78 Hirche (1964), S. 80
79 Gisevius (1947), Band 1, S. 43
80 Ebd., S. 44
81 Ebd., S. 40
82 Huber & Müller (1964), Band 1, S. 177
83 Speidel (1977), S. 56
84 Ecke (1990), S. 25f.
85 Hoffmann (1970), S. 31
86 Rothfels (1960), S. 61f.
87 Hirche (1964), S. 113
88 Kordt (1948), S. 54
89 Dönhoff (1976), S. 23ff.
90 Steinbach & Tuchel (1994), S. 545
91 Hoffmann (1970), S. 33
92 Hirche (1964), S. 113
93 Kordt (1948), S. 34f.
94 Fest (1991), S. 564
95 Kordt (1948), S. 53f.
96 Sie dürfen auf meine Darstellung der Umsturzversuche von 1938 und von 1939 gespannt sein. Normalerweise müssen Sie ja in dieser Hinsicht auf das Jahr 1944 warten. Aber 1938 brannte im Reich erstmals die Luft und 1939 wurde Erich Kordt zum Attentäter auf Adolf Hitler ausgewählt. Wer das woanders nachlesen möchte, kann das zum Beispiel in den Büchern auf der folgenden Seite tun. Mir müssen Sie

sowieso nichts glauben. Verschaffen Sie sich einfach selbst einen Eindruck.
Shirer (1961), S. 361 bis 376
Moorhouse (2007), S. 133 bis 146
Fest (1991), S. 767 bis 774
Hofer (1982), S. 344f.
Fest (1994), S. 85 bis 103 und 125 bis 133
Gisevius (1947), Band 2, S. 26 bis 33 und 63f.
Höhne (1976), S. 290 bis 293
Steinbach & Tuchel (1994), S. 274f.
Rothfels (1960), S. 64 bis 69 und 84f.
Hoffmann (1970), S. 301 bis 308
Schmidt (1949). S. 414 bis 418
Warten Sie ruhig weiter auf eine Veröffentlichung von guten Nachrichten über die Deutschen unter Hitler in den Massenmedien. Das ist nicht zu erwarten.
97 Kordt (1948), S. 34f.
98 Ebd., S. 49f.
99 Rothfels (1960), S. 22
100 Schmid (1981), S. 159
101 Ebd., S. 21
102 Ebd., S. 159
103 Ebd., S. 160f.
104 Kordt (1948), S. 54
105 Ebd., S. 58
106 Ebd., S. 59
107 Huber & Müller (1964), Band 1, S. 271
108 Fest (1991), S. 602
109 Ebd.
110 Ebd.
111 Ebd.
112 Kordt (1948), S. 59
113 Fest (1991), S. 605
114 Der Spiegel, 48/1949, S. 7f.
115 Namier (1949), S. 34
116 Wojciechowski (1990), S. 265
117 Namier (1949), S. 32f.
Schultze-Rhonhof (2007), S. 415
118 Huber & Müller (1964), Band 1, S. 273
119 Ebd.
120 Koch (1974), S. 47
121 Ebd., S. 46
122 Ebd.
123 Ebd., S. 47
124 Ebd.

1933

125 Ecke (1990), S. 27
126 Kordt (1948), S. 59f.
127 Sutton (2008), S. 18
128 Gisevius (1947), Band 1, S. 46
129 Ebd., S. 47
130 Hirche (1964), S. 123f.
131 Ebd., S. 69
132 Ebd., 93 und 98f.
133 Ebd., S. 107
134 Ebd., S. 91
135 Hirche (1964), S. 116
136 Ebd., S. 90
137 Ebd., S. 114f.

Neue Beziehungen zwischen Warschau und Berlin

Außenpolitisch beginnt das Neue Jahr mit einem Paukenschlag. Am 26. Januar 1934 unterschreibt der Außenminister Konstantin von Neurath das Deutsch-Polnische Nichtangriffsabkommen, über das seit Monaten schon verhandelt worden ist. Dazu kommt noch die feierliche Erklärung zur Erhaltung eines dauerhaften Friedens mit Polen, „welche ausdrücklich auf dem Pakt von Paris beruhte und worin der Gebrauch von Gewalt für einen Zeitraum von zehn Jahren in Acht und Bann erklärt" wird.[138]

So kann der *Kanzler des Friedens* zum ersten Jahrestag der Ernennung mit einer Wende im Verhältnis zu unserem östlichen Nachbarn glänzen. Für Piłsudski ist der Erfolg genauso groß – er hat den Nichtangriffspakt mit Moskau vom 25. Juli 1932 um einen solchen Vertrag mit Berlin ergänzt. Im polnisch-sowjetischen Vertrag sicherte Moskau Polen noch zu, „dem Deutschen Reich im Falle eines polnisch-deutschen Konflikts weder unmittelbar noch mittelbar Hilfe zu leisten".[139]

Die Führung in Warschau ist zufrieden, denn ihre Hoffnungen auf einen grundlegenden Wandel in der Berliner Außenpolitik haben sich endlich realisiert. Mit Genugtuung bezeichnet der Pariser Gesandte in Warschau Léon Noël die vollkommen neue Qualität im Verhältnis zwischen Berlin und Warschau als „deutsch-polnische Arbeitsgemeinschaft".[140] Eine gute Basis für weitere Verträge, die Deutschland mit anderen Ländern in Osteuropa verbinden können. Mit Erleichterung wird in der französischen Hauptstadt registriert, dass Kanzler Hitler bei der Unterzeichnung jenes Vertrages mit Warschau auch das bereits existierende Bündnis zwischen Warschau und Paris völlig akzeptiert. Am 30. Januar hält Kanzler Hitler im Reichstag eine große Rede, in der er der Hoffnung Ausdruck verleiht, dass Polen und Deutschland jetzt in Eintracht und Frieden zusammenarbeiten können.[141] Seit der Kanzler auf das deutsche Land da verzichtet hat, herrscht eitel Sonnenschein in den Beziehungen, denn in Warschau und Berlin sind sie in allen wichtigen politischen Fragen einer Meinung. Sir Eric Phipps schickt einen Bericht nach London, in dem er formuliert,

Józef Klemens Piłsudski

A. Schäfer '11

dass der deutsche Kanzler den Beweis erbracht habe, dass er ein Staatsmann sei, da er seine Popularität partiell der außenpolitischen Vernunft geopfert habe.[142] Die Besserung des Verhältnisses zwischen Deutschland und Polen, die weder einem Völkerbund noch jemandem sonst gelungen war, erreicht Hitler tatsächlich in wenigen intensiven Gesprächsrunden, und der Brite schätzt es richtig ein, dass Hitler riskiert, mit seinem Ruck in der Politik Polen gegenüber bei den Deutschen gehörig an Sympathie zu verlieren, vor allem in der Freien Stadt Danzig.

Was hatte man in der polnischen Hauptstadt schon davon gehabt, dass unser Außenminister Gustav Stresemann 1925 den Rheinpakt mit Paris abgeschlossen hatte und die deutsch-französische Grenze als endgültig anerkannte? Der polnische Staatschef Józef Piłsudski hatte hier keinen Erfolg, als er von Berlin solche Garantien auch für die polnisch-deutsche Grenze wollte. Der deutsche Außenminister wies Piłsudskis Wünsche ab und sagte, dass Deutschland gewiss keinen Krieg beginnen würde, doch auf Gelegenheit zu einer Neuregelung der Grenzen warte. Polen seinerseits versucht weiter, sich Danzig einzuverleiben. Darüber hinaus wollen auch die Stimmen nicht leise werden, die Schlesien, Pommern und Ostpreußen für Polen fordern. Die Ausgangslage ähnelt einem Pulverfass – Deutschland hat Ansprüche an Polen und dieses Polen hat Ansprüche an Deutschland. Erst der Kanzler Hitler bringt Bewegung in die starren Fronten. Wer wird etwas dagegen haben, wenn jemand endlich Frieden bringt? Marschall Piłsudski registriert, dass das Interesse der Franzosen an Polen zurückgeht. Mit Sorge sieht er die Annäherung der Franzosen an die Russen. Er weiß, dass Kanzler Hitler statt mit Polen ebenfalls mit der Sowjetunion kooperieren kann – wie es das Reich schon seit Rapallo gehandhabt hatte. Er weiß auch, dass eine deutsche Wiederaufrüstung kaum noch zu verhindern ist. Hitler seinerseits hofft, Warschau durch deutlich reduzierte Revisionsansprüche zu einem Entgegenkommen zu bewegen. Außerdem will er Polens Wünschen im Osten Rückendeckung anbieten. Piłsudski hegt eigene Wünsche nach einer Föderation Polens mit einer halb abhängigen Ukraine[143] und für den Berliner Kanzler zählt die Ukraine wohl zu jenem zusammenhängenden Gebiet, von dem er im

Buch *Mein Kampf* als Lebensraum für die Deutschen gesprochen hatte. Doch das zusammenhängende Siedlungsgebiet für die Deutschen ist der Knackpunkt; wird der Kanzler auf seinem Weg in die Ukraine die Polen nicht auch aus ihrem Gebiet vertreiben wollen? Andererseits betonte der Kanzler ja, dass man die aktuelle Politik nicht aus *Mein Kampf* ableiten könne, da Gedanken eines oppositionellen Parteiführers nicht mit denen eines Regierungschefs übereinstimmen könnten.[144]

Seit 1934 folgt der urgemütliche Bayer Hermann Göring jedes Jahr der Einladung des Warschauer Außenministers Oberst Józef Beck zur Jagd in den schönen Wäldern Polens. Der französische Botschafter in Berlin André François-Poncet wird stets auf dem Laufenden gehalten, worum es in ihren Gesprächen geht. Bei diesen freundschaftlichen Zusammenkünften spricht man selbstredend auch über die Danziger Frage und den polnischen Korridor – Probleme, die eines Tages im Interesse der guten Beziehungen beider Länder gelöst werden müssen. Oberst Beck gibt zu verstehen, Polen werde sich nicht weigern, Danzig an das Reich zurückzugeben, wenn es dort wirtschaftliche Vorrechte beibehalten darf. Auch würde sich Polen mit einer exterritorialen Autobahn und Eisenbahnlinie zwischen West- und Ostpreußen einverstanden erklären.[145] In Deutschland macht man sich über den Strahlemann Hermann Göring lustig, der im Ausland die freundlichere Seite des Regimes mimt, und lästert unter der Hand über einen der ganz großen Bonzen des Jahres 1934: „Kennst du den Unterschied zwischen Japan und Göring?“ – „Japan ist das Land des Lächelns, Göring ist das Lächeln des Landes.“[146]

Neue Nachrichtenkanäle werden erschlossen

Am 30. Januar 1934 wird das Gesetz über einen Neuaufbau des Reiches abgenickt. Die Volksvertretungen der Länder werden jetzt endgültig aufgelöst und deren Hoheitsrechte gehen auf das Reich über. So schwinden weitere Möglichkeiten, auf legalen Wegen in die zukünftige Entwicklung der Dinge einzugreifen. Opposition im Sinne dieses Wortes ist jetzt nicht mehr möglich. Wer unter solchen Umständen noch Einfluss nimmt auf die Umsetzung von Entscheidungen, die durch staatliche Behörden getroffen worden sind, entfernt sich *per se* vom Boden des Gesetzes. Schon durch die Erziehung fällt es vielen Leuten schwer, diesen Schritt zu tun. Außerdem bleibt ja auch trotz aller Verbote nicht verborgen, wie mit den Leuten umgegangen wird, die sich dem Regime widersetzen. Jetzt sind die Gerüchteverbreiter gefragt. Niemand weiß recht, woher sie ihre Informationen beziehen, aber stets ist an ihren Meldungen „etwas dran" – das heißt konkret, dass sie immer irgendwie einen wahren Kern haben. Ihre Quellen sind nicht schlecht, und der Typ des findigen Journalisten erhält seine beachtliche Ergänzung in den geschäftstüchtigen Verlegern jener überall und nirgends vertriebenen – und deshalb bei polizeilichem Zugriff jeweils ausverkauften – Flüsterpresse. Gisevius spöttelt, dass mit deren Umlaufgeschwindigkeit die modernsten Rotationsmaschinen der Parteizeitungen nicht Schritt halten können. Auch das fast vollständige Verbot der ausländischen Presse besiegelt nicht die restlose Meinungsabriegelung, weil es noch das Radio gibt, dessen Wellen trotzdem immer noch gestapofrei bleiben. Dann und wann tauchen außerdem verbotene Bücher oder Flugschriften auf, die gierig verschlungen werden und ihren Besitzer umso schneller wechseln, je eifriger die Nazis nach der „Greuelliteratur" fahnden.[147] Man möchte es ja eigentlich kaum glauben, doch es gibt zum Beispiel noch immer die Zeitschrift *Der Widerstand*. Zu dieser Lektüre gehört aber auch nicht nur ihr Herausgeber Ernst Niekisch, der vor zwei Jahren noch die Broschüre *Hitler – ein deutsches Verhängnis* in Berlin veröffentlicht hatte, sondern auch zahlendes Publikum.[148]

Nicht jeder der Gerüchteverbreiter hat einen so exklusiven Arbeitsplatz wie Dr. Gisevius, der jetzt als Hilfskraft im Innenministerium arbeitet. Er soll all die Irrläufer, die seit der Ende Oktober erfolgten Abtrennung der Gestapo aus dem Bereich des Innenministeriums fälschlicherweise immer noch dorthin gerichtet werden, zuständigkeitshalber an Görings Staatsministerium weiterleiten. So kann er die Anzeigen, die Petitionen und Beschwerden lesen, die aus dem ganzen Reich eingehen, weil viele entrüstete Staatsbürger sich dem Wahn hingeben, es gäbe noch immer so etwas wie eine rechtsbeflissene Polizei. In diesen Monaten entstehen Worte wie: „Wenn der Führer das wüsste!" oder: „Wenn das Göring erführe!"[149] Über diese Naivität können Sie lächeln; darüber können Sie aber auch eingehender nachdenken. Das bedeutet auch, dass sie in der Bevölkerung selbstverständlich nicht das Rechtsbewusstsein eingebüßt haben und dass vermutlich die übergroße Mehrheit der Leute Zustände ablehnt, wie sie aktuell in Deutschland abgeschirmt vor der Öffentlichkeit an der Tagesordnung sind. Machen Sie doch den Selbstversuch und sagen sie einem Nachbarn, dass die Berichterstattung in seiner Zeitung einseitig und tendenziös sei. Da können Sie noch so sichere Indizien für die Verlogenheit der Medien vorweisen, Ihre Nachbarn werden immer den Medien mehr vertrauen als einem Nachbarn, der Augenzeuge einer Veranstaltung war, über die in den Medien berichtet wird, als handelte es sich um eine ganz andere Veranstaltung. Den Rest besorgt im Jahr '33 die Angst, denn gerade wenn man die Horrormeldungen glaubt, die jetzt in Deutschland unter der Hand umgehen, wird man sich doppelt hüten, den Mund aufzumachen. Das will keiner *live* und in Farbe.

1934

Alte Rechnungen zwischen Rom und Berlin

Wechseln wir die Perspektive und gehen an das Mittelmeer. Azurblauer Himmel, kreischende Möwen, strahlender Sonnenschein, leckere Salate aus besten Oliven und Tomaten, herrlicher Strand. In der ewigen Stadt Rom grübelt man, wie es mit diesen Emporkömmlingen jenseits der verschneiten Alpen weitergehen soll. Von der Wahl eines Österreichers zum *Duce* in Berlin hat man vor einem Jahr mal etwas gehört. Mit Besorgnis. Da ist noch eine Rechnung offen. Mit Österreich und Deutschland waren die Italiener im Krieg verbündet – und haben den Krieg gewonnen, den die Österreicher und die Deutschen verloren haben. Wie das geht? Nun, unverkrampft. Man wechselte die Seiten, als es brenzelig wurde. Um die Italiener auf ihre Seite zu ziehen, hatten die Briten und Franzosen Rom das Blaue vom Himmel zugesagt. Im Vertrag von London sicherte man Italien am 26. April 1915 Südtirol zu, Dalmatien, Istrien, auch Teile der deutschen Kolonien und ein Stück von Albanien.[150] Die Versprechungen waren hinfällig, bald nachdem sie ihren Zweck erst einmal erfüllt hatten. Als der Krieg gegen die zwei Kaiser gewonnen war, bekam Italien gerade einmal den Süden von Tirol zugesprochen. Auch *diese* Grenzziehung hat kommenden Ärger schon vorprogrammiert. London und Paris hingegen teilten sich die Kolonien, die bis dahin dem Reich gehört hatten. Rom ist deshalb zwar sauer auf Paris und London und möchte weiter mehr vom großen Kuchen, ist jedoch sowohl auf die einen wie auch auf die anderen angewiesen, um zumindest diesen Landstrich in Tirol zu behalten. Aus dem Grund sind die Nachkriegsregierungen in Rom die klarsten Gegner des Anschlusses Österreichs an das Reich.[151] Als sich Österreich und das Reich 1931 beispielsweise um die Gründung einer Zollunion bemühten, scheiterten sie deshalb gerade am scharfen Widerstand der Italiener und Franzosen. Am 17. Februar 1934 geben Italien, Frankreich und England Garantieerklärungen für die Unabhängigkeit Österreichs ab und auf den Tag genau einen Monat später schließen Italien, Österreich und Ungarn einen Konsultationsvertrag ab, in dem sie die Abstimmung ihrer Außenpolitik vereinbaren. Eine Vereinigung Österreichs mit Bismarcks kleindeutschem Reich soll so dauerhaft unterbunden werden.[152]

Die Demokratie wackelt nun auch in Frankreich

Auch Frankreich ist jedoch im Moment in keiner beneidenswerten Lage. Im Februar gibt es da faschistische Unruhen, ausgetragen von Gruppen mit rauschenden Namen wie Jeunesse Patriot – Vaterländische Jugend, Croix de Feu – Feuerkreuze, oder Camerlots du Roi – die Kämmerer des Königs. Demonstranten fordern: „Zur Hölle mit den Abgeordneten! Was wir brauchen, ist ein Hitler!“[153] Bei diesen Auseinandersetzungen gibt es fast fünfzig Tote und zweihundert Verletzte. Handelt es sich um originär französische Entwicklungen oder sind die Sponsoren dieselben wie jene, die bereits im aufstrebenden Russischen Reich die Bolschewiken unterstützt hatten und im Deutschen Reich die Nationalsozialisten? Die Frage ist durch die beiden Vorläuferbeispiele schon berechtigt, aber auch Rom unter der Führung Benito Mussolinis wird von London hofiert. Der neue Premier Daladier geht wieder und der siebzigjährige Louis Barthou, der überraschend gut deutsch spricht und, wie er sagt, der einzige Minister in Paris ist, der Hitlers *Mein Kampf* gelesen hat, wird der frische Außenminister in Paris. Beim Lesen ist Barthou der aggressive Grundton jenes Buches nicht entgangen, was darauf hinweist, dass er den Text durchaus verstanden hat.[154] Den müsste eigentlich jeder lesen. Dort bleiben keine Fragen offen. Aber das ist eben derart zähflüssig geschrieben, dass man es nicht wirklich lesen mag.

1934

Wer macht Hitler den Hof?

Lordsiegelbewahrer Anthony Eden kommt im Februar 1934 aus London und will sich ein Bild von den Möglichkeiten einer Zusammenarbeit des Empires mit dem Reich machen. Der edle Herr gibt sich überrascht über Hitlers „smarte, beinahe elegante Erscheinung" und wundert sich, jenen harten Boss beherrscht und freundlich vorzufinden. Einwänden gegenüber zeigt sich der Kanzler aufgeschlossen und ist nicht die melodramatische Charge, die ihm geschildert worden war. Hitler weiß, worüber er spricht, und Eden meint später, der deutsche Kanzler habe den Gegenstand ihrer Unterredung vollauf beherrscht und kein einziges Mal, selbst in Detailfragen nicht, seine Fachleute zu Rate ziehen müssen. Sir John Simon wiederum äußert bei späterer Gelegenheit zu von Neurath, Hitler sei im Gespräch ausgezeichnet und sehr überzeugend gewesen, er habe sich ein völlig falsches Bild von ihm gemacht. Was die Herren besonders verblüfft, ist Hitlers Schlagfertigkeit. Auf die hintergründige Anspielung des Außenministers, Engländer sähen es gern, wenn man Verträge einhält, zeigt er sich überrascht und meint: „Das war nicht immer der Fall. 1813 verboten die Verträge eine deutsche Armee. Ich erinnere mich aber nicht, dass Wellington in Waterloo zu Blücher gesagt habe: Ihre Armee ist illegal, verlassen Sie bitte das Schlachtfeld!"[155]

Es ist doch zu schade, dass erst die Historiker nachträglich herausfinden können, inwieweit die vorgetragene Überraschung der beiden Boten aus dem *demokratischen* Westen echt ist oder ob sie vielleicht seit Jahr und Tag schon über Charaktereigenschaften ihres Wunschkandidaten Adolf Hitler gut informiert waren. Sei es, wie es sei, diese zwei Politiker unterstützen demonstrativ den Chef der NSDAP, nicht zuletzt auch gegenüber kritischen Köpfen in Deutschland. Die Wirkung kann man sich an einem Finger ausrechnen: Wer kann jetzt noch etwas gegen Hitler sagen, wenn sogar die Führung Englands ihm ihre Aufwartung macht? Doch was die Hintermänner dieser Runde im Kampf gegen die ehemalige Wirtschaftsmacht Deutschland angeht, heißt es in schönster Offenheit im Londoner *Guardian* über die bisher geleistete Unterstützung *unseres* Naziregimes

1934: „Hitler standen umfangreiche Geldmittel zur Verfügung, die nicht nur aus deutschen Quellen stammten. Er bekam von gewissen kapitalistischen Interessengruppen im Ausland Geld, die von seiner Feindschaft gegenüber Russland oder seiner Politik, welche die Nachfrage nach Waffen verstärkte, angezogen wurden." Süffisant setzt die Zeitung fort: „Die internationale Hochfinanz schien dem Naziregime nicht ungewogen zu sein."[156] Denen droht auch weder Knast noch Lager. Neben den Herren aus London lässt sich auch der Medienmogul William Randolph Hearst aus Amerika bei Hitler sehen, der Mann, der schon Jahre zuvor ein ganz „ungewöhnliches Interesse" an Aussagen Hitlers über die Kommunisten geäußert hatte.[157] Hearst bleibt also am Ball. 1898 hatte er bereits mittels seiner Medien die Öffentlichkeit in den USA auf den finalen Krieg gegen das *Imperio español* eingestimmt. Das war lange vor Hitlers großer Zeit. Schön, dass er sich so für das Deutsche Reich interessiert. Aber das liegt eben so mittenmang in Europa. Das wäre der ideale Ausgangspunkt für einen neuen Krieg. Dann liefert man wieder an alle Beteiligten und dann streicht man wie gehabt die Gewinne ein.[158]

Der Autor von *Mein Kampf*, eine unscheinbare Gestalt mit Schnurrbart, Haartolle und Uniform, im bürgerlichen Anzug eher die Imitation seines Bildes von sich selbst, war seit Monaten das Lieblingsobjekt des Spottes in Europa. Vom hohen Ross hatte die politische Elite im Reich ebenfalls noch vor einem Jahr auf Hitler herabgeschaut und wollte ihn für eigene Zwecke instrumentalisieren. Wie die Hugenberg, Schleicher, Papen und wie sie nicht alle so heißen, gehen auch Politiker aus dem Westen an den Revolutionär aus dem Volk heran. In den Hauptstädten Europas stellen sie sich einen „Gandhi in preußischen Stiefeln" vor, so in etwa wie einen schwachsinnigen Charlie Chaplin auf einem viel zu hohen Kanzlerthron, jedenfalls „im höchsten Grade exotisch", wie ein Beobachter aus Großbritannien festhält, einer der „verrückten Mullas", in ihrem schrulligen Privatleben Nichtraucher, Antialkoholiker, Vegetarier, Nichtreiter und dem Jagdsport gram. Ihnen ist es egal, dass er zuvor kein Abgeordneter war und keine Erfahrungen in den Regierungsgeschäften mitbringt, die diplomatischen Gepflogenheiten so wenig kennt wie den amtlichen Stil; Hauptsache, im richtigen Moment ist Hitler ganz der Staatsmann.[159]

Das aktuelle Zauberwort heißt *Appeasement*

Berlin kündigt am 9. April 1934 öffentlich an, dass es entgegen den Bestimmungen von Versailles wieder aufrüsten wird. Paris ist darüber besorgt. Währenddessen bekommt man in Berlin Besuch. Der Hauptmann Winterbotham von der Royal Air Force, der SIS-Agent, der 1931 Alfred Rosenberg während seiner Englandreise durch Londoner Clubs führte, macht seine Aufwartung bei dem früheren Besucher und wird auch vom Führer persönlich empfangen. Winterbotham ist nicht nur ein Agent des britischen Auslandsgeheimdiensts MI6, er arbeitet darüber hinaus auch für den Nachrichtendienst des Luftfahrtministeriums. Seit der Machtübernahme mimt er einen weiteren Verehrer des Hitler-Regimes, einen verlässlichen Vertreter des „Appeasement". In den Gesprächen wird der Naziführung irreführend vorgegaukelt, dass Großbritannien gemeinsam mit Deutschland in den Krieg gegen die Sowjetunion ziehen werde.[160]

Es kommt nach der gelungenen Machtergreifung durch Hitler zu vielen politischen Gesprächen auf höchster Ebene, von denen Sie wissen, doch neben den offiziellen Politikern leisten auch unbekanntere Briten ihren Beitrag zum Verlauf der Geschichte. Baron William S. De Rop beispielsweise bemüht sich ganz rührend „auf eigene Faust um eine Annäherung zwischen Großbritannien und Deutschland". Zusammen mit seiner Frau lässt er sich in Berlin nieder und gewinnt das Vertrauen des Führers und seiner Umgebung, wo man ihn „unser englischer Agent" nennt. De Rop liefert der Nazi-Führung Informationen über die Stärke der angeblichen britischen Befürworter der Beschwichtigungspolitik sowie auch über die Möglichkeiten der Zusammenarbeit von Luftwaffe und Royal Air Force und über den Kauf von Flugzeugbauteilen aus Großbritannien. De Rop sammelt darüber hinaus nebenher auch Geheiminformationen über die deutsche Luftwaffe und veranlasst zwei Generäle, einen Admiral, ebenso wie eine Reihe von Journalisten und viele seiner Freunde, Deutschland zu besuchen. So ganz auf eigene Faust passiert das aber wohl eher nicht, denn zur Beschaffung von mehr oder weniger korrekten Informationen über die britische Luftwaffe für die Deutschen muss er mit seinem alten Freund Major Frederick Winterbotham zusammenarbeiten, der bereits seit 1929 die SIS-Abteilung für Luftinformationen leitet. Auch der feine Winterbotham befürwortet angeblich eine gemeinsame Front von Briten und Deutschen gegen Stalin. So kommt es zum Informationsaustausch über die Luftstreitkräfte in beide Richtungen. Nein, *auf eigene Faust* ist bestimmt etwas anderes als das, was hier geschieht. Auch Lord Londonderry und Lord Swinton aus der Chefetage im Luftfahrtministerium bemühen sich nämlich gemeinsam mit Major Winterbotham um eine *Verständigung* mit dem Deutschen Reich.[161]

Während der gewöhnliche Politiker darauf achten muss, dass er eine gewisse Stetigkeit in seinen Anschauungen verkauft, damit man ihn ernst nimmt, hat jemand von einem Geheimdienst mehr Spielraum. Der Brite Kim Philby zum Beispiel wurde schon 1933 vom sowjetischen Auslandsgeheimdienst angeworben und erhält 1934 den ersten Auftrag. Parallel dazu wird Philby Journalist, gibt die Zeitschrift eines Vereins zur Förderung der Freundschaft zwischen England und Deutschland heraus und mimt ebenfalls einen der stillen Bewunderer des Dritten Reichs. Er versucht, ein Fachblatt zu gründen, das die Beziehungen zwischen England und Deutschland verbessern soll und er reist mehrmals nach Berlin, um mit dem Ministerium für Volksaufklärung und Propaganda und mit dem Auswärtigen Amt darüber zu sprechen. Berichtet er seinem sowjetischen „Führungsoffizier" anschließend darüber auch? Den Russen fällt freilich auf, dass sie durch ihn nichts erfahren, was sie nicht auch selbst bereits in Erfahrung gebracht haben.[162] Mit Philby haben die britischen Dienste auf jeden Fall einen Vertreter gefunden, der die Kontakte zu den beiden von Halford John Mackinder beschriebenen Mächten unterhält, die die Untertanen des Königs von Großbritannien in Eurasien um jeden Preis erneut gegeneinander aufstellen sollen. Nach der überaus erfolgreichen Zusammenarbeit mit den Vereinigten Staaten von Amerika während des

Weltkrieges von 1914 bis 1918 werden jetzt natürlich die Ressourcen des Landes der unbegrenzten Möglichkeiten in die Planung mit einbezogen. Im Laufe des Monats April berichtet Douglas Miller, der Handelsattaché der US-Botschaft in Berlin, dass amerikanische Vertreter alle möglichen Flugzeugteile in Deutschland verkaufen, Motoren, Kurbelwellen, Blindfluggeräte, Zylinderköpfe, Kreiselkompasse und andere Instrumente. Sie bieten auch Zielvorrichtungen für Flugabwehrgeschütze an. Miller sagt voraus, dass die Deutschen unter Zugrundelegung der amerikanischen Lieferungen Ende 1935 ungefähr 2.500 Militärflugzeuge haben werden. Wenn das nach dieser Meldung nicht verboten wird, ist es so erwünscht. Der US-Chemiekonzern DuPont tauscht schon mit mehreren deutschen Unternehmen Informationen über Sprengstoffe aus. Sperry Gyroscope erteilt der Askania Co. Lizenzen zum Nachbau von Blindfluggeräten und Horchgeräten in Deutschland. Pratt & Witney verkauft den *Freunden* im Reich Motoren, Propeller und Ersatzteile. Außerdem liefert diese Firma den Bayerischen Motorenwerken Einzelheiten über die Forschungs- und Entwicklungsvorhaben in den Vereinigten Staaten. Es ist auch prächtig, dass Standard Oil (Esso) und die IG Farben eine Vereinbarung über den Austausch von Patenten und Forschungsergebnissen und über die Lieferung von Kautschuk haben. 1934 werden hier lediglich 300.000 Tonnen Naturprodukte aus Petroleum hergestellt und unter 300.000 Tonnen an synthetischem Benzin. So kann man keinen großen und keinen kleinen Krieg führen. Was mehr gebraucht wird, haben wir zu importieren, und andere Länder müssen auch bereit sein, es zu exportieren. Standard Oil verkauft der IG Farben außerdem noch ein verbessertes Verfahren für die Herstellung bester Sprengstoffe. Das Unternehmen Bendix Aviation liefert der Stuttgarter Firma Robert Bosch Konstruktionsunterlagen für Anlasser von Flugzeugmotoren. Zu jenen englischen Firmen, die zu der Aufrüstung des Reiches beitragen, zählen Unilever, Dunlop Rubber, die britische Stahlexportvereinigung, British Petroleum (BP) und überdies auch der Produzent von schweren Geschützen, Panzerplatten und von Kriegsschiffen Vickers-Armstrong. Auf der Jahrestagung von Vickers im Jahr 1934 wird der Vorstandsvorsitzende jener Firma Herbert Lawrence gebeten, er möge doch bitte versichern, dass sein Konzern nicht für die vermeintlich *geheime Wiederaufrüstung Deutschlands* genutzt würde. Darauf erwidert H. Lawrence durchaus vielsagend: „Ich kann Ihnen das nicht mit letzter Sicherheit garantieren, ich kann Ihnen aber sagen, dass nichts ohne die vollständige Billigung und Zustimmung unserer eigenen Regierung unternommen wird."[163] Es bleibt Erklärungsbedarf dafür, was dieser militärische *support* denn mit *Appeasement* zu tun haben soll.

Auseinandersetzungen unter den Nazis

Im Frühjahr 1934 ist die Gleichschaltung der deutschen Gesellschaft im Prinzip abgeschlossen und die Akteure von der braunen Fakultät sitzen allein in der Arena. Nun wird es kritisch. Während sie politische Gegner einfach hinter Mauern und Zäunen wegsperren können, müssen sie sich mit den anderen Raubtieren nun ohne Leine, Beißkorb und Gitter in der großen Arena frei miteinander bewegen. So kommt es, dass sie ängstlich auf ihre Sicherheit bedacht sind. Es liegt in der Luft, dass es bald einige von ihnen selbst erwischen wird. Doch keiner will jener Letzte sein, den die Hunde dann beißen. Auf einem Schemel thront Hermann Göring. Er ist der Innenminister in Preußen, eine Machtposition, die ihm die Mittel gibt, um sich zu verteidigen. Er verfügt immerhin über Preußens Polizei. Auf einem anderen Schemel hockt Heinrich Himmler. Jener hat die SS als Lebensversicherung hinter sich. Größer ist bloß die Sicherheit eines Ernst Röhm, der das Vier-Millionen-Heer der SA hinter sich weiß. Will man ihn entmachten, müssen sich Göring und Himmler zusammentun, auch wenn sie sich überhaupt nicht mögen. Nur in einem Punkt sind sie gleich – beide gehen sie über Leichen. Also bauen zwei schwache Große eine Front auf. Dafür geht Hermann Göring einen Kompromiss ein und überlässt Heinrich Himmler im April '34 die Macht über die Preußische Geheime Staatspolizei. Im Bunde miteinander sie Röhm über die Klinge springen lassen können, wenn sie ihr Husarenstück nicht zu dumm und ohne eine weitere Rücksicht vorbereiten.

Um sich bei dieser Aktion nicht selbst aus der Arena hinauszuschießen, wollen Göring und Himmler die Nummer Eins mit ins Boot holen. Deshalb soll die Verantwortung für einen mörderischen Befehl feierlich von Adolf Hitler übernommen werden.[164] Doch das ist schwieriger, als man denkt. Ernst Röhm und unser Kanzler sind alte Parteigenossen wie auch Duzfreunde und noch stehen die Dinge keineswegs so, dass sich Göring und Himmler bloß zu verbünden bräuchten, um Röhm samt der SA ans Messer zu liefern oder Strasser verschwinden zu lassen. Es bleibt immer noch Adolf Hitler. Seine Wutanfälle sind allgemein gefürchtet und er ist in jeder Hinsicht unberechenbar und launisch. Die beiden müssen deshalb erst Hitler in eine gewisse äußere Lage hinein steuern. Selbst dann müssen sie noch seine jeweilige psychische Verfassung abpassen. Einzig nach solchen behutsamen psychiatrischen Vorkehrungen dürfen sie mit einiger Wahrscheinlichkeit auf Erfolg rechnen. Eine direkte Auflehnung gegen den Führer wagen sie nicht, wie es Gisevius einschätzt.[165]

Hitler sitzt auf seinem Schemel und grübelt. Er ist jetzt 44 und hat es in der Tat geschafft. Wer kann es denn von sich sagen, dass er zwischen 20 und Mitte vierzig von ganz unten bis ganz oben kam? Über Hitler gibt es nur noch den Reichspräsidenten und Gott. Hindenburg ist ein Greis und hat nicht mehr viel Zeit hienieden, und Gott ist darauf angewiesen, dass die Menschen sein Wertgefüge akzeptieren und verteidigen. Ohne deren Demut hat auch Gott keine Chance. Das macht Gott bereits seit langem zum Wackelkandidaten als Autorität. Gedankenversunken steigt Hitler von seinem Schemel und kratzt sich am Kopf. Wie soll er jetzt vorgehen? Sicher, es ist ruhig geworden auf den deutschen Straßen, und dennoch – die Beschwerden über sein Regime häufen sich in allen Teilen Deutschlands, wie Dr. Gisevius seinerseits bestätigt. Darüber hinaus weisen ihn Diplomaten vom Auswärtigen Amt darauf hin, dass sich im Ausland die Sorgen mehren, ob sich Deutschland noch an die Grenze der Reichswehr mit 100.000 Soldaten halten wird. Es war schwer genug, dort den Wehrsport in seiner SA als eine friedliche Freizeitbeschäftigung zu verkaufen. Im Innenministerium stapeln sich weiter Gnadengesuche und Eingaben der Bevölkerung, die sich im Glauben an die Autorität des Staates über die Behandlung von Verwandten und Kollegen beschweren. Im Kern erweist sich in erster Linie die SA unter Ernst Röhm als eine Gefahr. Was einst Privatarmee der NSDAP war, ist auf vier Millionen Mitglieder angeschwollen. Freund Röhm ist von sozialer Gerechtigkeit so wenig abzubringen wie von der Einverleibung der Reichswehr durch seine SA.[166]

Adolf Hitler ist jedoch nicht der Mann für Freunde. Das weiß man, wenn man sein Buch *Mein Kampf* gelesen hat. Er denkt in großzügigen Linien. Da geht es um Völker, nicht um Freunde. Er wollte die Macht, die hat er jetzt; da treten Freunde in den Hintergrund. Mit der Reichswehr darf er es sich nicht verscherzen und die erfahrenen Generäle braucht er noch. Die Generäle hatten *ihn* benutzen wollen. Ein Innenpolitiker mit klarem Konzept sollte im Reich klar Schiff machen, damit die Reichswehr nicht mehr die Feuerwehr für die eigene Bevölkerung spielen muss. Doch ehe sie es begriffen, entwickelte die Kreatur ein Eigenleben. Hitler ist umgekehrt auf das Militär weiterhin angewiesen; wir Deutschen glauben eben an die Autorität des Staates, besonders natürlich die Protestanten unter uns – und die Reichswehr ist sozusagen der Staat, mehr als jede andere Größe nach der Abdankung des Kaisers. Hitler setzt sich wieder auf den Schemel. Er weiß, die SA muss aus dem Feld geschlagen werden. Diese Wendung bewirkt, dass den Bemühungen der Justizbehörden beim Verfolgen von SA-Verbrechen plötzlich Erfolg beschieden ist, und noch im April erhält Theodor Eicke, der Kommandant des Lagers in Dachau, den Auftrag, eine „Reichsliste" mit den Namen unerwünschter Personen anzufertigen, darunter auch „alte Kämpfer" aus den braunen Reihen, die in die ewigen Jagdgründe eingehen sollen.[167] Wo ist Eickes Ideologie? Oder tut er, wie ihm geheißen, weil er von klein auf nur gelernt hat, dass man stets zu tun hat, was der Vater gerade will? Ermorden an sich dürfte für ein Rauhbein wie ihn jedenfalls keine Herausforderung sein.

So wird der SA-Führung also zum Verhängnis, dass sie nicht bereit war, die Hoffnung auf die Übernahme der Reichswehr endgültig aufzugeben. Was jedoch die Stimmungslage beim Fußvolk angeht, befindet Gisevius: „Dem kleinen SA-Mann auf der Straße bleibt es herzlich gleichgültig, ob sein Gruppenführer General wird oder nicht. Eher könnte man behaupten, er wünsche dies gar nicht. Jedes Mal, wenn Karl Ernst hoch zu Ross die Parade abnimmt, gibt es ein respektloses, schallendes Gelächter, sobald der zu Boden geworfene Reitersmann seinem weggaloppierenden Gaul derbe Flüche nachsendet. Solche pseudomilitärischen Mätzchen schätzen diese Leute nicht, die zur großen Mehrzahl gediente Soldaten sind. Dagegen erkundigen sie sich eindringlich, wie es wohl mit den Erfolgen ihrer Revolution bestellt sei. Allmählich wünschen sie, ausgezahlt zu werden. Die ständigen Aufmärsche ziehen nicht mehr. Nicht minder ödet sie das eintönige Rechtsum – Linksum auf den sogenannten Schulungsabenden an. Hilfspolizei spielen ist ebenfalls kein Dauervergnügen. Darum meinen sie, man solle ihnen wieder etwas bieten."[168] Derweil ist die Führung der SA unter Röhm nicht untätig. Diesen Volkstribunen ist nicht entgangen, dass sich da ein Gewitter zusammenballt. Sie vermuten ihrerseits, dass sich die Wirtschaftsbosse, Pfaffen oder die Reaktionäre mit den Generälen gegen sie verschwören könnten. So drängen auch sie auf eine alsbaldige Entscheidung. Die Reichswehr muss erobert werden, solange ihnen das revolutionäre Tempo unwiderstehlich Auftrieb bringt. Wie schon oft in den vergangenen Jahren gedenken sie, den zögernden Hitler einfach mit sich zu reißen.[169]

Das blieb führenden Militärs nicht verborgen. Sie wollten unbedingt die kurze Zeit nutzen, die Hindenburg noch am Leben ist, um mit Hilfe des Reichspräsidenten dem schwankenden Kanzler ein endgültiges Nein zu Röhms SA abzuringen. Blomberg und Reichenau sind die Treiber hinter den Kulissen. Ähnlich schüren die wohlgesitteten nationalen Kreise, die allmählich Angst vor ihrer eigenen Revolutionscourage bekommen. Sie meinen, endlich sei es an der Zeit, wieder für Ruhe und Ordnung zu sorgen.[170] Für den 12. April wird also eine Konferenz auf der „Deutschland" anberaumt, bei der die führenden Generäle unter Fritsch und Blomberg Klarheit über die Zukunft von Heer und SA fordern.[171]

Gar manchem im Reich ist einer von den Herren so lieb wie der andere. So lästern die Leute: In der Lüneburger Heide haben sie ein Hünengrab geöffnet. Man fand darin ein Skelett, so schlank wie Göring, so groß wie Goebbels, so blond wie Hitler, so männlich wie Heß. Um den Hals hing eine Erkennungsmarke mit dem Namen Rosenberg. Neben ihm lag eine Sammelbüchse. Flink wurde der Professor eines Vorgeschichtsmuseums herbeigeholt. Der besah sich den Fund kurz und stellte dann triumphierend fest: „Ein großartiger Fund: der erste Nationalsozialist!“[172]

Der zweite Frühling unter Hitler

Jetzt beginnen die großen Tage des Nürnberger Satrapen Streicher. Die berüchtigte Ritualmordnummer seines *Stürmer*, in welcher steht, dass Juden religiös motiviert angeblich Menschen töteten, erscheint gerade in diesen Monaten. Wochenlang darf diese schändliche Propaganda bei uns in millionenfacher Auflage vertrieben werden, und erst nachdem es auch wirklich bis in die letzte Schulklasse gedrungen ist, entschließt sich Kanzler Hitler zu einem Verbot, das er, um die Verlogenheit zu krönen, ausgerechnet mit einer „Verhöhnung christlicher Symbole“ begründet, gerade so, als ob er womöglich etwas für den christlichen Glauben übrig hätte. Ähnliche Hetzblätter schießen wie die Pilze aus dem Boden. Auch die antichristlichen Streitschriften überschwemmen das Land. Es merkt ja vielleicht niemand, dass das nicht zusammenpasst. Alle arbeiten nach derselben Methode: Sie enthüllen. Ob sie in dem einen Fall die übelsten jüdischen Machenschaften aufdecken möchten oder an anderen Stellen schlüpfrige Erläuterungen zu alttestamentarischen Geschichten bringen, ob sie freimaurerischen Gebräuchen nachspüren, reaktionäre Umtriebe anprangern oder die mangelnde Volksverbundenheit der Monarchen im 18. Jahrhunderts „entlarven“, stets liefern sie den Leuten ihre sensationellen Enthüllungen in einem kruden Gemisch, das aus arger Hetze und Homosexualität besteht. Alle diese durchaus schreierisch aufgemachten Kampfschriften verschwinden wieder *mit der Zeit*, nicht etwa, weil man diese Unruhestifter polizeilich verbietet, sondern einfach, weil sie keiner mehr lesen will. Anfangs aber bedeuten sie eine vollkommen neue Entdeckung, und wer sich gegen diese Art von Hetzliteratur wendet, gilt als prüde, überaltert, zumindest als bürgerlich reaktionär. Der Vorwurf, ein Reaktionär zu sein, wiegt besonders schwer, läuft doch jetzt im Jahr '34 der erste große Ansturm gegen jene bürgerlichen Kreise, mit deren Hilfe man soeben die Macht erobert hatte. Eine Hochflut von Presseangriffen und Aufklärungsvorträgen setzt ein, die mehr oder minder alle dasselbe Leitmotiv gegen die Reaktion abhandeln. Wieder steht der Feind rechts, und die wirklich Konservativen hören dies nicht einmal so ungern; denn für die Rechten ihrerseits steht der neumodische braune Kollektivismus ganz weit links, wie Hans Bernd Gisevius konstatiert.[173] Wie viele außer ihm wagen noch mitzuschreiben? „Der Kirchenstreit entbrennt in voller Stärke. Die Hitlerjugend zieht gegen die widerstrebende Elternschaft zu Felde. Vornehmlich aber wird die sogenannte Reaktion zur Zielscheibe leidenschaftlicher Angriffe." Von unten nach oben aufgerollt haben die Nazis unsere Gesellschaft. Bei den Kommunisten fing es an und mit den Juden ging es weiter, danach kamen die Gewerkschaftsfunktionäre dran und Vertreter der SPD, dann Liberale und nun räumen diese Horden bei den Konservativen auf. Wer sich nicht rechtzeitig in Sicherheit gebracht hatte, den wird der Zug der Zeit wohl überrollen. Der Neid muss es den Braunen lassen: Clever haben sie das angestellt. Es ist bloß die Krönung, dass jetzt intrigiert wird, um die Hackordnung in den eigenen Reihen zu erneuern. Geschickt haben sie die Vorbehalte verschiedener Gruppen im Land gegeneinander ausgespielt, und ehe sich die erst Verschonten versahen, waren sie selber zum Opfer übelster Brutalität geworden. Festzuhalten bleibt an der Stelle, dass sich die etwa 30 Prozent Nazis mit einer widerstrebenden Mehrheit auseinanderzusetzen haben.[174]

Auch der dreiundvierzigjährige Hans Rothfels* erlebt, dass sich „breite Schichten des Volkes"[175] für die Ideologie der Nazis „undurchdringlich" zeigen. In einem System, das die private Persönlichkeit nicht duldet und auf die aktive Betätigung zugunsten öffentlich propagierter Ziele großen Wert legt, erfordert schon diese Art der politischen Zurückhaltung Mut und Stehvermögen. Er benennt in diesem Zusammenhang den Vorteil, den namenlose Männer und Frauen haben gegenüber solchen Personen, die man in irgendeiner Form im Rampenlicht der Öffentlichkeit sieht.

Sie bilden „ein Reservoir von Kräften“, auf das der aktive Widerstand für jenen Augenblick zählen kann, wenn erst „die Macht den Unterdrückern aus der Hand geschlagen“[176] ist. Doch wie viele Monate wird das noch so weitergehen? Am besten wäre, man wacht eines Morgens auf, und dieser Alptraum ist einfach vorbei. Wenn ein Wort die allgemeine Stimmung in Deutschland kennzeichnet, heißt es Angst. Sei es in den Fabriken oder in den Dienstzimmern, automatisch wird das Gesprächsthema gewechselt, sobald die bekannten Parteimitglieder und 150-Prozentigen außer Hörweite sind. Zwischen den Nicht-Nazis entwickelt sich eine schweigende, mitunter fast geheimnisvolle Verständigung. Die deutsche Gesellschaft reduziert sich allmählich auf zwei Paralleluniversen, auf der einen Seite die Welt der Nazis mit ihrer Sprache und auf der anderen Seite die Welt der Nicht-Nazis. Die Sprache der Nicht-Nazis manifestiert sich in jenen beißenden Witzen, die sich mit rätselhafter Schnelle bei uns verbreiten. Ein anderer auffallender Zug, der die schweigende Opposition bezeugt, ist die sich ausdehnende „Vereinsmeierei“, das heißt das zahlenmäßige Anwachsen kleiner Kreise, die philosophische oder religiöse, künstlerische oder zwischenstaatliche Probleme erörtern. Auch diese Form eines „Separatismus“ kann gefährlich werden und endet unter Umständen mit dem gefürchteten Läuten der Wohnungsklingel um fünf Uhr am Morgen und dabei geht die Gruppe der Nicht-Nazis so sehr über in die der Anti-Nazis wie in die Gruppe derer, die in die Partei gehen, um ihre Ruhe zu kriegen oder um von dort aus etwas zu bewegen.[177]

Die Enkel werden vermutlich einmal fragen warum ein Nicht-Nazi denn überhaupt in die Partei gegangen ist. Die Frage ist gar nicht fürchterlich schwer zu beantworten und es gibt auch genug Antworten darauf. Aber können die Enkel zu ihrer Zeit auch etwas mit den Antworten anfangen? Was sagt der, der die Diktatur kennt, zu den Alternativen: „In einem bis ins Letzte durchorganisierten Terrorsystem kann man mit Erfolg nicht von unten sabotieren. Man kann nur von oben putschen. Dazu braucht man irgendeine verlässliche Ausgangsstellung. Bietet sich kein solcher handfester Ansatzpunkt, und je größer der Terror ist, desto weiter liegt diese eine Möglichkeit des beherzten Zufassens der Sphäre des Einzelnen entrückt, dann bleibt einzig übrig das lähmende Bewusstsein völliger Machtlosigkeit, die trostlose Gewissheit, dass es aussichtslos, ja ein selbstmörderisches Beginnen ist, gegen den Strom zu schwimmen."[178]

1934 hört Kurt Hirche das erste Mal: Man muss nicht in der Partei sein, um kein Nazi zu sein. Es gibt Leute, die zum Beispiel hoffen, man könne neuerliche Exzesse mildern und Schlimmeres verhüten, wenn man sich beteilige und in die Partei eintrete. Nur wer in der Partei ist, kann etwas bewirken.[179] Kennen Sie diese Weisheit womöglich selbst? Wer nie so ein Regime erlebt hat, wird es schwer haben, diesen Gedanken nicht auf der negativen Seite zu verbuchen, sondern auf der positiven. Wenn man die Allmacht der Partei verstanden hat, kann man durchaus auf den naiven Einfall kommen, man könnte in so einer Partei etwas bewegen.

Mancher erhofft sich von der Partei ein bisschen Schutz vor der Willkür der braunen Machthaber und die Angst vor ihren Methoden ist allgegenwärtig. So erzählen sich die Leute: Um die Lüge der Emigrantenpresse, die Naziführer hätten keinen Sinn für Humor, zu widerlegen, ist jetzt ein Preisausschreiben veranstaltet worden. Preisgekrönt wurden die besten Witze über 1. den Reichstagsbrand, 2. den Uniformenfimmel von Göring sowie 3. über das arische Aussehen des Reichspropagandaministers. Die Preise bestehen für 1. in drei Jahren Zuchthaus, für 2. in 2 Jahren Konzentrationslager und für 3. in der freien Besichtigung der Gestapokeller mit anschließendem Verhör.[180]

Man darf sich die Welt einfach nur nicht schwarz-weiß vorstellen, da ist schon viel gewonnen. Natürlich sind Sippen, die in allen ihren Teilen in jeden braunen Verein eingetreten sind, Thema: Zwei Bekannte, die sich lange nicht gesehen haben, treffen sich. „Wie geht es Ihrer Familie?" will der eine wissen. „Das weiß ich nicht." Da fragt der Interessierte: „Wieso, das müssen Sie als Familienoberhaupt doch wissen!" Prompt antwortet ihm der Gefragte: „Denken Sie! Aber die Sache sieht so aus: Mein Sohn ist Scharführer bei der HJ, meine Tochter ist im BDM, meine Frau hilft in der NSV, ich bin Betriebszellenobmann der NSBO. Da sind wir stets voll beschäftigt. Wir sind nur einmal im Jahr alle beisammen: auf dem Reichsparteitag in Nürnberg."[181] Solche Leute geben 1934 den Ton an.

Wilhelm Frick kann im Frühjahr dieses Jahres einen Punkt auf seinem Konto verbuchen und der junge Mann Hans Bernd nutzt die neue Lage für Recherchen aus. In Revolutionsjahren ist vieles unmöglich, andererseits manches möglich, und so gelingt es Gisevius, sich in seinem Amte noch drei Monate zu halten, und das trotz Görings Einspruch. Im April 1934 übernimmt Wilhelm Frick das preußische Innenministerium, übrigens sehr gegen Hermann Görings Willen. Der hat sich bis zum letzten Augenblick dieser teilweisen Entmachtung widersetzt. Frick, der die 60 überschritten hat, ist sicherlich ein verbissener Nazi, ein bewährter Gefolgsmann seines braunen Meisters. Doch er verleugnet seine Herkunft aus dem Beamtenstand nicht. Bürokrat, der er nun einmal ist, meint er, dass es auch bei so einer Revolution nach Gesetz und Ordnung zugehen könnte. Sozusagen denkt er legal und glaubt wohl an die Quadratur des Zirkels, wonach Terroristen den Terror zu gegebener Zeit freiwillig abbauen könnten. Jedenfalls verbindet er mit dem neuen Regime nicht sogleich die Vorstellung, so eine Diktatur müsse auf Mord und Erpressung aufgebaut sein. Deshalb hat er auch nichts dagegen, wenn Gisevius ihn über gestapistische Übergriffe, die zu dessen Kenntnis kommen, unterrichtet. Im Gegenteil, immer mehr will er hören, und er unterstützt ihn sogar in seiner neuartigen Praxis. Als Preußens Innenminister ist Frick dem Ministerpräsidenten Hermann Göring unterstellt und muss dessen Weisungen entgegennehmen. Als Reichsminister kann er aber Länderregierungen, also auch Göring, seinerseits Weisungen erteilen. Gisevius nutzt diesen Kompetenzwirrwarr aus und packt durchaus inhaltsreiche Akten, die er im Innenministerium Preußens nicht bearbeiten darf, zusammen und fährt mit ihnen ein paar Straßenecken weiter zum Reichsinnenministerium. Dort lässt er von ihnen Abschrift nehmen, legt sie in entsprechender Form Frick vor und der ersucht die Gestapo um Bericht. Göring tobt. Aber was soll er dagegen machen? Umgekehrt gefällt Frick dieses Verfahren so gut, dass er es ausbaut und Gisevius gleichzeitig ins Reichsinnenministerium beruft. Das erleichtert dessen Tätigkeit.[182]

Wilhelm Leuschner

A. Schäfer '11

Ist ein wenig Diktatur gefällig?

In diesem Monat besichtigen in- und ausländische Journalisten Hitlers Geheimrezept für die neue Ruhe auf Deutschlands Straßen: das vor ein paar Monaten eröffnete Konzentrationslager in Oranienburg. Es werden Fotoaufnahmen gemacht und später wird dort ein Film für die Wochenschau gedreht, so dass die Leute im Kino einen positiven Eindruck von den neuartigen *Erziehungsanstalten* gewinnen können. Mit der Politik des „gläsernen KZ" soll der „jüdisch-bolschewistischen Hetzkampagne" über die Zustände in den Lagern ihre Grundlage entzogen werden. Hier und dort war den Beamten der Gestapo das *Braunbuch* in die Hände gefallen, in dem Gerhart Seger beschrieben hatte, wie es dort zugeht. Dem gefangenen Gerhart war die Flucht aus einem Außenlager gelungen. Der Kommandant des Lagers Oranienburg Werner Schäfer begegnet diesem Heft mit seinem *Anti-Braunbuch*, in dem er Misshandlungen als Übertreibungen abtut. Den Schlussteil des Buches bildet eine tabellarische Übersicht, in der Schäfer auflistet, welche Häftlinge wohl in dem Lager wie viele Kilogramm an Körpergewicht zugenommen hätten.[184] Dass in der Folge die Leute nicht dorthin pilgern, um eine Kur zu nehmen, wird schon daran liegen, dass er in dem Heftchen erklärt, dass er „Verhetzte" und „Irrgeleitete" durch schwere Arbeit zu bessern gedenkt. Man muss freilich massig essen, wenn man bei schwerer Arbeit dicker werden will. Unter den aktuellen Zuständen ist es aber nicht nötig, dass ihm jemand seine Darstellung tatsächlich abkauft. Wer sich despektierlich über diese Lager äußert, muss einkalkulieren, dass bei ihm selbst früh am Morgen nicht der Milchmann klingelt. Andererseits werden ja auch Kandidaten, die man für gebessert hält, nach einiger Zeit wieder aus den Lagern entlassen – wie zum Beispiel der frühere Bezirkssekretär des Allgemeinen Deutschen Gewerkschaftsbundes in Hessen und Hessen-Nassau sowie SPD-Innenminister Hessens Wilhelm Leuschner. Die Erziehung durch Einschüchterung führte bei ihm nicht zu dem gewünschten Ergebnis. Er stellt es jetzt nur klüger an. Nach seiner Entlassung übernimmt er einen Betrieb, in dem die Arbeiter Bierflaschenverschlüsse herstellen. Die sind auch bei den Männern der SA beliebt. Unter dem Deckmäntelchen eines

Geschäftsmannes ist es realistischer, Fühlung mit sozialdemokratischen, kommunistischen und christlichen Gewerkschaftern aufzunehmen.[185]

Wie will man anders Widerstand gegen das Terrorsystem organisieren? Einer, der einen kennt, der kurz in einem dieser Lager eingesperrt war, bringt dies in Umlauf: Ein Sozi, der aus einem KZ entlassen worden war, wird von einem Freund gefragt, wie man ihn dort wohl behandelt habe. Seine Antwort versetzt ihn in einigermaßen großes Erstauen: „Ach, sehr gut. Morgens bekamen wir das Frühstück ans Bett. Wer wollte, konnte etwas für sich arbeiten und Sport treiben, zwischendurch gab es zweites Frühstück, Fleischbrühe oder belegte Brote und als Mittagbrot: Suppe, Fleisch oder Fisch mit ausreichend Kartoffeln und Nachspeise. Danach war zwei Stunden lang Mittagsruhe, dann hatten wir Vesper mit Kaffee und Kuchen, leichte Arbeit. Einfaches aber kräftiges Abendessen; abwechselnd Vorträge oder Film oder Gesellschaftsspiele ...“ Da erwidert der Fragende: „Donnerwetter, was doch so alles gelogen wird! Kürzlich habe ich mit dem Müller gesprochen, der auch im KZ gewesen war, der hat mir ganz etwas anderes erzählt ...“ Darauf der Entlassene bedächtig: „So, so ..., darum sitzt er ja auch schon wieder drin!“[186] Es wäre übrigens kein Maulkorb nötig, wenn die meisten Leute nichts gegen KZs hätten.

Im Volk bleibt die Sprachregelung für den plötzlichen und unerwarteten Tod von kerngesunden Menschen natürlich nicht unkommentiert. Bald heißt es: Hitler hat ein Kätzchen, mit dem er sich häufig unterhält. Eines Tages fragte er das liebe Tier: „Nun, wie gefällt dir Deutschlands heutige Lage?“ „M'au M'au.“ meinte die Katze. (Mau heißt so viel wie elend, flau, schlecht oder auch mies bis miserabel.) Ärgerlich fragte Hitler noch einmal: „Und wie wird die Zukunft?“ Das Kätzchen sträubte sein Fell und wiederholte: „M'au M'au.“ Hitler wurde endgültig wild und erschoss sie „auf der Flucht“.[187] Auch daran lässt sich ablesen, dass die neuzeitlichen Sprachregelungen in Zeitungen und Rundfunk für einen vor kurzer Zeit noch unvorstellbaren Umgang mit Menschen durchaus ganz richtig verstanden werden. Auf der Flucht heißt eben nicht auf der Flucht. Aber tot heißt auf jeden Fall tot.

Hitler will die Außenpolitik übernehmen

Der Führer richtet im April auch ein Außenpolitisches Amt der NSDAP ein und unterstellt es seinem Rassenideologen Alfred Rosenberg. Es soll die Bemühungen des Reiches um Abrüstung fördern, so die Begründung aus Berlin. Beamten unseres Auswärtigen Amtes kann dies kein müdes Lächeln entlocken. Vor einem halben Jahr mussten seine Diplomaten in Genf die Abrüstungskonferenz der europäischen Mächte verlassen – auf Wunsch desselben Führers. Doch die Herren wissen sich zu helfen. Der Diplomat Dr. Erich Kordt* wird zum Verbindungsmann mit dem neuen Amt bestimmt. Bei seiner Ernennung wird ihm die Anweisung gegeben, dem Auswärtigen Amt laufend über die Tätigkeit von Ribbentrops zu berichten, um zu verhindern, dass sich Hitlers außenpolitischer Berater in Dinge einmischt, die ihn nichts angehen.[183] Man will durchaus nicht die vage Hoffnung aufgeben, dass diese Jungs aus dem Volke schon bald im wirtschaftlichen Chaos enden und in der Zwischenzeit darf wenigstens kein außenpolitischer Schaden angerichtet werden. Das Reich ist ja auf dem besten Weg zurück zu der Großmachtstellung, die sich die deutsche Elite wieder wünscht.

Gleichberechtigung für die Reichswehr?

Die forsche Regentschaft des Österreichers, der die neue Heimat schon so beherzt aus diesem Völkerbund hinausgeführt hat, erleichtert auf der anderen Seite den Generälen der Reichswehr, im Vergleich der Armeen Europas Boden gutzumachen. Bis in den Monat Mai hinein brütet man den streng geheimen Rüstungsplan für die dritte Aufrüstungsphase aus. Am 12. Mai wird er fix und fertig von Großadmiral Erich Raeder an die Herren ausgeteilt. Darin heißt es unter anderem, alle theoretischen und praktischen Rüstungsvorbereitungen seien in erster Linie auf die Bereitschaft „für einen Kampf ohne Anlaufzeit einzustellen".[188] Und wie unsere Mächtigen ihre stillen Gedanken vor den Leuten verbergen, tun das die Leute auf der Straße auch vor den Mächtigen. Wenn man meint, es seien keine Überzeugten in der Nähe, raunt einer dem anderen zu: „Es riecht verdammt nach Krieg!" – „Aber warum denn?" – „Nun, Hitler hat schon wieder eine Friedensrede gehalten."[189] Deutsche Militärs leben hingegen wirklich in dem Glauben, dass sie die „Armee von der Partei unbehelligt aufbauen dürften. Als ob Hitler ernsthaft daran dächte, der Wehrmacht ein solches Reservat einzuräumen! Mitnichten! Nur überlegt er sich ein wenig klüger als der Tollpatsch Röhm, wie man diese treuherzigen Goldbetressten hinhalten muss. Noch sind sie mächtig. Deswegen kann der Führer nicht so wild drauflos stürmen wie sein Stabschef. Hitler will gewissermaßen hintenherum ins Kriegsministerium einziehen. Er begreift sehr wohl, worauf Röhm hinaus will – eben darum kriegt er es so lange nicht fertig, ihm den Weg zu verlegen." Hans Bernd Gisevius schätzt ein, dass Hitlers Duzfreund im Grunde nur das tut, was Hitler selbst eigentlich auch ersehnt: „Röhm will das Volksheer. Das will Hitler auch. Röhm will die Niederzwingung der reaktionären Generäle. Das ist des Führers entschlossene Absicht." Der junge Mann ergänzt noch: „Röhm verlangt eine ganz andere, viel brutalere, hemmungslosere Denkweise, als sie bislang bei den Soldaten angetroffen wird. Das ist Hitler aus der Seele gesprochen. Röhm verachtet das Beamtentum, er verlacht die Wirtschaftler, er stellt die braunen Organisationen über den Staat. In alledem steht er Hitler bestimmt näher als Göring."[190]

Außenpolitiker suchen nach gangbaren Wegen

Die Moskauer Führung, die wie andere um die Ungleichheit der militärischen Möglichkeiten der einzelnen Staaten weiß, schlägt am 29. Mai '34 vor, aus der Konferenz für Rüstungsbegrenzung und -reduzierung eine ständige Friedenskonferenz zu machen, die die Vollmacht erhalten solle, bedrohten Staaten rechtzeitig angemessene moralische, wirtschaftliche, finanzielle oder andere Hilfe zu gewähren. Paris zeigt daran Interesse.[191] Joseph Paul-Boncour, Verteidigungsminister und ehemaliger Premierminister der Regierung, äußert gegenüber Walerian Dowgalewski, dem Botschafter aus Moskau: „Wir nehmen mit Ihnen eine Sache von großer

Bedeutung in Angriff, wir haben heute gemeinsam begonnen, Geschichte zu schreiben."[192] In jenen Wochen entsteht der Plan für einen Ostpakt mit Rückendeckung aus London, Rom und Paris. Die Idee geht von Jean Louis Barthou, dem französischen Außenminister, aus. Moskau stimmt diesem Entwurf zu. Er soll in Verbindung mit dem Vertrag von Locarno Sicherheit in Europa gewährleisten. Am 30. Mai hält der Außenminister Barthou eine Rede vor dem Völkerbund in Genf, in der er „den nationalsozialistischen Militarismus" scharf kritisiert.[193]

London hingegen ist weiter nicht zur Hilfe für gefährdete Länder bereit und der amerikanische Außenminister Cordell Hull erklärt im Gespräch mit dem sowjetischen Geschäftsträger Boris Skwirski, er kann sich nicht auf eine definitive Position für oder gegen das Projekt festlegen. Er legte sich freilich längst fest: Der Vorschlag zur Erhaltung des Friedens muss ohne England und die USA sterben. Doch Träumer in Frankreich haben noch immer nicht verstanden, dass Frankreichs *Entente Cordiale* einem gewaltigen Irrtum entsprang. England ist keine Demokratie, sondern es ist ein Königreich, und London war es, das Frankreich in den Weltkrieg hineinstieß, auf dass es neben anderen Großmächten auf dem europäischen Kontinent untergehen möge. Paris muss dies verstehen und darf seine Außenpolitik nicht mehr vom Hü oder Hott aus London abhängig machen. Nach dem britischen Entwurf für einen solchen Ostpakt sollte auch Hitler ihn unterzeichnen, wobei ihnen so klar ist wie anderen auch, dass Hitler eher vom Dach des Reichstages herunter rutschen würde.[194]

Kirchen und Reichswehr in Hitlers Diktatur

Am Dienstag, dem 30. Mai 1934, treffen sich evangelische Pastoren, die sich Bekennende Kirche nennen, in Barmen. Am Mittwoch publizieren sie ihre Barmer Erklärung, in der sie gegen nazistische Aktualisierungen des althergebrachten Glaubens mobilisieren. Damit ist geklärt, was jene Männer in Zukunft von den Kanzeln aus verkünden werden. Die Barmer Erklärung war nicht die erste Äußerung der Kirche gegen alle Versuche, die Autorität der Kirche für die eine oder die andere Ideologie ausnutzen zu wollen. Im Januar 1933 war bereits das „Altonaer Bekenntnis“ durch die Druckmaschinen im Verlagshaus eines Hinrich Springer, dem Vater von Axel Springer*, 20, gelaufen. Es waren Worte von 21 evangelischen Pastoren aus dem Hamburger Stadtteil, die am 11. Januar 1933 verlesen wurden in der Hauptkirche zu Altona, klein Axels Taufkirche.[195]

Man muss wissen, dass diese regimekritischen kirchlichen Kreise bei der Reichswehr den größten Rückhalt finden. Neuerdings erleben Deutsche eine Überraschung, weil Offiziere in großer Zahl und in der Uniform am öffentlichen Gottesdienst teilnehmen. Die Führung der Reichswehr sieht in dem Angriff auf die christliche Religion eine Bedrohung der sittlichen Grundlagen des Soldatentums. Das wehrpsychologische Handbuch, das vom Reichswehrministerium in Auftrag gegeben worden war, betont gerade diesen Gesichtspunkt sehr stark. Allgemein trachtet die Reichswehr danach, Nazi-Gedankengut weiterhin nicht in ihre Reihen einsickern zu lassen; so dürfen die Soldaten wie gehabt keine NSDAP-Mitglieder sein oder werden, und Dr. Leys Versuche, die Freizeitgestaltung der Soldaten durch seine Organisation „Kraft durch Freude“ zu übernehmen, werden abgeschmettert. Das wird damit begründet, dass man Politik außen vor lassen will. Nazi-Funktionäre, die eingezogen werden, müssen die Partei ruhen lassen. Das Gelaber wird ihnen gern vom Feldwebel ausgetrieben und jungen Leuten, die frisch aus einem Nazi-Schulungslager kommen, werden die ideologischen Phrasen schnell wieder abgewöhnt. Auch diese vormilitärische Ausbildung bei der Hitler-Jugend wird in diesem Lichte gesehen. Der Offizier Helmuth Stieff kommentiert das lapidar: „Das einzige Resultat des beständigen Marschierens sind Widerwille gegen alles Militärische und – Plattfüße.“[196]

Aber kommen wir doch noch einmal zu den Christen und ihrer täglichen Not mit dem herrschenden Regime in Deutschland oder auch speziell zu Axel Cäsar Springer zurück. Er hatte sich im Sommer 1930 in ein junges Mädchen verliebt. Er war zu der Zeit 18 Jahre alt und sie war 17. Sie hieß Martha Else Meyer und war die Tochter eines Baumeisters. In Hamburg haben sie sich kennengelernt bei einem Spaziergang an der Alster. Kurz danach hat sie zum ersten Mal eine Reise ohne die Eltern unternommen nach Kampen auf Sylt. Er hat ihr eine Postkarte hinterher geschickt, auf der stand: „Ich komme!“ Wenig später stand er vor ihrer Tür und wurde schon sehnsüchtig erwartet. Als sie sich kennenlernten, hat Axel gerade seine Lehre als Setzer und Drucker bei Hammerich & Lesser, der Firma von Hinrich Springer, absolviert. Ihre Eltern, Mary und Eduard Meyer, meinten jedoch, sie sei zu jung gewesen, um sich zu binden. Seine Briefe fingen sie ab und meldeten sie in einem Schweizer Internat an. Sie hörte vor Kummer auf zu essen und zu trinken, bis ihre Nieren versagten und sie zurückkehren konnte nach Hamburg zu Axel. Er hat inzwischen angefangen, für das Wolffsche Telegraphen-Bureau sowie die *Bergedorfer Zeitung* zu schreiben. Als die Nazis die Macht übernahmen, dachten sie nicht, dass Marthas jüdische Herkunft etwas an beider Gefühlen ändern würde. Marthas Mutter war lange konvertiert, sie selbst wurde christlich erzogen. Im Frühjahr '33 wurde sie schwanger, und im November, einen Monat vor der Geburt des Kindes, haben sie geheiratet und sind in eine größere Wohnung an der Elbchaussee gezogen. Seit '34 ist ihr Axel zum Redakteur bei den *Altonaer Nachrichten* geworden. Wird ihre Ehe allen Anfeindungen standhalten? Martha meint, ihre Liebe lässt sie sich über alles erheben. Es sei einfach so wie das Schweben auf samtenen Wellen, himmelhochblau.[197] Möge ihre Liebe auf ewig so schön sein. Hoffentlich ist ihrem Axel das Hemd aber nicht eines Tages näher als der Rock.

Fäden spinnen

Der Monat Juni fängt für den Führer der Nazis sehr gut an. Er unterhält sich in Berlin mit Erich Raeder und weist ihn an, den Bau von U-Booten und Kriegsschiffen über 10.000 Tonnen geheimzuhalten.[198] Dieses wird Raeder aber nicht sonderlich schwer fallen. In diesem Monat erfüllt sich der neue Boss der Deutschen einen Jugendtraum. Am Dienstag, dem 14. Juni, trifft Hitler sein großes Jugendidol, den Anführer der italienischen Faschisten Benito Mussolini in der Lagunenstadt Venedig.[199] Ohne Frage weiß er, dass der Duce mit ihm nicht in jeder Angelegenheit *d'accord* ist. Das beginnt schon damit, dass Mussolini, im Gegensatz zu Hitlers neuen Freunden in Warschau, auf Juden nicht allergisch reagiert. Nehmen Sie allein Mussolinis Geheimdienstchef in Rom – er ist ein Abkömmling im 15. Jahrhundert aus Spanien vertriebener Juden.[200] Doch der Duce führt schon seit 1922 Italien autoritär, so wie es sich der junge Hitler auch für die alte Heimat und später für sein nördliches Nachbarland dachte. Zwei Tage hat er allein mit seinem Duce. Der nimmt ihn aber nicht besonders ernst, schon weil ihm der frühere Gefreite einfach mal in Zivilklamotten entgegentritt. Er sieht in ihm vor allem einen Gesandten der Deutschen, die ihm, lässt man sie gewähren, die einzige Beute des Weltkrieges, Südtirol, wegnehmen könnten. Am Mittwoch trennen sich die beiden wieder und der Führer fährt unverrichteter Dinge zurück.

Wer verprügelt im Sommer 1934 die SA?

Fast alles, was einmal Abwechslung in den deutschen Alltag brachte, ist verstummt. Das Reichskulturkammergesetz vom 22. September letzten Jahres wurde am 16. Februar 1934 um ein Lichtspielgesetz ergänzt. Nun muss jeder Film vor seiner Aufführung erst zur Begutachtung vorgezeigt werden.[201] Das schloss die nächste Lücke, durch die noch eine kritische Äußerung dringen konnte. Was übrig blieb, war das Langweiligste, was man sich vorstellen kann: der mausgraue Alltag des deutschen Bürgertums. An ihn haben sich die neuen Herrscher bislang noch nicht herangewagt, war er doch Grundlage für das Ausschalten der lauteren Gegner ihrer *braunen Fraktion* auf der Basis von Gesetzen. Den Bürgern rücken sie erst jetzt zu Leibe. Nun ist es eine alte geschichtliche Erfahrung, dass sich Revolutionen am fanatischsten gegen ihre letzten Gegner wenden – meint Gisevius. Diese letzte Hürde, die der Nationalsozialismus vor der Machtergreifung und in den ersten Monaten der Regierungszeit nehmen musste, war nicht der Kommunismus oder, wie es die Nazis bezeichnen, das System, sondern jene bürgerliche Schicht, die mit dem Experiment Papen und dem schwarz-weiß-roten Wahlblock einen vergeblichen Versuch machte, die herannahende braune Flut abzudämmen. Noch etwas gesellt sich hinzu. Die braunen Eindringlinge wissen, dass für alles, was der Radikalismus nun beabsichtigt, im Lager des nationalen Bürgertums ein gefährlicher Gegner wartet. Dort ist der Schock der Revolution überwunden. Man gibt sich Rechenschaft, dass mit dem beflissenen Zurückweichen des ersten Jahres die revolutionären Geister eben gerade nicht beschwichtigt, sondern nur begehrlicher gemacht wurden. So wächst die Neigung, sich wenigstens in Zukunft nicht weiter überrennen zu lassen. Nach nahezu einjähriger Unentschlossenheit fassen sie sich plötzlich ein Herz. Sie pochen auf ihre schwarz-weiß-rote Teilhaberschaft; auch diese Kreise wünschten den Aufstieg Deutschlands aus dem politischen sowie vor allem wirtschaftlichen Chaos nach dem Weltkrieg. Sie erinnern nun an die feierlichen Versprechungen Hitlers, das Christentum zu schützen und die alte Tradition zu wahren. Sie widersetzen sich dem immer mehr anwachsenden Gesinnungsterror im Reich. Die Übergriffe und die Ausschreitungen werden offen missbilligt. Das sind Ansatzpunkte für etwas wie eine nationalbürgerliche Opposition. So gibt es noch den *Stahlhelm*. Doch dessen Bundesführer Franz Seldte ist in seiner Charakterlosigkeit nicht willens, zum Kampf gegen die Zustände aufzurufen. Aber die Mitglieder der Organisation vertrauen auf ihn und reden offen darüber, wie es ihnen ums Herz ist. Die Folgen bleiben nicht aus. Gisevius erfährt von haarsträubenden Misshandlungen von Nationalisten in allen Gegenden des Deutschen Reiches, und das, obwohl sie bereits gegen die Kommune gekämpft hatten, als die Prügelhelden von heute noch in den Reihen von Rotfront marschiert sind. Zur Gegenwehr setzt es blutige Schläge gegen die SA. Es gibt richtiggehende Schlachten zwischen Stahlhelmern sowie SA-Abteilungen, weil die schwarz-weiß-roten Bundesfahnen abgeliefert werden sollen. Sitzt auch jedes Mal die SA am längeren Hebelarm, weil sie die von den SA-Führern befehligte Polizei zum Schutz vor den neuen Staatsfeinden herbei holen kann, verhindert das nicht, dass noch so eine Art organisierter bürgerlicher Fronde besteht, die den braunen Revolutionären schwer zu schaffen macht. Einmal gibt es beinahe so etwas wie eine ausgleichende himmlische Gerechtigkeit, als Franz Seldte selbst in Lebensgefahr gerät. Unter der Führung des Magdeburger Polizeipräsidenten schlägt die dortige SA so übel los, dass der Reichsminister nach ein paar kräftigen Schlägen eiligst mit dem Auto das Weite sucht; seine blutüberströmten Gefolgsleute aber bleiben der Gewalt ausgeliefert. Der Reichskanzler seinerseits besänftigt Seldte mit einem netten Telegramm zum Geburtstag. Gisevius meint, man sage nicht zu viel, wenn man die Situation des Sommers so umreißt, dass gegen die Ausschreitungen der Revolution ein zur Abwehr entschlossenes, empörtes und auf ein Signal wartendes Bürgertum und der größte Teil der Arbeiterschaft steht. Dies treffe allerdings nicht für die wurzellosen, proletarisierten Massen aller Schichten und Stände zu. Verlangt wird, dass die Staatsautorität wiederhergestellt werde. Man wünscht, dass der zügellose Terror beendet wird. Gisevius schreibt: „Druck erzeugt Gegendruck – so komprimiert sich die Siedehitze jenes Revolutionssommers.“[202]

Durch Deutschland muss ein Ruck gehen

Im Juni sagt der greise Reichspräsident von Hindenburg zum Vorgänger des Kanzlers: „Es geht schlecht, Papen. Versuchen Sie es in Ordnung zu bringen.“[203] Damit ist Franz von Papen, 53, aber ziemlich überfordert. In Gesprächen mit seinen konservativen Freunden sucht und findet er eine Lösung. Letztlich einigt man sich, dass sein Berater Edgar Jung, 40, eine aufrüttelnde Rede für ihn verfassen soll. Vielleicht ist es nicht die beste Idee, einen anderen diese wichtige Rede schreiben zu lassen, aber Jung hat schon ganz vernünftige Absichten: „Als politischer Gedanke schwebt ihm vor, das oberste Verwaltungsorgan des geistlosen Meinungsterrors, den Propagandaminister Goebbels, durch den Bannstrahl eines großartig hinausgeschleuderten Wortes zu beseitigen. Kurz bevor Hindenburg stirbt, will Jung dieses erreichen; Papen, der auch in seinen Augen abgewirtschaftet hat, soll ihm lediglich Hilfestellung geben.“[204] Zumindest ist zu erwarten, dass es bekannt wird, wenn ein Papen öffentlich Kritik übt, weil der Vizekanzler hoffentlich nicht von der Gestapo abgeholt wird.

Edgar Julius Jung

Am 17. Juni 1934 hält Franz von Papen diese Rede auf einer Tribüne zu Marburg an der Lahn. Er ist als Vizekanzler ein prominenter Mann und glaubt an die Möglichkeit, „den Nationalsozialismus in verantwortungsbewusste, ruhige Bahnen lenken zu können", weil er überzeugt ist, „dass die Aufrechterhaltung christlicher Grundsätze das beste Gegengewicht gegen ideologischen und politischen Radikalismus sein und eine friedliche innere und äußere Entwicklung gewährleisten werde."[205] Von Papen spricht vor mehreren hundert Studenten und erntet tosenden Beifall, als „er offen heraussagt, was alle anständigen Deutschen empfinden, sofern sie sich noch einen Rest von aufrechter Gesinnung und gesundem Menschenverstand bewahrt haben. Wer nicht von der Massenhysterie erfasst ist, muss weitestgehend zustimmen."[206] Begeben wir uns einmal zu dem Studentenvolk und hören dem mutigen Sprecher zu: „Es ist an der Zeit, in Bruderliebe und Achtung für den Volksgenossen zusammenzurücken, das Werk ernster Männer nicht zu stören und doktrinäre Fanatiker zum Verstummen zu bringen." Er hat ja gar nicht so unrecht, wenn er an der Stelle laut nachdenkt: „Die Vorherrschaft einer einzigen Partei an Stelle des mit Recht verschwundenen Mehrparteiensystems erscheint mir geschichtlich als Übergangszustand, der nur so lange Berechtigung hat, als es die Sicherung des Umbruchs verlangt und die personelle Auslese in Funktion tritt, denn kein Volk kann sich den ewigen Aufstand von unten leisten, wenn es vor der Geschichte bestehen will." Er hat genauso recht, wenn er sagt: „Einmal muss die Bewegung zu Ende kommen, einmal ein festes soziales Gefüge, zusammengehalten durch eine unbeeinflussbare Rechtspflege und durch eine unbestrittene Staatsgewalt, entstehen." Es ist auch nicht so falsch, zu postulieren: „Mit ewiger Dynamik kann nicht gestaltet werden. Deutschland darf nicht ein Zug ins Blaue werden, von dem niemand weiß, wann er zum Halten kommt."[207] Er sagt auch zu den anwesenden interessierten Leuten: „Die Regierung ist wohl unterrichtet über das, was an Eigennutz, Charakterlosigkeit, Unwahrhaftigkeit, Unritterlichkeit und Anmaßung sich unter dem Deckmantel der deutschen Revolution ausbreiten möchte." Weiter: „Sie täuscht sich auch nicht darüber hinweg, dass der reiche Schatz an Vertrauen, den ihr das deutsche Volk schenkte, bedroht ist. Wenn man Volksnähe und Volksverbunden-

Franz von Papen

heit will, so darf man die Klugheit des Volkes nicht unterschätzen, muss sein Vertrauen erwidern, es nicht unausgesetzt bevormunden wollen."[208]

Wenn Hitler von einem anderen Kaliber wäre, würde helfen, dass Papen mahnt: „Nicht durch Aufreizung, insbesondere der Jugend, nicht durch Drohungen gegenüber hilflosen Volksteilen, sondern nur durch eine vertrauensvolle Aussprache mit dem Volk kann die Zuversicht und die Einsatzfreude gehoben werden, wenn nicht gleich jedes Wort der Kritik als Böswilligkeit ausgelegt wird, und wenn verzweifelnde Patrioten nicht zu Staatsfeinden gestempelt werden."[209] Franz von Papen verliest deutliche Worte offener und scharfer Kritik an der nationalsozialistischen Politik und dann erlebt der mächtige Franz von Papen eine Überraschung. Die Rede wird weder im Radio noch in anderen Medien veröffentlicht. Ihre Wirkung verpufft einfach. Warum geht von Marburg aus überhaupt kein Ruck durch Deutschland? Das liegt nicht nur daran, dass der Inhalt der Rede nur hier und dort bekannt wird; sie bleibt auch deshalb wirkungslos, weil von Franz von Papen, der vormals getönt hatte, er würde diesen Adolf Hitler innerhalb weniger Monate in die Ecke gedrückt haben, dass er quietscht, das Presse- und Radioverbot „unter üblichem Protest" hinnimmt, er akzeptiert sogar einen dreitägigen Hausarrest. Gisevius meint auch, dass Franz von Papen nichts bewirken konnte, weil er diese große Rede nicht selbst verfasst hatte: „Wie könnten von einem geistigen Plagiat einschneidende Wirkungen ausgehen? Papen mag die klugen Sätze, die Edgar Jung ausgearbeitet hat, durchaus glauben. Allein, ihm selber glaubt keiner mehr."[210] Und Gisevius sieht noch einen Grund: „Im Juni 1934 befinden wir uns schon viel zu tief in der Revolution, als dass noch irgendwelche guten Formulierungen verfangen könnten. Der gescheite Edgar Jung gibt sich einem grausigen Irrtum hin, wenn er dieses nicht einsehen will. Noch verderblicher ist sein Wahn, dieser revolutionären Entwicklung mit einem Mann wie Papen entgegentreten zu können."[211]

Als Franz von Papen sieht, dass seine Rede einfach nicht publik gemacht wird, steht er vor der Wahl wie schon so viele vor ihm: Gibt er sein Amt jetzt demonstrativ auf oder hält er trotz allem weiter seine Stellung? Wie

Adolf Hitler

entscheidet er sich und wie bewerten Außenstehende seinen Schritt? Am 20. Juni 1934 tritt von Papen vom Amt des Vizekanzlers zurück. Das ist großartig, sagen Sie? Richtig? Eine gute Entscheidung? Dann sollten wir weiter verfolgen, was man von dem großen Mann ohne Amt noch hören wird. Gut, sein Rücktritt muss der Öffentlichkeit auch verkauft werden, und so taucht seine große Demonstration noch in einer Propagandarede auf, wenn auch schon nicht mehr mit seinem Namen. Hören wir hinein, um uns selbst unser Bild von den rhetorischen Fähigkeiten eines hochgejubelten Naziredners zu machen. In Deutschland gibt es hinreichend viele Bürger, für die Franz von Papen der Oberschicht angehört, und sie müssen die Worte als neuerlichen Angriff auf sich selbst verstehen.

Vier Tage nach Marburg reagiert Propagandaminister Goebbels auf der Sonnenwendfeier vom 21. Juni: „Im Lande macht sich ein kleiner Kreis von Kritikern auf den Weg, um im geheimnisvollen Dunkel das Aufbauwerk zu stören. Das sind lächerliche Knirpse! Das Volk hat die Zeiten, da diese Herren in den Klubsesseln regierten, noch nicht vergessen." Dazu führt er aus: „Das Recht zur Macht haben wir uns angeeignet, weil kein anderer da war, der auf dieses Recht Anspruch erhob, kein Kronprinz, kein Kommerzienrat, kein Großbankier und kein Parlamentshäuptling.- Diese Kümmerlinge sagen: »Ja, Hitler ist ganz gut, aber was sind schon die kleinen Parteifunktionäre, die keine Ahnung haben, die ungebildeten Menschen, denen wir uns unterordnen sollen?« Nun, diese kleinen Leute, über die man heute den Stab brechen möchte, haben Deutschland erobert!" Mit ganz eindringlichen Worten ruft er seine überzeugten Jungs auf: „Stemmt euch dagegen, dass sich jedes hergelaufene Subjekt erlauben darf, am Aufbau unserer Bewegung herumzunörgeln. Wenn sie dann eine Zeit lang in die Mauselöcher gekrochen sind, kommen sie als perfekte Nationalsozialisten wieder hervor. Diese Menschen werden den Schritt eines Jahrhunderts nicht aufhalten. Wir werden über sie hinwegschreiten."[212]

Die Gestapo weiß recht zeitnah, was sie jetzt zu tun hat. Edgar Jung wird am 25. Juni verhaftet. An anderen Orten in Deutschland hören die Leute

„Der Jahrhundertschritt“ nach einer Plastik von Wolfgang Mattheuer

nur auf ausländischen Radiosendern, es habe wieder Ärger um den Vizekanzler Franz von Papen gegeben, doch nur hier und da sickern ein paar Einzelheiten durch, worüber Franz von Papen wirklich gesprochen hat. Umgekehrt verhält es sich bei Joseph Goebbels' Rede. Warum das so ist, hat dessen Führer Adolf Hitler vor Jahr und Tag vor dem von ihm selbst zusammengestellten Reichstag geklärt: „Ich glaube nun einmal aus den eigenen politischen Erfahrungen, die ich mit Ihnen gemacht habe, dass das Recht allein leider noch nicht genügt, man muss auch die Macht besitzen."[213] So hat er ein bisschen anders als Hans Bernd Gisevius erklärt, warum Franz von Papens Rede bloß die Luft in Marburg in Schwingung versetzen konnte. Um in einem wirklich großen Lande einen Umsturz in Szene zu setzen, bedarf es in erster Linie der Macht über die Medien, um Aufstände an einem Orte zeitgleich an anderen Orten publik zu machen. Das hatte vor ihm auch Lenin verstanden, der dazu aufrief, bei einer von ihm geplanten Revolution zuerst einmal das Petrograder Telegrafenamt zu besetzen. Gisevius staunt nur darüber, wie es Goebbels schafft, Leute zu mobilisieren: „In revolutionären Zeiten kann ein einzelnes unscheinbares Wort eine politische Lawine auslösen. So ging es anfangs mit dem Schlagwort Gleichschaltung. So geht es jetzt mit dem Papen entgegengeschleuderten Schlachtruf von der zweiten Revolution. Goebbels schreit, und alle, alle wiederholen."[214]

Doch sie schreien an unterschiedlichen Orten. Der gescheite Edgar Jung beispielsweise schreit bei der Geheimen Staatspolizei. Bevor jener Jurist schreit, war er ein Rechtsanwalt sowie Berater von Papens, der auf einen Staatsstreich durch konservative Kräfte hoffte. Auch Ernst Röhm schreit und wähnt sich auf einer Linie mit jenem Dr. Goebbels. Sowohl Jung als auch Röhm werden sterben, bevor die Sonne das siebente Mal aufgeht. Während der konservative Jung nun nicht mehr öffentlichkeitswirksam werden kann, schreit der homosexuelle Nazi Ernst Röhm noch ein paar Tage auf den Straßen herum. Dort macht dieser Witz die Runde: Hitler, Göring, Goebbels und Röhm kommen eines Tages nach Berlin, aber keiner kennt sie. Warum? Hitler war anständig frisiert, Göring war in Zivil, Goebbels hielt den Mund und Röhm hatte ein Mädel am Arm.[215]

Die Nacht der langen Messer

Dieser Tage entscheidet sich der Führer für das Ausschalten von Röhm. Hitler benötigt dafür einen Anlass, damit sich nicht die vier Millionen in der SA von ihm abwenden. Sie sind eine Säule der Macht. Und, was soll ich sagen, der Grund für eine Staatsaktion wird gefunden: In der Hauptstadt wirft „ein armer Schlucker von einem Dachstuhl Unter den Linden einen Handgranatenzünder herunter. Das Ding explodiert, richtet aber weiter keinen Schaden an. Nur ein wenig Lärm entsteht, der alsbald im Straßengetöse untergeht. Jener törichte Gelegenheitsarbeiter, der oben auf dem Boden mit Aufräumungsarbeiten beschäftigt ist, will niemandem nach dem Leben trachten. Zugegeben, er ist Kommunist gewesen, und jetzt schmeißt er in irgendeiner ärgerlichen Laune den Zünder, den er seit Jahren loswerden will, auf die Straße. Aber es handelt sich wirklich um eine bloße Demonstration. Nach ein paar Tagen ist der Vorfall polizeilich abgetan. Gleichwohl genügen die zwei- oder dreimal vierundzwanzig Stunden bis zur Aufklärung, um eine ganze Serie von Attentatsgerüchten in Bewegung zu setzen." Auffällig an der Sache ist, dass nicht Juden, Marxisten oder Reaktionäre Attentäter gewesen sein sollen, also die üblichen Verdächtigen. Man fahndet überraschenderweise nach den Feinden in den eigenen Reihen. Und wem galt der Terror? „Erst sind es mehrere Dutzend von Parteigrößen, denen der furchtbare Anschlag gegolten hat. Denn selbstverständlich sind in der Stunde vor- und nachher eine große Anzahl von pompösen Mercedes-Wagen die Linden entlanggebraust, und niemand möchte diese einzigartige Gelegenheit verabsäumen, soeben einer tückischen Höllenmaschine entronnen zu sein."[216] Im Laufe weniger Tage hat die Polizei zwar den Schuldigen gefunden, doch jener Vorfall bietet die Chance, andere Igel zu kämmen: „Dass Himmler dem Karl Ernst nachstellt, erscheint nicht unwahrscheinlich. Andererseits haben in die Berliner Gruppenführung entsandte Spitzel oft genug berichtet, dass Karl Ernst tolle Flüche und recht eindeutige Schwüre gegen den »schwarzen Jesuiten« ausstößt. Traut nicht einer dem andern bloß zu, was er selber zu tun beabsichtigt?"[217] Es ist ja auch schon längst keine Premiere mehr, dass sich die braunen Horden gegenseitig an ihre

Gurgeln gehen wollen. Menschen gehen auf jeden Fall noch ein bisschen anders miteinander um. Wer wundert sich jetzt noch im Ernst, dass sie mit Kommunisten oder Juden oder Gewerkschaftern oder mit sonstwem nicht wie mit Menschen umgehen?

Mit diesem gefährlichen wie planlosen Hilfeschrei, der nur geeignet ist, den Terror neu aufleben zu lassen, ist zwar schon der Boden bereitet für das kraftvolle Einschreiten des Führers, doch dieses Leben verwöhnt ihn mit einem weiteren Zwischenfall, den man nicht aufklären, sondern für die Tagespolitik ausschlachten will. Am 19. Juni soll die vor drei Jahren in Schweden beigesetzte Gattin von Hermann Göring in die Nähe seines Schlosses bei Berlin, man gönnt sich ja sonst nichts, umgebettet werden. Reichlich feines Volk strömt zusammen. Dr. Gisevius notiert sich: „Alles ist unterwegs, Reichsminister, Diplomaten, das Führerkorps der Partei, nicht zu vergessen die Generäle. Auch Hitler ist zugegen. Die Zeremonie soll soeben beginnen, der Gauleiter Kube memoriert ein letztes Mal seinen Willkommensgruß an die vor zwei Jahren hingeschiedene »edelste Frau Deutschlands« – sie stammte bekanntlich aus Schweden –, da erscheint, kreidebleich, zittrig, aufgeregt, Heinrich Himmler. Hastig zieht er Göring beiseite, dieser bemüht Hitler, und vor den erstaunten Augen der Gäste findet ein erregter Kriegsrat statt. Himmler fordert die sofortige Erschießung von vierzig Kommunisten: Auf der Fahrt zur Schorfheide hat man nach ihm geschossen; die Kugel ist mitten durch das Schutzglas des Autos gegangen. Nur der »Vorsehung« verdankt er sein Leben." Hier erweist sich, dass es Himmler leichter fällt, sterben zu lassen als zu sterben. Wer ihn kennt, wundert sich gar nicht darüber; doch wo finden Sie hier 40 aktive Kommunisten? Im Verlauf des weiteren Nachdenkens wird dem Heinrich klar, dass der Vorfall auch sehr gut geeignet ist, den Aufhänger für die finale Ausschaltung eines Ernst Röhm zu liefern. Derselbe Himmler, der zuerst wahllos vierzig Kommunisten niedermetzeln will, greift sich anschließend genauso willkürlich zwei SA-Führer heraus, die sicher alles Mögliche andere verbrochen, jedoch bestimmt nicht auf ihn geschossen haben. Sie müssen letztlich als die angeblich überführten Attentäter „ins Gras beißen". Himmler lässt sie erschießen, obgleich der ihm sofort vorgelegte Bericht unzweideutig erweist, dass das Loch in der Schutzscheibe gar nicht von einem Schuss, sondern von dem Steinschlag eines mit mehr als hundert Kilometer Tempo den Wagen überholenden anderen Autos stammt. Den Schrecken in seinen Gliedern, will Heinrich Himmler zunächst einfach schnelle Rache haben. Alle Welt kann wissen, wie teuer ein Anschlag auf ihn zu stehen kommt. Doch die gruselige Geschichte passt wie gerufen in seine Vorbereitungen für den Coup, der für den 30. Juni geplant ist. Kalt berechnend schiebt Himmler nunmehr das Attentat der SA in die Schuhe. Weiß der Teufel, jetzt müssen Hitler und Göring begreifen, wie weit sich bereits die Karl Ernst, Heines und Röhm hervorwagen![218]

Es läuft ein atemberaubender Wettlauf mit dem Tode, bei dem sich jene Verbrecher Göring und Himmler als schneller erweisen als die plumpen Widersacher. Diese beiden eingefleischten Polizisten haben inzwischen mehr Erfahrung in der Frage, was blitzschnell heißt. Jene SA-Rabauken möchten gerne auf einen vierwöchigen Sommerurlaub gehen. Karl Ernst hat sich eine Schiffskarte nach Madeira gekauft und andere wollen zum Beispiel mit ihrer Reichstagsfreifahrkarte eine nette Deutschlandrundreise antreten. Wieder andere wollen irgendwo in den Bergen eine letzte Ruhe vor dem Sturm genießen. Sie alle befinden, man solle die reifende Frucht nicht vorzeitig vom Baume schütteln. Deshalb lässt sich auch ein Ernst Röhm zu einer Erholungspause bewegen. Er ist der andauernden Fragestellung sowieso müde, was wohl aus der SA wird. Außerdem ist er über Hitler verärgert. Das ganze Bonzentum widert ihn an und der Ekel schüttelt ihn, sooft er an den falschen Goebbels oder jenen eitlen Göring denken muss.[219] Röhm entlässt die Männer mit den Worten: „Ich erwarte, dass am 1. August die SA wieder voll ausgeruht und gekräftigt bereitsteht, um ihren ehrenvollen Aufgaben zu dienen, die Volk und Vaterland von ihr erwarten dürfen. Wenn Feinde der SA sich in der Hoffnung wiegen, die SA werde aus ihrem Urlaub nicht mehr oder nur zum Teil wieder einrücken, so wollen wir ihnen diese kurze Hoffnungsfreude lassen. Sie werden zu der Zeit und in der Form, in der es notwendig erscheint, darauf die gebührende Antwort erhalten.“[220]

Doch dazu kommt es nicht mehr. Der Kanzler hat sich entschieden, wer aus dem braunen Knäuel neutralisiert werden soll und stellt denjenigen eine Falle, indem er sich bereit erklärt, an einer SA-Führerbesprechung in Bad Wiessee teilzunehmen. Wenn es vielleicht eines weiteren Beleges bedarf, dass Hitlers Staatsersatz eine Gewaltherrschaft ist, so liefert ihn der NSDAP-Führer mit dieser Aktion. Wie die SA vor einem Jahr bereits das Gewaltmonopol des Staates aushebelte und die Polizei übernommen hatte, so will Hitler nunmehr die Männer bei der SS dazu benutzen, um die SA zu entmachten. Seinem Ansinnen steht bloß die Hürde im Wege, dass die SS, der braune Laberklub, nach wie vor unbewaffnet ist. Waffen haben nur die Reichswehr und die Polizei. Bei der SA-Polizei braucht er nicht anzufragen; die werden wohl eher nicht gegen ihre eigenen Spießgesellen vorgehen. Aber bei der Reichswehr will er es versuchen. Ob Sie es glauben oder nicht: Er hat Erfolg. Und warum? Weil sich die Generäle der Hoffnung hingeben, mit der Entmachtung der SA würde das Terrorregime im Reiche beseitigt.[221] Hier bestätigt sich nur: Das Gegenteil von gut ist gut gemeint. In der Nacht zum 30. Juni 1934 fliegt unser Meister nach München, fährt im Auto nach Bad Wiessee und lässt die in einem Hotel zusammengekommenen schlafenden SA-Führer verhaften und in das Gefängnis von München-Stadelheim abtransportieren. Ernst Röhm wird am nächsten Tag in einer Zelle erschossen.[222] So beginnt das große *Tabula rasa*. Kampflos räumen die SA-Bosse das Feld aber nicht.

Männer aus der Stabswache fahren ein paar Kilometer von Wiessee weg, halten an, bauen eine Straßensperre und warten auf den Wagen Hitlers. Aber der wählt eine neue Route. In den Tagen danach werden etwa 200 missliebige Personen umgebracht, offiziell wird *nur* von 83 gesprochen, neben Leuten aus der SA auch konservative Gegner des Regimes, wie ein Edgar Jung sowie einer der Reichskanzler vor Kanzler Hitler – Kurt von Schleicher. Damit ist geklärt, was dem blüht, der heutzutage den Mund aufmacht. Zu den Ermordeten zählen auch Adolf Hitlers Kampfgenosse Gregor Strasser und Pater Stempfle, der Hitler einst geholfen hatte, sein Buch *Mein Kampf* zu lektorieren, sich aber unter dem Eindruck dessen, wie *Nationalsozialismus* in der Realität aussah, davon abgewandt hat.[223]

Es wird niemanden erstaunen, dass sich der Volksmund die Frage stellt, was der Hitlergruß eigentlich bedeute, und sich darauf die Antwort gibt: Aufgehobene Rechte.[224] Es bleibt auch nicht bei dieser einen wunderbar zweideutigen Formulierung über die modern gewordene partielle Parese des Körpers im Bereich der vorderen Gliedmaßen. Woanders sagen die Leutchen: Die Bonzen und Parteiprofitler grüßen zackig mit Heil Hitler! Beamte und der Mittelstand heben auch ganz gern die Hand. Das Volk jedoch mit seinen Sorgen, sagt so wie gestern: Guten Morgen! Und nach diesem großen Krach, sagt alles wieder Guten Tach![225] Es war gerade die jetzt in Ungnade gefallene SA, die vor etwas mehr als einem Jahr durch ihre handfesten Schlägertrupps auf den Straßen überall im Reich dieses Händeheben erst erzwungen hatte.

Hitler stellt mit seiner Aktion das Militär zufrieden und erklärt, er wolle mit seinem Durchgreifen die SA der Reichswehr unterordnen sowie die Reichswehr an sich „entpolitisieren"[226]. Das ist in dem Terrorsystem, das sich allmählich etabliert, bloß zu begrüßen, und die Reichswehr scheint eine Zufluchtsstätte für junge Männer zu werden, die sich von der Partei freihalten und sich Möglichkeiten des Widerstandes in Deutschland erhalten wollen.[227] Bei der Wehrmacht hat man wenigstens potentiell Zugang zu Waffen.Mehr und mehr Abiturienten entscheiden sich jetzt für eine Offizierslaufbahn. In der Reichswehr erklärt man sich das zu Recht als eine Form der inneren Emigration.[228]

Interessant ist noch, dass die Mörder nicht alle vorgesehenen Opfer ums Leben bringen konnten. Der konservative Ewald Kleist-Schmenzin zum Beispiel findet Aufnahme bei dem linksradikalen Ernst Niekisch. Das ist nur konsequent. Sicher erinnern Sie sich, die beiden stehen schon lange miteinander im Kontakt, um etwas gegen die Herrschaft der Braunen zu unternehmen; und die Einsicht, dass frühere ideologische Frontlinien in den Monaten seit der Machtergreifung durch Hitler irrelevant geworden sind, setzt sich auch längst nicht nur bei diesen beiden Männern durch. Nachdem Ewald am 1. Juli bei Ernst eingezogen ist, treffen sich in seiner Wohnung sowohl Ernsts linke als auch Ewalds rechte Verschwörer. Ins

Visier der Häscher war Kleist-Schmenzin übrigens geraten, weil der sich resolut geweigert hatte, die Hakenkreuzfahne zu hissen, und weil er dem Kreisleiter der NSDAP, der um eine Spende für seine Partei gebeten hat und mit seinen Wünschen ganz ernstlich bis auf zehn Pfennige herunter gegangen ist, keinen Heller und keinen Groschen zu geben bereit war.[229] Dieser und jener sieht im Tod von Röhm einen hoffnungsvollen Anfang und trägt erwartungsfroh dieses Gebet weiter: „Gott erhalte den Hitler! Und Gott erhalte auch den Göring und den Goebbels. Den Röhm hat er schon erhalten.“[230]

Mit seiner Maßnahme der Staatsnotwehr beruhigt der Kanzler ein wenig das Ausland, wo man dieses Heer von etwa vier Millionen Mann der SA durchaus als eine Bedrohung ansieht. Von Hammerstein und „mit ihm viele andere höhere Führer der Reichswehr sind über die Ausschaltung Röhms und seiner Freunde befriedigt“.[231] Der Kanzler stellt so auch die deutsche Öffentlichkeit zufrieden. Es wird nicht publik, aber viele Leute hoffen auf ein Ende des Terrors, und welcher heimliche KPD- oder SPD-Freund soll Mitleid haben mit den Schlägern von der SA oder verhassten konservativen Leuten? Mit der Ablehnung der Homosexualität mancher SA-Männer stößt Hitler nicht weniger auf breite Zustimmung. Dabei ist es unerheblich, was Sie oder ich darüber denken. Fakt ist Fakt. Und was ist mit den bürgerlichen Kreisen? Ist jetzt der Zeitpunkt gekommen für den Widerstand aus ihrer Mitte gegen das neue Regime? Aber mit wem sollen sie etwas in die Wege leiten, wenn sich die großen Autoritäten im Staate nicht gegen solche Maßnahmen wehren angefangen bei Ministern des Reichskabinettes über Staatssekretäre und Ministerialdirektoren?[232] Vor lauter Bürgerlichkeit wartet einer auf den anderen, um ja nichts auf eigene Faust zu unternehmen und hinterher als Revoluzzer dazustehen.

Wer den plötzlichen und unerwarteten Tod der SA-Schläger nicht ohnehin begrüßt, kann sich am 13. Juli von der Richtigkeit jener Maßnahmen überzeugen lassen. Paul sitzt vor seinem Radio und lauscht der Rede des Kanzlers vor dem Reichstag in der Krolloper. In der Demokratie wurde ja immer viel geschwätzt und heraus kam nur sehr wenig, doch jetzt gibt eine Grundsatzrede Aufschluss über die aktuell gerade angesagte Linie. Da weiß man dann, wo der Hase lang läuft. Offen spricht Kanzler Adolf Hitler über die schwersten Misshandlungen seitens der „eingeschworenen Terrorgruppen unter dem Titel Stabswachen. Während sich der brave alte SA-Mann über ein Jahrzehnt für die Bewegung durchgehungert hatte, wurden hier besoldete Truppen gebildet, deren innerer Charakter und deren Zwecksetzung durch nichts besser erhellt wird, als durch die furchtbaren Straflisten der darin geführten Elemente. Wie denn überhaupt der alte und treue SA-Mann nunmehr schnell in den Hintergrund trat gegenüber den für solche Aktionen besser geeigneten politisch ungeschulten Elementen." Damit bestärkt er die Zweifelnden in ihrem Irrglauben, er habe von den brutalen Exzessen der Schläger zuvor niemals erfahren. „Ich führte erneut schwerste Beschwerde gegen die sich häufenden unmöglichen Exzesse und forderte die nunmehrige restlose Ausmerzung dieser Elemente aus der SA, um nicht die SA selbst, Millionen anständiger Parteigenossen und Hunderttausende von alten Kämpfern, durch einzelne minderwertige Subjekte um ihre Ehre bringen zu lassen. Im Monat Mai liefen bei einigen Partei- und Staatsstellen zahlreiche Anklagen über Verstöße höherer und mittlerer SA-Führer ein, die aktenmäßig belegt, nicht abgestritten werden konnten. Von verhetzenden Reden bis zu unerträglichen Ausschreitungen führte hier eine gerade Linie. Ministerpräsident Göring hatte schon vorher für Preußen sich bemüht, die Autorität der nationalsozialistischen Staatsführung über den Eigenwillen einzelner Elemente zu setzen. In anderen Ländern waren bisweilen Parteidienststellen und Behörden gezwungen, gegen einzelne unerträgliche Ausschreitungen Stellung zu nehmen." Und was ihm berichtet wurde! „Schlechte Aufführung, Trunkenheit, Belästigung friedlicher, anständiger Menschen aber sind eines Führers unwürdig, nicht nationalsozialistisch und im höchsten Maße verabscheuungswürdig. Das Primitivste, was von ihm gefordert werden kann, ist, dass er in seinem Leben der Mitwelt gegenüber kein schmähliches Beispiel gibt." Sehen Sie! Wer so redet, kann das alles gar nicht gewusst haben: „Ich habe früher stets betont, dass ein autoritäres Regiment besonders hohe Verpflichtungen besitzt. Fehler und Irrtümer mögen im Einzelnen unterlaufen, sie sind auszumerzen." Weshalb wurde es blutig? „Die Entschlossenheit der nationalsozialistischen Staatsführung, solchen Exzessen, die Partei und SA nur mit Schande beladen, ein Ende zu bereiten, führte zu sehr heftigen Gegenwirkungen von Seiten des Stabschefs." Genau, und sie waren auch gegen die eigenen Leute garstig: „Erste nationalsozialistische Kämpfer, die zum Teil seit fünfzehn Jahren für den Sieg der Partei gerungen hatten und nun als hohe Staatsbeamte an führenden Stellen unsres Staates die Bewegung repräsentierten, wurden wegen des Vorgehens gegen solche unwürdigen Elemente zur Verantwortung gezogen, d. h. Stabschef Röhm versuchte, diese ältesten Streiter der Partei durch Ehrengerichte, die sich zum Teil aus jüngsten Parteigenossen oder sogar auch Nichtparteigenossen zusammensetzten, maßregeln zu lassen."[233] So ist das, wenn man die Moral für sich gepachtet hat. In den nächsten Tagen setzt Herr Goebbels dann noch einen drauf und lässt verbreiten, dass Hitler nicht gewusst habe, dass Ernst Röhm homosexuell war, und schnell macht der Spruch die Runde: Wie wird es den Führer erst treffen, wenn ihm mitgeteilt wird, dass Goebbels einen Klumpfuß hat![234] Manch einer wird sich denken: Genau, das hat er eben gerade erst alles erfahren. Es gibt jedoch verschiedene Leute und darunter gewiss auch viele, die hoffen, dass der Führer die Sache jetzt in Ordnung bringt. Wer Hitlers Psyche ergründen will, findet in dieser Geschichte rund um Ernst Röhm reichlich Stoff. So wie Hitler einst jüdische Freunde hatte und sie unter dem Eindruck von neuen Geldgebern mit größeren Spendierhosen immer mehr der öffentlichen Ächtung preisgab, lässt er jetzt auch seine schwulen Freunde von einem Tag auf den anderen fallen, verfolgen und umbringen. Er ist einer der Menschen, die Chef um jeden Preis sein wollen – unabhängig davon, welche Inhalte sie jeweils zu verkaufen haben. Hauptsache Chef.

Zur Begründung verschiebt Hitler Röhms Absicht zur Einverleibung der Reichswehr in die SA in Röhms Absicht zu einem Staatsstreich und will mit seinen Maßnahmen der Staatsnotwehr Ruhe und Ordnung sowie die Autorität des Staates wiederherstellen. „Bravo" rufen die Generäle, denn nur so haben sie auch weiterhin die Möglichkeit, bei Bedarf die Gestapo oder die SS zu entmachten. Statt jedoch eine Neutralisierung der SA auf gesetzlichem Weg zu fordern, nehmen sie es unwidersprochen hin, dass brutal gemetzelt wird, unterstützen gar das illegale Vorgehen.[235] Es führt auch nicht zum Protest, dass zwei Männer aus der Reichswehr, General Kurt von Bredow und General Kurt von Schleicher sowie dessen Frau erschossen werden. Gisevius erkennt, wie auch andere, das Problem dieser Zurückhaltung: Die höheren Generäle hätten Haltung zeigen müssen, da es gar nicht geht, dass ein unterer Offizier aus Gewissensgründen „eine Konsequenz zieht, die zu ziehen Sache seiner höheren Vorgesetzten ist. Wenn Entscheidungen, die von oben nach unten gefällt werden müssen, von unten nach oben vordemonstriert werden sollen, ist das Ende einer disziplinierten Armee da." Das wäre zuerst Blombergs Aufgabe gewesen. „Das Gleiche gilt von Reichenau, seinem ersten Berater, der von nun an zynisch seine große Karriere auf dem Zusammenspiel mit Himmler aufbauen wird. Aber wenn schon diese beiden Männer schweigen, ist noch ein dritter da. Jetzt hat er zu sprechen, und wenn seine Rede keinen Erfolg hat, dann hat er zu handeln. Der Oberbefehlshaber des Heeres, Generaloberst Freiherr von Fritsch, muss in die Bresche springen. Er tut es nicht ... Selbstverständlich protestiert er. Nachweislich gibt es ernsteste Auseinandersetzungen zwischen ihm und dem Kriegsminister (Werner von Blomberg). Doch schließlich gibt er nach ... Er lässt sich auf die rein militärischen Aufgaben und Pflichten abdrängen. Er gehorcht."[236]

Adolf Hitler löst am 20. Juli die SS aus der Unterordnung unter seine SA und unterstellt sie sich persönlich.[237] Jetzt endlich sorgt der Kanzler für die Ordnung im Lande, und vom Bäcker bis zum Hochschullehrer atmen die Leute auf. Gisevius registriert, dass die Schüsse vom 30. Juni jäh das Trugbild zerreißen, als habe die helle Begeisterung die böse Inflation an Uniformen vor einem Jahr herbeigeführt. Kaum ist mit dem furchtbaren Terror der schlimmste Zwang vorüber, ziehen all die Bräunlinge wieder ihre traute bürgerliche Kleidung an, und selbst unsere Begüterten finden seitdem die althergebrachten Chauffeurjacken kleidsamer als die braune Kluft, mit der sie seit 1933 ihr schlechtes Gewissen durch den SA-Terror hindurchkutschieren ließen.[238]

Jean Louis Barthou

Reaktionen im Ausland

Fraglos wird die Gewaltorgie im Ausland ebenfalls aufmerksam verfolgt. Unbeeindruckt von der Entmachtung der SA bleibt der siebzig Jahre alte französische Außenminister Louis Barthou. Ist es der Altersstarrsinn, ist es Altersweisheit, dass er nicht damit aufhört, auf Adolf Hitlers Jugendwerk *Mein Kampf* herumzureiten? Diesen Sommer 1934 zieht er wie ein Wanderprediger durch den Osten Europas und will eine Front gegen das gleichgeschaltete Deutschland aufbauen, weil er Hitlers Reden über den Frieden misstraut. Ihm schwebt etwas wie ein *Ostpakt* vor. Der scheitert an zu vielen widerstreitenden Interessen in Osteuropa und an Berlin.[239]

Speziell in Warschau findet der Ostpakt keine Freunde. Man ist dort seit Anfang des Jahres schon mit seinem großen Bruder in Berlin verbündet und Polens Außenminister Józef Beck meint, ein derartiger Pakt würde Osteuropa in die Arme des Moskauer Chefs treiben. Dieser Vertrag soll nämlich darauf abzielen, dass jeder Teilnehmerstaat eingreifen müsste, wenn ein Land ein anderes anzugreifen versucht. Bei einem Überfall der hochgerüsteten Tschechoslowakei auf Polen könnte dies beispielsweise bedeuten, dass die Sowjets den Polen zu Hilfe kommen könnten, und in Warschau muss man natürlich damit rechnen, dass die Rote Armee die Chance zur Rückgewinnung der von den Polen geraubten Gebiete nicht ungenutzt verstreichen lassen würde. Warschau möchte sich schon aus Prinzip keinem Block anschließen und multilaterale Verträge meiden.[240] Louis Barthou hat mehr Erfolg mit Ungarn und Rumänien, Jugoslawien, der Tschechoslowakei und der Sowjetunion. Moskau erklärt sich bereit, einem kollektiven Sicherheitspakt in Osteuropa beizutreten. Zurück im schönen Paris bekennt Barthou: „Ich habe diesen Hitler unterschätzt. Er arbeitet fieberhaft in Osteuropa. Ich glaube, ich habe ihm Schach geboten. Aber es wird eine schwere Arbeit sein, ihn in Schach zu *halten*."[241]

Im zauberhaften London definiert Mister Premierminister die offizielle Linie seiner Konservativen Partei am 13. Juli so, dass „Großbritannien keine Truppen stellen würde, um die Rheinlandbestimmungen aufrecht zu erhalten, und dass es im Völkerbund sein Veto benutzen würde, um andere Locarnopaktmächte davon abzuhalten."[242] *Good old England* ist also darauf eingestellt, dass der neue Berliner Kanzler nicht permanent davon abzuhalten sein wird, auch das Rheinland wieder von der Reichswehr schützen zu lassen, ob das den Franzosen zusagt oder nicht. Damit rückt London von seiner Linie der unbedingten Unterstützung für Paris ab. Um das richtig einzuordnen, muss man zuerst das englische Konzept verstehen, und um das zu verstehen, nehmen wir noch zwei einschlägige Ereignisse aus dem Umfeld dazu. Außenminister Sir John Simon äußert sich am 13. Juli in scharfer Form gegen die Bemühungen seines Pariser Kollegen Louis Barthou um so etwas wie ein „Ost-Locarno" und verlangt Rüstungsgleichberechtigung für Deutschland.[243] Dazu kommt noch eine wirtschaftliche Komponente, die zur Blüte des Lebensstandards bei uns im Reich beiträgt und das neuartige Regime weiter stärkt.

Im Juli '34 wird das anglo-deutsche Transferabkommen abgeschlossen, das als eine der Säulen der britischen Politik gegenüber dem Reich des Adolf Hitler gilt. Seine Bestimmungen erlauben es *unserem* Reich, einen beträchtlichen Handelsüberschuss gegenüber England anzuhäufen. Der Überschuss übersetzt sich dann in freie Pfund Sterling, mit denen Hitler alle Waren, die er für die Wiederaufrüstung benötigt, auf allen Märkten des Empires erwerben kann, vor allem Gummi und Kupfer. England ist inzwischen der führende Handelspartner des Reiches geworden. Somit sind die einschlägigen unappetitlichen Informationen über die USA nur ein Teil der Wahrheit.[244]

Subsumieren wir dies, um es zu interpretieren. Die Deutschen dürfen in Zukunft exportieren, bis der Arzt kommt, von ihrem Überschuss mögen sie rüsten bis zum Abwinken, netto verdienen werden daran die Briten, die geheime Wiederbewaffnung wird in ein Gerechtigkeitsherstellungsprogramm umgewandelt und die deutsche Armee darf sich wieder zwei Meter neben der französischen Grenze postieren, damit sie entspannt in Frankreich einmarschieren kann, bevor die Briten in der Nähe sind. Ob das ein Deutscher will oder der eine Österreicher, ist dabei zweitrangig.

1934

Zum Stand der Menschenrechte

Die Geister streiten sich weiter, wie anhaltender Frieden für Europa zu erreichen sei. Noch immer sind Grenzziehungen nicht unstrittig, harren Rechte nationaler Minderheiten, gerade in Mittel- und Osteuropa, einer erträglichen Lösung. Die Warschauer Führung möchte aus Weißrussen und Ukrainern, aus Juden, Kaschuben, Tschechen und Deutschen gerne Polen machen, was diese wiederum rigoros ablehnen. Der französische Slawistikprofessor Martel, kritisiert die Vorkommnisse in den besetzten sowjetischen Gebieten scharf: „Es wurde erschossen, gehängt, gefoltert, eingesperrt, beschlagnahmt, kurz, man amüsierte sich ganz wie in den guten alten Zeiten. Viele ukrainische Priester wurden hingerichtet. Um Überfüllungen zu vermeiden, machten die Polen keine Gefangenen."[245]

Darüber darf man ruhig zweimal nachdenken: Es sind nicht die Sowjets, es sind die Polen, die große Gebiete der Sowjetunion in Beschlag halten. Hauptsache Polen beklagt sich nicht, wenn Moskau den Spieß umdreht. Erschwerend kommt bei den zweieinhalb Millionen Juden in Polen noch hinzu, dass sie mehrheitlich sozialistischen Ideen nachhängen. Das lässt sie als eine Gefahr für Warschau erscheinen, was den verbreiteten Antijudaismus verstärkt. Deswegen gehen zwischen 1933 und 1938 ungefähr 557.000 Juden weg aus der Heimat und suchen Zuflucht im benachbarten Deutschland. Woran liegt das? Ein Grund dafür ist, dass auch unter den Juden die Zahl der Hellseher gering ist, und erst nachdem man den goldenen Westen aus der Nähe erlebt hat, geht manch einer noch weiter nach Westen oder gleich in die USA. Erfolgversprechend ist im Moment allerdings die Flucht von 800.000 Deutschen aus Polen in das Deutsche Reich oder auch in den Freistaat Danzig.[246]

Ein kurzer Blick nach Österreich

Eingeweihte wie Hans Speidel an der deutschen Botschaft in Paris sowie der Diplomat Erich Kordt erfahren, wie sich in den Alpen Gefahren zusammenbrauen. Im Juli wuchert die nationalsozialistische Agitation in Österreich. Dies mündet in einen Putsch von österreichischen Nazis, die von der SS mit Zustimmung Adolf Hitlers ausgebildet worden sind, am 25. Juli 1934 in Wien. Sie haben jedoch keinen Erfolg. Sie ermorden den Kanzler Engelbert Dollfuß, kommen aber nicht weiter. Am Abend sucht der italienische Marineattaché den Hauptmann Speidel auf, um vertraulich mitzuteilen, dass Benito Mussolini deshalb die Mobilmachung von zwei Armeekorps und den Aufmarsch an Brenner und Reschenpass befohlen hat. Italien hatte nicht bloß mit Frankreich und England in einer feierlichen Deklaration die Unabhängigkeit der Republik Österreich bekräftigt; es bestehen auch Berührungspunkte zwischen dem Korporativsystem Mussolinis und ständestaatlichen Vorstellungen von Dollfuß. Die Drohkulisse der Italiener hält Hitler in Berlin, der den *Duce* in Rom für zukünftige Pläne noch braucht, vom Eingreifen in Österreich ab. Pariser Politiker wenden sich an England und dort sagen sie nein. Sie wünschen keine militärische Züchtigung des Deutschen Reiches und wieder haben sie eine Begründung parat: Sie sagen, es zahle sich nicht aus. Ihre Ausreden werden scheinbar immer einfallsloser formuliert, was darauf hindeutet, dass sie in London meinen, so kurz vor dem Ziel könne ohnehin nichts mehr schiefgehen. Die verantwortlichen Franzosen interpretieren diese Haltung so, dass London Österreich abgeschrieben habe. Aber wer soll denn vermuten, dass London Deutschlands Ressourcen vermehren will, um es fit zu machen für einen weiteren Krieg gegen das Herzland? Dafür müssten sie in Paris zuerst einmal verstehen, dass London damals das große Schlachten von 1914 eingefädelt hatte, das Frankreich an den Rand der Zeugungsunfähigkeit gebracht hatte, ganz einfach nur mangels männlicher Bevölkerung. Erich Kordt verweist auf die kritische Haltung der internationalen Medien Hitler gegenüber.[247] Das hätte aber auch nur einen Witz, wenn den leeren Worthülsen Taten folgen würden.

Hitler übernimmt endgültig das Zepter

Am 1. August 1934 lässt der Kanzler die Reichsregierung ein *Gesetz über das Staatsoberhaupt des Deutschen Reichs* unterzeichnen. Damit gehen sämtliche Befugnisse des Reichspräsidenten auf den Reichskanzler über und Hitler wird zum Staatsoberhaupt erklärt. Jetzt weiß Hitler, wer hier der Führer ist. Sicher ist es nicht perfekt, dass von Hindenburg noch im Bett liegt, aber was kann jener Greis mit 86 noch bewegen? Doch da hilft das Schicksal Hitlers Drehbuch nach. Einen ganzen Tag später geschieht das Wunder auf Gut Neudeck in Westpreußen. Am 2. August des Jahres 1934 schläft der von vielen Menschen im In- und Ausland verehrte Paul von Hindenburg für immer ein. Eine Stunde nach seinem Tod verkündet der Rundfunk, dass das Amt des Reichspräsidenten mit dem des Reichskanzlers vereinigt und Hitler alleiniger Herr in Deutschland sei.[248] Wenn sich das schon so günstig fügt, soll es dann aber auch elegant angeboten werden. So wird die Todesnachricht im Reichsgesetzblatt vom 2. August vor dem Gesetz über das Staatsoberhaupt des Reichs vom 1. August abgedruckt, damit es nicht auffällt, dass der Präsident noch nicht tot war, als das Gesetz herauskam. An dem Tag wird eine Volksabstimmung über das Gesetz angekündigt; eine reine Farce nach der Mordorgie der letzten Zeit. In dem Erlass heißt es: „Die Größe des Dahingeschiedenen hat dem Titel Reichspräsident eine einmalige Bedeutung gegeben. Er ist nach unser Aller Empfinden in dem, was er uns sagte, unzertrennlich verbunden mit dem Namen des großen Toten. Ich bitte daher, Vorsorge treffen zu wollen, dass ich im amtlichen und außeramtlichen Verkehr wie bisher als Führer und Reichskanzler angesprochen werde. Diese Regelung soll für alle Zukunft gelten.“[249] Damit ändert sich für die Leute auf der Straße nichts, nur hat Hitler jetzt keinen Vorgesetzten mehr.

Wie schätzt Erich Kordt den Stand der Dinge ein? Hindenburg hatte die Macht über Deutschland an Hitler gegeben, er hatte ihm seine Wähler – und damit den größeren Teil des deutschen Volkes – preisgegeben. Die Reichswehr, der einzige Machtfaktor, der nach dem Sommer 1933 in der Lage gewesen wäre, verfassungsmäßige Zustände wie vor der Weltwirtschaftskrise wieder herzustellen, war nicht hervorgetreten, da kein Befehl des Reichspräsidenten kam. Auf diesen Befehl hatten, wie schon erwähnt, Millionen in Deutschland ihre Hoffnungen gesetzt. Diese Hoffnung hält 1933 und noch 1934 Oppositionsgruppen, die noch bestehen, davon ab, auf eigene Faust einen letzten Widerstand zu versuchen. Auch in der Reichswehr selbst fühlen sich jene, die für das Schicksal Deutschlands Verantwortung empfinden, im Gehorsam dem Reichspräsidenten verbunden. Der Tod Hindenburgs stabilisiert das nationalsozialistische Regime im Innern. Von nun an kann Hitler, der im Besitze aller Machtmittel des Staates ist, solange er die NSDAP beherrscht, nur noch zu Fall gebracht werden, wenn es zu einer außenpolitischen Krise kommt.[250]

Jetzt werden Nägel mit Köpfen gemacht. Alle Beamten werden flugs auf die Person Hitlers vereidigt. Karl Barth an der Uni in Bonn weigert sich und wird seines Amtes enthoben. Er kann es sich im Moment noch nicht vorstellen, aber bald wird er gar aus dem Deutschen Reich ausgebürgert werden.[251] Er kommt aus der Schweiz und ohne Eid auf Hitler ist er ohne Chancen. Prof. Barth wird auch nicht der Einzige bleiben, der versucht, dem Eid zu entkommen. Er wird ebenfalls nicht der Einzige bleiben, der dann zusehen kann, wie er nächstens die Brötchen verdient. Es hat noch schwerere Folgen, dass gleich am 2. August auch die Reichswehr auf die Person Hitlers vereidigt wird. Das sowie einen neuen Eid hat sich Hitler von seinen führenden Generälen abgehandelt gegen die Zusicherung, sie seien für immer die *einzigen Waffenträger der Nation*. Die neue Formel lautet von heute an: „Ich schwöre bei Gott diesen heiligen Eid, dass ich dem Führer des Deutschen Reiches und Volkes Adolf Hitler, dem Obersten Befehlshaber der Wehrmacht, unbedingten Gehorsam leisten und als tapferer Soldat bereit sein will, jederzeit für diesen Eid mein Leben einzusetzen."[252] Denken die Generäle diese Sache zu Ende oder machen Sie dabei eine Rechnung ohne den Wirt? Sicher sickert durch, dass sich das Heer gegen die NSDAP aufbaut, aber was wollen sie machen, wenn die einzigen Waffenträger der Nation von ihrem Obersten Befehlshaber den Befehl bekommen, in den Krieg zu ziehen? Das muss man doch einkalkulieren, selbst wenn ein solcher Gedanke 1934 so absurd klingt, als würde man erdbebensichere Häuser planen. Das Ende der SA ist für sie wohl zu wichtig und die relative Unterlegenheit nach Versailles auch zu überwältigend. Doch die großspurig angesetzte Volksabstimmung trägt bloß teilweise zur Zufriedenheit Hitlers bei. Selbst unter dem Eindruck des unverfrorenen Mordens dieser Tage bleiben die Ergebnisse deutlich unter den avisierten 100 Prozent. Insgesamt sind es nach offizieller Lesart 84,6 Prozent; aber schaut man sich Orte genau an, so erreicht man in Aachen oder Wesermünde, Breslau, Leipzig, Hamburg, Bielefeld oder in Lübeck nicht einmal 70 Prozent, von Berlin ganz zu schweigen.[253] Es ist bei einer Wahlanalyse auch zu berücksichtigen, dass man die Ergebnisse nicht von unabhängiger Seite überprüfen kann und Teile des Wahlvolks eingeschüchtert oder emigriert sind.

Auf der europäischen Bühne

Warschau kündigt im September den Minderheitenschutzvertrag,[254] was die Lebensumstände der nichtpolnischen Teile seiner Bevölkerung noch weiter verschlechtert. Besser sieht es aber auch im goldenen Prag nicht aus. Die Tschechen, die auf ihrem Staatsgebiet nur eine von mehreren Volksgruppen bilden, können mit den Slowaken so wenig anfangen wie mit den Deutschen, den Juden oder den Ruthenen, Polen und Ungarn. Während die Deutschen aus Elsaß-Lothringen vertrieben wurden, sind viele Deutsche aus der Tschechoslowakei *freiwillig* geflohen. Es ist keine gute Zeit für Häuslebauer. Aber anders als in anderen Ländern flüchten aus dem Reich unter anderem die eigenen *Volksgenossen* vor den neuen Machthabern. Hier vielleicht noch ein kurzes Wort zu unseren Juden: In einem Zugabteil sitzt ein Jude und liest. SA-Männer steigen ein. Als sie den Juden sehen, stoßen sie sich an und rufen im Chor: Heil Hitler! Der Jude blickt auf und sagt ruhig: „Meine Herren, Sie irren sich, ich bin es nicht, ich bin es wirklich nicht!“[255]

Ein Jahr ist das Deutsche Reich inzwischen nicht mehr im Völkerbund, doch erstens kommt es anders, zweitens als man denkt. Er zerfällt nicht. Die Initiative des französischen Außenministers Barthou für eine kleine Entente mit den Ländern Osteuropas führt im September zur Aufnahme der Sowjetunion in den Völkerbund, was diesen Klub wieder aufwertet. Hitler hat damit zwar verloren, aber in den Köpfen der Anhänger hat er gewonnen, weil sich so sein Reden von einer jüdisch-bolschewistischen Weltverschwörung bestätigt. Hier in Deutschland gibt es ja bekanntlich bisher nur 520.000 Juden.[256] Elf Millionen wohnen im Rest von Europa. Doch dem Wirken von Louis Barthou wird mit Gewalt ein Ende gesetzt. Am 9. Oktober ermordet ein kroatischer Nationalist in Marseille Frankreichs Außenminister und König Alexander von Jugoslawien. Barthous Nachfolger als Außenminister von Frankreich wird Pierre Laval.[257]

1934

Sand im Getriebe des Staates neuen Typus

Im Sommer dieses Jahres hat der dreißigjährige Kurt Georg Kiesinger* aus Ebingen im schönen Württemberg das Jurastudium mit der zweiten Staatsprüfung abgeschlossen. Seit Februar 1933 ist der junge Mann das Mitglied Nummer 2.633.930 in der NSDAP. Ist es nun vielleicht die verstärkte Propaganda gegen die Juden, die diesem Katholiken widerstrebt, oder ist es die Verschärfung des Unrechts, als die Mordaktion vom Juni und Juli erst nachträglich als eine *Staatsnotwehr* „legalisiert" wurde, die dem Juristen gegen den Strich gehen – er lässt fortan diese Partei Partei sein und Kurt ist ebenfalls nicht bereit, in einer ihrer Untergliederungen tätig zu werden. Gut, und warum tritt er nicht ganz einfach wieder aus? Weil das unter den gegenwärtigen Umständen eben nicht so einfach ist. Gar nicht erst eintreten zieht längst nicht den Rattenschwanz nach sich wie ein Austritt. Er verdient sich die Brötchen sodann als freiberuflicher Rechtsanwalt und privater Rechtslehrer (Repetitor für Staats- und allgemeines Recht an der Friedrich-Wilhelm-Universität) in Berlin. Doch damit ist es noch nicht genug des Eigensinns. Dieses renitente Subjekt will einfach nicht in den Nationalsozialistischen Rechtswahrerbund (NSRB) eintreten. Aber das ist schon nötig für eine Karriere. Sein Name wird im Berliner Anwaltsverzeichnis nicht im umfangreichen Teil der Mitglieder des NSRB sondern im angehängten schmalen Teil aufgelistet. Dort kann man ihn unter den jüdischen Anwälten wiederfinden.[258] Da hat sich der katholisch geprägte Jurist etwas Feines eingebrockt. Andere schauen da mehr auf ihre Berufschancen. Hellseher ist jedoch auch Kiesinger nicht. Niemand weiß, ob das jetzt wirklich tausend Jahre lang so zugehen soll oder hundert Jahre, ob das noch zehn Jahre dauert, oder ob der Spuk in einem Jahr vorüber ist. Kiesinger bleibt übrigens nicht der Einzige, der sich von den braunen Klubs fernhält. Etwa ein Viertel der Studierenden (zur Unterstützung: das sind 25 Prozent oder jeder Vierte) treten in den nationalsozialistischen Studentenbund *nicht* ein, obwohl die Enthaltung ihren Verbleib an der Universität sowie die spätere berufliche Laufbahn gefährden. Wenn Sie natürlich nach den restlichen drei Vierteln fragen, bei denen längst nicht alle jungen Leute von irgendwas überzeugt sind,

Kurt Georg Kiesinger

dann ist es gar nicht so verkehrt, sich zuerst selbst zu fragen, wie oft Sie für einen Arbeitsplatz Sachen machen, die fragwürdig sind. Beobachten Sie sich selbst: Es ist eine gewisse persönliche Betroffenheit erforderlich, so dass die innere Abscheu gegen äußeren Druck obsiegt. So ist das eben im richtigen Leben: Man macht einfach alles mit – oder man steckt auch mal weg für seine Haltung. Kurt verzichtet auf seine Karriere.

Verschiedene Zeitschriften schaffen es, ihre weltanschauliche Linie und redaktionelle Unabhängigkeit nicht aufzugeben, darunter z. B. *Corona,* die *Deutsche Rundschau,* das *Hochland sowie* die *Weißen Blätter*. Eine beträchtliche Anzahl von Schriftstellern und anderen Künstlern weigert sich, die Nazi-Parolen nachzubeten und mit dem Strom zu schwimmen, oder sie stehen in offener Opposition. Das genügt nicht, um das Regime zu beseitigen, doch es stärkt die Moral derjenigen, die aktiv Widerstand leisten.[259] Das ist eine anerkennenswerte Leistung für diese enthauptete Rumpfgesellschaft, deren geistige Elite zum Teil ausgewandert und von der der Rest weggesperrt ist. Zur Überlebensfähigkeit solcher renitenter Hochburgen des Widerstandes gehören aber nicht nur kluge und mutige Journalisten, sondern auch kluge und mutige Leserinnen und Leser. Mit Humor kann man übrigens ebenfalls furchtbare Zustände anprangern.

Im Südwesten des Reiches wohnt das Käthchen und schmökert in ihrem *Heilbronner Tagblatt*. Dabei stolpert sie über eine Anzeige und hält sich beim Lesen den Bauch vor Lachen. Da schreibt doch tatsächlich jemand: „Zwecks allgemeiner Umwälzung brauche ich den Nachweis meiner Geburt. Ich bin agrarischer Herkunft, was ich zu beglaubigen bitte. Senden Sie mir bitte meine amtlich vorgeschriebene Großmutter, sie muss sich im dortigen Kirchenbuch befinden."[260] Ernst Heimeran publiziert Texte wie diesen in der Sammlung *Unfreiwilliger Humor*.

Zum Höhepunkt für viele Christen wird der Niederrheinische Kirchentag „Unter dem Wort", der am 14. Oktober beginnen soll. Da abzusehen ist, dass keine der normalen Versammlungsstätten ausreichen wird, um die Zahl der zu erwartenden Teilnehmer aufzunehmen, wird für diesen

Zweck „die gewaltige Maschinenhalle einer früheren Lokomotivfabrik in Düsseldorf-Grafenberg“ zur Verfügung gestellt. Das wird eine durchaus eindrucksvolle Veranstaltung. Die Reichsbahn hat im Vorfeld genügend zu tun; mit Sonderzügen kommen die Leute von überall her. Zuerst sind schätzungsweise 30.000 Menschen in der Halle versammelt und mit der Zeit kommen noch Tausende hinzu. Doch dann die große Ernüchterung. Über einen Lautsprecher wird verkündet, diese Versammlung sei zwar vom Düsseldorfer Regierungspräsidenten genehmigt worden, soeben sei jedoch aus Berlin der Befehl gekommen, dass diese Versammlung nicht stattfinden dürfe. Stille. Kein Aufruhr. Stille. Und dann bricht es aus den Leuten heraus, ein gemeinsam laut gesprochenes Gebet des Herrn. Man möchte meinen, jetzt fühlten alle in diesem Raum dasselbe. Und danach heben sie ihre Stimmen und singen gemeinsam und laut das Lutherlied „Ein' feste Burg ist unser Gott“. Auch diese abgebrochene Feier trägt bei zur Bindung der Gläubigen an ihre Bekennende Kirche, nicht jedoch zur Liebe für die Stadt Berlin. Die Einstellung für oder gegen Hitlers Staatswesen teilt Deutschland und die Deutschen und dies führt zu Rissen bis in die Familien hinein, die sich vertiefen, je länger der Spuk dauert.[261]

Hitler ganz in seinem Element

Hitler hält am 2. November 1934 eine Unterredung ab mit dem Chef der Marineleitung Admiral Erich Raeder und mit Hermann Göring, der ja in einer seiner Rollen auch Reichsluftfahrtminister ist, in der der Führer zu den Anwesenden sagt, er betrachte es als lebenswichtig, dass die Marine planmäßig vergrößert werde, da kein Krieg geführt werde könne, wenn die Marine nicht in der Lage sei, die Erzeinfuhr aus Skandinavien abzusichern.[262] Es kann keinen überraschen, dass das nicht am nächsten Tag in der Zeitung steht. Am übernächsten Tag steht es dort ebenfalls nicht. So kann sich jeder bestätigt fühlen, der an einen Friedenskanzler glaubt. Umgekehrt stehen andere Sachen in der Zeitung, die dann aber nicht so unbedingt stimmen müssen. Dies bleibt nicht unbemerkt und so kommt es zu diesem Spruch: Hitler kommt an die Himmelstür und begehrt Einlass. Petrus fragt ihn, was er denn Gutes auf Erden geleistet habe. „Ich habe die Arbeitslosigkeit in Deutschland beseitigt!" Darauf sagt Petrus: „Soso, davon will ich mich erst einmal selbst überzeugen." Petrus steigt hinab zur Erde und wandert durch die deutschen Städte. Wohin er auch kommt, überall trifft er Arbeitslose. Petrus kommt zurück und meint zu Hitler: „Aber, Hitler, was du da behauptet hast, stimmt ja nicht!" Darauf sagt Hitler: „Aber, Petrus. Liest du denn keine Zeitung? Da steht es doch schwarz auf weiß!"[263] Ach wenn es doch bloß zum Lachen wäre. Wann ist es endlich so weit, dass die Leute ihrem eigenen Verstande sowie Leuten mit Verstand mehr trauen als den jeweils im Moment gerade offiziell anerkannten Medien? Welcher Engel sollte die Eigentümer der Zeitungen reiten, dass sie anderen Leute die Wahrheit und nichts als die Wahrheit auftischen, zumal sie ja obendrein äußeren Zwängen unterliegen?

Aus den Vereinigten Staaten bekommt das Dritte Reich gutes Äthylblei. Diese Äthylflüssigkeit ist eine Antiklopfmittelkomponente, die bei Flugzeug- und bei Autobrennstoffen verwendet wird, um das Klopfen zu beseitigen und so die Leistung des Motors zu verbessern; ohne diesen Stoff ist eine moderne Kriegführung mit den entsprechenden Fahrzeugen gar nicht möglich.[267] Die Absicht der Ethyl Gasoline Corporation, die sich im gemeinsamen Besitz der Standard Oil Company of New Jersey und der General Motors Corporation befindet, ihre neue Antiklopfmitteltechnik dem Reich zu übergeben, kommt dem Army Air Corps in Washington zu Ohren. Am 15. Dezember 1934 wird der Vorsitzende der Ethyl Gasoline, E. W. Webb, darüber unterrichtet, dass Washington von seiner Absicht, „zusammen mit der IG Farben eine deutsche Firma zur Herstellung von Äthylblei in diesem Land zu gründen", erfahren hat. Das amerikanische Kriegsministerium weist darauf hin, dass es bedeutende Kritik an jenem Technologietransfer gebe, der für die USA „die schwerwiegendsten Auswirkungen" haben könnte, und dass die denkbare kommerzielle Anfrage nach Äthylblei in Deutschland zu gering sei, um interessant zu sein. Es sei vielmehr zu befürchten, dass Deutschland insgeheim aufrüste. Dafür werde vermutlich der Stoff benötigt. Er werde „zweifelsohne eine wertvolle Hilfe für Militärflugzeuge darstellen".[268] Die *friends from America* bauen im Deutschen Reich trotz der staatlichen Kritik eine produktionsfertige Anlage auf und ersparen den Deutschen eigene Entwicklungsarbeit und die Kosten.[269] Vorerst kann sich Hitlers Reich 500 Tonnen des Stoffes von der Ethyl Corporation ausleihen. Die Leihgabe wird übrigens auch nicht zurückgegeben. Doch den Handelsbeziehungen zwischen den beiden Staaten schadet dies selbstverständlich ebenfalls wieder nicht.[270] Die Reichsregierung äußert „größtes Interesse an der Aufstockung eines Lagers von besonders wertvollen Mineralölprodukten aus dem Ausland, im Besonderen Benzin und Schmieröl für Flugzeuge, und an der Bereitstellung einer Reserve, die einen Betrag von ungefähr 20 Millionen Dollar zum Marktpreis“ gleichkommt. Die deutsche Regierung fragt die IG Farben, ob es nicht möglich sei, diese Menge im Namen ihrer Firma auf der Grundlage der freundlichen Beziehungen zu Standard Oil zu kaufen, tatsächlich aber als Treuhänder der Regierung in Berlin. Dass es Hitler gelingt, die gewünschte Menge bei der Standard Oil Company und dem holländisch-englischen Royal-Dutch-Shell-Konzern zu kaufen und nach Deutschland zu befördern, wird eben gerade mit der Hilfe der Standard Oil möglich. Dieses und nächstes Jahr bekommt *unser* Reich obendrein hunderte Flugzeugmotoren der neuesten Bauart aus den USA.[271]

Freuen kann sich der Führer auch über das englisch-deutsche Zahlungsabkommen vom November 1934, das ihm auch weiterhin die finanzielle Unterstützung sichert. Wenn das Regime natürlich von außen mit Geld gestützt wird, können die Deutschen sehr lange warten, bis vielleicht die Herrschenden aus dem einfachen Volke irgendwann „abgewirtschaftet“ haben werden.[264] Alt-Kanzler Heinrich Brüning äußert sich einschlägig nach der Unterzeichnung des Vertrages: „Ich bin deshalb verpflichtet zu gestehen, dass mich das deutsch-englische Zahlungsabkommen sehr bestürzte. Noch mehr bestürzt mich die Politik der Bank of England. Wenn sie fortgesetzt wird, wird sie es den Nazis ermöglichen, in einem Umfang wiederaufzurüsten, der zwangsläufig zu Konflikten führen muss.“[265] Wer stellt eigentlich immer die Frage, ob „die Deutschen“ nicht merkten, wo sie das alles hinführt? Was nützt es einem Brüning zum Beispiel, dass er

Bank of England

das deutlich sieht? Und Heinrich Brüning ist längst nicht irgendwer. Er war von 1930 bis 1932 zwei Jahre lang Reichskanzler und just in der Zeit hat London dem Reich jegliche finanzielle Unterstützung vorenthalten. Wenn wir einmal beim lieben Geld sind: Am 4. Dezember 1934 gewährt der Gouverneur der Bank of England Montagu Norman den lieben Nazis ein freundliches Darlehen in Höhe von ungefähr 4 Millionen Dollar, um „die Mobilisierung der deutschen Handelskredite zu erleichtern". So gibt er neues Geld, damit sie die alten Schulden „bezahlen" können.[266] Völlig anders geartet sind die Beziehungen zwischen Benito Mussolinis Italien und Adolf Hitlers Deutschland.

Italien hatte bereits seit 1925 versucht, im Einvernehmen mit Äthiopien und England eine Eisenbahnverbindung zwischen seinen zwei Kolonien im Nordosten Afrikas Eritrea und Somalia durch das Land zu bauen, das gelegentlich im Ausland auch als Abessinien bezeichnet wird. Äthiopien gilt als der älteste noch bestehende Staat der Welt. Es ist eines von zwei unabhängigen Ländern Afrikas und trat im Jahre 1923 dem Völkerbund bei. Vor etwa fünf Jahren nahm Italien kurzerhand die äthiopische Oase Wal-Wal in Besitz und die Regierung von Äthiopien fühlte sich danach nicht mehr an ihren Vertrag mit Italien gebunden, sodass im Herbst ein Grenzkonflikt zwischen Addis Abeba und Rom entbrennt, da der Kaiser des Landes am Golf von Aden Haile Selassi die Oase verständlicherweise wieder nutzen will. Am 5. Dezember 1934 befreien äthiopische Truppen Wal-Wal. Damit verschlechtern sich die Beziehungen zwischen London und Rom.[272] Das Verhältnis Italiens zu Deutschland ist allerdings ebenso schon seit zwei Jahrzehnten vergiftet und von daher unterirdisch. Es ist symptomatisch für die Haltung Italiens zu Deutschland, dass Mussolini im Dezember dem deutschen Botschafter Ulrich von Hassell gegenüber äußert, er spüre, dass in Deutschland kein Krieg so populär wäre wie ein Krieg gegen Italien. Zu gut ist den Deutschen Italiens Seitenwechsel im Weltkrieg noch in Erinnerung.[273]

Der Kampf der Nazis um die Herrschaft wird forciert

So geht langsam auch dieses Jahr zu Ende. Der erste Schreck nach dem Amtsantritt Adolf Hitlers ist Geschichte und mit der harten Kante gegen die Verbrecher von der SA trauen sich offensichtlich wieder mehr Leute, ihrem Unmut über das eingeebnete öffentliche Leben im Reich auch im Beisein überzeugter Nazis Luft zu machen. Fakt ist auf jeden Fall, dass sich der Staat darum bemüht, einschüchternde Maßnahmen gegen neue Kritiker des Regimes nunmehr auf eine juristische Grundlage zu hieven. Am 20. Dezember 1934 ergeht ein Gesetz gegen heimtückische Angriffe auf Staat und Partei sowie zum Schutz der Parteiuniformen. Es wird mit Gefängnis wird bestraft, wer es sich traut, „öffentlich gehässige, hetzerische oder von niedriger Gesinnung zeugende Äußerungen über leitende Persönlichkeiten des Staates oder der NSDAP“[274] zu machen. Öffentliche Äußerungen sind nach diesem Gesetz bedenklicherweise auch Worte in der Privatsphäre, bei denen damit zu rechnen ist, „dass die Äußerung in die Öffentlichkeit dringen werde“. Mit dem Gesetz wird übrigens ebenso verboten, dass jemand in einer Parteiuniform eine Straftat begeht, oder anders ausgedrückt, er muss sich wie ein Durchschnittsbürger anziehen, wenn er bei Tante Emma einbrechen will. Wie wir seit diesem Sommer wissen, müssen Anhänger des Führers Vorbilder für die neue Zeit sein.

Unter dieses Gesetz fällt auch, dass man das Horst-Wessel-Lied gern als Wurst-Kessel-Lied bezeichnet. Und hat der folgende Spruch nicht selbst genauso das Potenzial, unter das neue Gesetz zu fallen? Hitler redet mit Göring und Himmler darüber, ob man das Lied nicht durch eine andere Melodie ersetzen könne. Göring schlägt vor, einfach Luthers Lied *„Ein' feste Burg ist unser Gott“* zu nehmen und den Text nationalsozialistisch umzugestalten. Hitler will ihm gerade zustimmen, da schüttelt Goebbels ganz energisch den Kopf: „Das geht nicht! Die dritte Strophe lautet: Mit unsrer Macht ist nichts getan!“[275] Kein Witz hingegen ist, dass es drüben im Saarland, das seit Versailles nicht zum Reich gehören darf, wie auch in Hessen und Nordbaden, wo es schwer illegal ist, zu Einheitsfrontabkommen zwischen Sozialdemokraten und Kommunisten kommt und zur

Bildung gemischter Gruppen – wo doch jedwede Partei außer *der Partei* verboten ist.[276] Die Unsicherheit darüber, was man überhaupt noch darf, spiegelt sich in folgenden Worten wider: Das bisherige Strafgesetzbuch ist zu kompliziert und erscheint überflüssig. Jetzt soll ein neues in Kraft gesetzt werden, das nur aus folgenden drei Paragraphen besteht: § 1 Wer etwas unternimmt oder unterlässt, wird bestraft. § 2 Die Höhe der Strafe richtet sich nach dem gesunden Volksempfinden. § 3 Was aber gesundes Volksempfinden ist, bestimmt der zuständige Gauleiter.[277]

Auf der staatlichen Ebene fühlen sich die Nazis hingegen sicher und mit der Zeit wagen sie sich sogar allmählich an die Reichswehr heran – wer hat, der kann. Seit der Affäre um Röhm im Sommer fühlt sich das Heer von der Gestapo und vom Sicherheitsdienst zunehmend bespitzelt. Der Telefonverkehr hoher militärischer Dienststellen wird abgehört, der SD animiert Vertrauensleute im Heer dazu, über regimefeindliche Umtriebe im Offizierskorps Erfahrungsberichte vorzulegen, zwischen Soldaten der Reichswehr und Angehörigen der SS-Verfügungsgruppe kommt es sogar zu Schlägereien. Die Gestapo drängt gar auf ein Mitspracherecht bei der politischen Überprüfung neueingestellter Offiziere. Männer aus der SS und fanatische Parteigenossen äußern die Vermutung, dass das Heer zu einer Gegenmacht zur NSDAP aufgebaut werden soll. SS-Führer streuen auch das Gerücht, die Reichswehr bereite einen Putsch vor. So muss die Reichswehr, die das Land nach außen verteidigen soll, jetzt auch innen aufpassen, dass es ihr nicht so geht wie im Sommer der SA und sie nun selbst von der SS geschluckt wird.[278] Der General der Artillerie und Chef der Heeresleitung Werner Freiherr von Fritsch, empfiehlt dem Reichswehrministerium eine klare Abgrenzungspolitik.

Fritsch erwartet „allen Ernstes, das Heer könne sich gegenüber dem Regime abkapseln und seine Soldaten vor jeder Beeinflussung durch den Nationalsozialismus bewahren – mit dem neuen Staat einzig und allein durch den vermeintlich über der Partei stehenden »Führer und Reichskanzler« verbunden.“[279] Einer, der bei diesen Auseinandersetzungen aus der Zentrifuge fliegt, ist der Abwehrchef Conrad Patzig. Er unternimmt bei einem Vortrag vor seinem Rauswurf noch einen allerletzten Versuch, Kameraden und Vorgesetzte vor den Machenschaften der Gestapo und der SS-Führung zu warnen, doch seine Worte verhallen. Zu Reichswehrminister Werner von Blomberg äußert er, die SS sei ein Sammelbecken entwurzelter Existenzen, die vor nichts zurückschreckten, wenn es gelte, ihre Macht zu erweitern. Dem Herrn Minister stehen die Haare zu Berge und er tobt: „Die SS ist eine Organisation des Führers!" Da meint Patzig recht patzig zu Herrn Minister: „Dann bedaure ich nur, dass der Führer nicht weiß, was für einen Sauhaufen er unter sich hat."[280] Patzig hat aus seiner Ablehnung des Regimes auch vorher nie einen Hehl gemacht. Der frische Chef der Abwehr wird der Marineoffizier Wilhelm Canaris – ein gläubiger Nationalsozialist, der mit seinem Parteikauderwelsch die eher nüchternen Agenten irritiert. Dieser Wilhelm Canaris kooperiert eng mit Rudolf Bamler*, der bereits über ein Jahr die Abwehrgruppe III anleitet und bei Eingeweihten als der eigentliche Chef der Abwehr gilt. Er ist ein populärer, mitfühlender Vorgesetzter, intelligent, gesellschaftlich sicher, gewandt im Umgang mit Menschen sowie auch als Offizier eine positive Erscheinung. Canaris lernt bald den Sachverstand des klugen Gruppenleiters schätzen.[281]

Die perfekte Tarnung

Zu Weihnachten sitzt Gustav Heinemann* zusammen mit seiner Frau in der Küche und denkt über das vergangene Jahr nach. Seit dem Sommer gilt nun schon der Erlass des Reichsinnenministers Wilhelm Frick, mit welchem „alle Veröffentlichungen über die derzeitigen Verhältnisse der Evangelischen Kirche in Deutschland"[282] verboten worden waren. Dabei haben das die Schlawiner weder in den Reichsanzeiger gesetzt noch ins Reichsgesetzblatt oder ins Reichsministerialblatt. Reichsbischof Ludwig Müller, der große Stratege, ließ es ins Reichskirchengesetzblatt bringen. Bischof Müller leistet auf jeden Fall seinen Beitrag, um so schnell, wie es nur geht, zur öffentlich anerkannten Witzfigur zu werden. So macht bald dieses Wort die Runde: „Worin besteht der Unterschied zwischen einem

Missionar und dem Reichsbischof?“ Die Antwort lautet: „Der Missionar macht Wilde fromm, der Reichsbischof macht Fromme wild.“[283] Pech für ihn, dass ihn seine Evangelische Kirche nicht akzeptiert.[284] Autorität hat man noch nicht in der Tasche, wenn man für etwas eingesetzt wird.

Damit gab es diesen Erlass und es gab ihn auch nicht. Die Leute sollen sicherlich denken, dass es in der Kirche etwas ruhiger geworden ist, da jetzt scheinbar freiwillig nichts mehr darüber in der Zeitung steht. Der Kirchenkampf hatte in den Zeitungen ziemlich Wellen geschlagen. Aber die Sache hat auch ihre gute Seite: der Erlass ist damit nicht voll rechtsgültig und in diese Lücke stößt Familie Heinemann. In der Verordnung aus Berlin stand nichts über Mitteilungen an eingeschriebene Mitglieder eines Vereins. Es ist nicht verboten, *Vereinsnachrichten* zu verschicken. Damit das nicht doch aussieht wie eine Zeitung, sieht der Kopf jedes Mal anders aus. Einmal steht da Rundschreiben, einmal Brief zur Lage, und einmal heißt es: „Als Handschrift gedruckt. Nicht für die Öffentlichkeit bestimmt!“[285] Nein, aber mit einer Auflage von 50.000 Stück. Wo druckt man nun die Blätter? Na, bei den Heinemanns im Keller. Sicherer als in diesem Keller kann ein Versteck nicht sein. Vater Heinemann stellt ihn tagsüber dem „Bund Deutscher Mädel“ als Versammlungsraum zur Verfügung. Die Wände sind überall hübsch mit Hakenkreuzen geschmückt, dazu ein paar Abzeichen und Sinnsprüche für die Mädchen vom BDM. Fertig ist die Tarnung. Zwei seiner Töchter gehen gleich selbst in diesen Verein. Zimperlich ist die Familie wirklich nicht. Normalerweise ist die Vervielfältigungsmaschine in einem Schrank, der fein verschlossen gehalten wird, und wenn wieder gedruckt werden soll, werden die Fenster zugehängt, der Apparat aufgestellt, und schon geht es los. Drei weitere Männer sind mit dabei: Pfarrer Heinrich Held, dessen 23-jähriger Vikar Wolfgang Disselhoff sowie Ernst Schrick, der Fahrer der Geschäftsstelle der Bekennenden Kirche.[286]

138 IMN (1948), Band XXII, S. 523
139 Schultze-Rhonhof (2007), S. 404
140 Wojciechowski (1990), S. 267
141 IMN (1948), Band XXII, S. 498
142 Fest (1991), S. 607
143 Schultze-Rhonhof (2007), S. 414
144 Fest (1991), S. 591
145 Schultze-Rhonhof (2007), S. 416
146 Hirche (1964), S. 80
147 Gisevius (1947), Band 1, S. 261
148 Hoffmann (1970), S. 35f.
149 Gisevius (1947), Band 1, S. 182f.
150 Schultze-Rhonhof (2007), S. 133f.
151 Ebd., S. 134
152 Ebd., S. 136
153 Huber & Müller (1964), Band 1, S. 274f.
154 Ebd., S. 275
155 Fest (1991), S. 609
156 Preparata (2011), S. 267
157 Sutton (2008), S. 100 und 136f.
158 Ebd., S. 23, 44, 51f. und 91
Preparata (2011), S. 327
Katasonov, Valentin (2015). Anglo-amerikanische Geldgeber organisierten den zweiten Weltkrieg. [online]. Verfügbar unter http://www.voltairenet.org/article 187534.html [05.06.2015]
159 Fest (1991), S. 608f.
160 Preparata (2011), S. 312f.
161 Knightley (1990), S. 96f.
162 Ebd., S. 105
163 Ebd., S. 99f.
Sutton (2008), S. 23 und 33
Preparata (2011), S. 304f.
164 Gisevius (1947), Band 1, S. 154
165 Ebd.
166 Enzensberger (2008), S. 164
167 Fest (1991), S. 628
168 Gisevius (1947), Band 1, S. 155f.
169 Ebd., S. 154
170 Ebd.
171 Huber & Müller (1964), Band 1, S. 106
172 Hirche (1964), S. 90
173 Gisevius (1947), Band 1, S. 166f.
174 Ebd., S. 166

175 Rothfels (1960), S. 33
176 Ebd.
Vgl. auch Dönhoff (1976), S. 23ff.
177 Rothfels (1960), S. 33
178 Gisevius (1947), Band 1, S. 311f.
179 Hirche (1964), S. 124
Rothfels (1960), S. 34
180 Hirche (1964), S. 114
181 Ebd., S. 86
HJ ist die Abkürzung für Hitlerjugend, BDM für Bund deutscher Mädel, NSV für Nationalsozialistische Volkswohlfahrt und NSBO für Nationalsozialistische Betriebszellenorganisation.
182 Gisevius (1947), Band 1, S. 184f.
184 Wikipedia (2011), KZ Oranienburg [online]. Verfügbar unter: http://de.wikipedia.org/wiki/KZ_Oranienburg
185 Vierhaus, Rudolf (2006), Deutsche Biographische Enzyklopädie, S. 397
dhm (2011), http://www.dhm.de/lemo/html/biografien/LeuschnerWilhelm/index.html [30.06.11]
186 Hirche (1964), S. 116f.
187 Ebd., S. 93
183 Rothfels (1960), S. 61
188 IMN (1948), Band XXII, S. 482
189 Hirche (1964), S. 95
190 Gisevius (1947), Band 1, S. 249f.
191 Falin (1995), S. 38
192 Ebd., S. 39
193 Huber & Müller (1964), Band 1, S. 275
194 Falin (1995), S. 38
195 Springer (1972), S. 231
196 Rothfels (1960), S. 73f.
197 Strube, Katja (2017). Mensch mit dem größten Herzen [online]. Verfügbar unter http://www.taz.de/!5198064/ [04.12.2017]
Das Glück hat nicht gehalten. Das steht viele Jahre nach dem Tod Axel Springers in einem Artikel von Katja Strube – in der TAZ. Durch welchen Zufall könnten die Leser der Zeitungen Springers denn zumindest nachträglich auf diese Information stoßen? Soweit sie nicht schon lange das Zeitliche gesegnet haben. Ab dem Herbst 1935 galten die Rassegesetze und Katja Strube schreibt, Axel Springer habe seine Frau nach deren Bekunden am liebsten in die Standuhr eingesperrt. Später habe er sich von ihr getrennt. Ihm hätte ohne die Scheidung womöglich Berufsverbot gedroht. Ihr drohte die Verfolgung durch die Nazis. Er hat 1939 das Mannequin Erna Frieda Bertha Küster geheiratet. Martha blieb aus mir unbekanntem Grund von der Deportation verschont. Nach dem Krieg hat sie den Kaufmann Fred Funke geheiratet, den sie 1939 kennengelernt hatte, und änderte ihren Namen in Dicky

Funke. Zu Axel Springer behielt sie nach ihrem Bekunden ein freundschaftliches Verhältnis. Gehörte er zu den Deutschen, die ihnen bekannte oder ihnen unbekannte Juden vor den Häschern versteckt haben? Bis zu seinem Tode 1985, heißt es bei Katja Straube, habe er sich nie öffentlich zu den Umständen seiner ersten Scheidung geäußert. Auch in den bislang erschienenen Springer-Biografien sei davon nichts zu lesen. Dann hat also sogar der journalismusferne weil unkritische Fanatismus im Umgang mit Taten und Untaten von Bürgern und Bürgerinnen des Staates Israel irdische Ursachen und liegt im ureigenen schlechten Gewissen von Axel Springer begründet.

198 IMN (1948), Band XXII, S. 482
199 Huber & Müller (1964), Band 1, S. 106
200 Höhne (1976), S. 214
201 Ecke (1990), S. 75f.
202 Gisevius (1947), Band 1, S. 167f.
203 Fest (1991), S. 629
204 Gisevius (1947), Band 1, S. 170f.
205 IMN (1948), Band XXII, S. 455
206 Gisevius (1947), Band 1, S. 170
207 Ebd., S. 170
208 Fest (1991), S. 631
209 Ebd.
210 Ebd., S. 557
Preparata (2011), S. 279
Gisevius (1947), Band 1, S. 171
211 Ebd., S. 170f.
212 Ebd., S. 172
213 Huber & Müller (1964), Band 1, S. 126
214 Gisevius (1947), Band 1, S. 173
215 Hirche (1964), S. 75
216 Gisevius (1947), Band 1, S. 174f.
217 Ebd., S. 175
218 Ebd., S. 175f.
219 Ebd., S. 177
220 Ebd.
221 Höhne (1976), S. 169
222 Huber & Müller (1964), Band 1, S. 131
223 Fest (1991), S. 638f.
224 Hirche (1964), S. 104
225 Ebd., S. 104
226 Gisevius (1947), Band 1, S. 249
227 Rothfels (1960), S. 75
228 Ebd., S. 75
229 Hoffmann (1970), S. 36f.

230 Hirche (1964), S. 90
231 Hoffmann (1970), S. 44
232 Gisevius (1947), Band 1, S. 254
233 Ebd., S. 162f.
234 Hirche (1964), S. 73
235 Gisevius (1947), Band 1, S. 250f.
236 Ebd., S. 252f.
237 Huber & Müller (1964), Band 1, S. 106
238 Gisevius (1947), Band 1, S. 128
239 Wojciechowski (1990), S. 261
240 Ebd., S. 267
241 Huber & Müller (1964), Band 1, S. 275
242 Quigley (2010), S. 29
243 Ebd., S. 31
244 Preparata (2011), S. 303
Brüning (1974), S. 70
245 Schultze-Rhonhof (2007), S. 392
246 Ebd., S. 392-394
247 Preparata (2011), S. 313
Kordt (1948), S. 40
Speidel (1977), S. 58f.
248 Huber & Müller (1964), Band 1, S. 138
249 Ecke (1990), S. 33
250 Kordt (1948), S. 41
251 Straeten (1997), S. 44
252 Huber & Müller (1964), Band 1, S. 138
Es konnte bis zur Veröffentlichung dieses Buches nicht geklärt werden, ob in dem Text im Jahr 1934 wirklich schon von „Wehrmacht“ die Rede war. Der offizielle Name der deutschen Armee hieß zu diesem Zeitpunkt noch immer Reichswehr.
253 Fest (1991), S. 655
Höhne (1976), S. 170
254 Schultze-Rhonhof (2007), S. 395
255 Hirche (1964), S. 88
256 Straeten (1997), S. 13
257 Speidel (1977), S. 59
258 Klöckler (2005), S. 206 und 216f.
259 Rothfels (1960), S. 40
260 Hirche (1964), S. 85
261 Koch (1974), S. 67
262 IMN (1948), Band XXII, S. 482
263 Hirche (1964), S. 93
267 Sutton (2008), S. 74
268 Ebd., S. 74f.

1934

269 Sutton (2008), S. 75
270 Ebd., S. 37
271 Ebd., S. 74
264 Preparata (2011), S. 316
265 Brüning (1974), S. 70
266 Preparata (2011), S. 304
272 Schultze-Rhonhof (2007), S. 137
273 Fest (1991), S. 686
274 Ecke (1990), S. 37
275 Hirche (1964), S. 113
276 Steinbach & Tuchel (1994), S. 118f.
277 Hirche (1964), S. 121
278 Höhne (1976), S. 170
279 Ebd., S. 170
280 Höhne (1976), S. 163
281 Ebd., S. 183f.
282 Koch (1974), S. 113
283 Hirche (1964), S. 70
284 Hoffmann (1970), S. 28f.
Kordt (1948), S. 34
285 Koch (1974), S. 114
286 Ebd., S. 115f.

Ein neues Jahr des Friedens ist angebrochen

Den Jahreswechsel haben viele Soldaten unserer Reichswehr zu Hause bei den Familien verbracht und kommen Anfang Januar in die Kasernen zurück. Adolf Hitler erlässt aus diesem Anlass einen Tagesbefehl, in dem der Führer sagt: „Unser Dienst soll auch in Zukunft nur ein Ziel kennen, Deutschlands Wiederaufstieg in einem Frieden der Gleichberechtigung, der Ehre und gesicherten Freiheit."[287] Davon kann jeder einzelne Soldat in der Morgenkälte gerne das halten, was er will. Das ist freilich auf alle Fälle noch tausendmal besser, als wenn er vielleicht von Krieg spräche. Wenn man in die richtige Unterhaltung reinkommt, hört man dafür das: Hitler, Göring und Goebbels kommen an die Himmelstür und begehren Einlass. Petrus fragt zunächst Hitler, was er auf Erden getrieben und wie oft er gelogen habe. Hitler meint dreist: „Ich habe einmal gelogen, denn ich habe dem deutschen Volk zu viel versprochen." Petrus meint darauf: „Zur Strafe musst du einmal um den Himmel herumlaufen." Nun muss Göring berichten: „Ich habe den Reichstag angezündet und zweimal gelogen." – „Soso", brummt der alte Petrus, „dafür musst du zweimal um den Himmel herumlaufen." Ehe er sich zu Goebbels wenden kann, ruft der schon: „Einen Augenblick, Petrus, ich hole mir nur ein Motorrad."[288]

Für die höheren Chargen beginnt das Jahr mit einem überraschend einberufenen Empfang beim Führer persönlich. Die Meldungen über diese *Zwistigkeiten* zwischen Reichswehr und Partei, die Hitler im Laufe des 1. Januar erreicht hatten, waren ihm so bedenklich vorgekommen, dass er beschließt, ihnen mit einem grandiosen Theatercoup zu begegnen.[289] Er befiehlt die gesamte Führerschaft von Partei, Staat und Wehrmacht in die Staatsoper. Der Kanzler hält eine kurze Rede von bloß anderthalb Stunden und spricht in der Preußischen Staatsoper *Unter den Linden* so bezwingend, dass den Militärs seine Rede vom 3. Januar 1935 lange als die Versöhnungsgeste eines fast nationalkonservativen Staatsmanes im Gedächtnis bleiben wird. Dieses Ereignis wird mit einer Festaufführung von Richard Wagners *Tannhäuser* gekrönt.[290]

1935

Alle wollen zu Deutschland gehören

An der Saar ist bereits seit Wochen nur noch eine Abstimmung über die Zugehörigkeit zu Deutschland Thema. Bei den Friedensverhandlungen in Versailles war 1919 beschlossen worden, in der fernen Zukunft sollten die Einwohner einmal darüber entscheiden dürfen, ob sie zu Frankreich oder zu Deutschland gehören möchten. Die Frist läuft jetzt aber aus und wenn es mit rechten Dingen zugehen soll, kann niemand mehr diese Abstimmung unter der Aufsicht des Völkerbundes verhindern. Wie wird es sich auswirken, dass die Franzosen das Gebiet mit reichen Rohstoffvorkommen schon seit Versailles wie ein Protektorat behandelt haben? Im Angesicht der zu erwartenden mächtigen Auseinandersetzungen um die Zukunft des Gebiets schlägt Kanzler Hitler der französischen Regierung vor, die Geschichte durch eine freundschaftliche Vereinbarung zwischen den Regierungen in Berlin und Paris zu regeln und auf die vorgesehene Volksabstimmung zu verzichten. Sein Vorschlag lautet, das Saargebiet Deutschland wieder anzuschließen und durch einen Wirtschaftsvertrag zu regeln, dass die französische Industrie die Bodenschätze an der Saar so ausbeuten dürfe wie bisher. Die französische Regierung lehnt diesen Vorschlag ab und wertet ihn als Eingeständnis der schlechten deutschen Chancen bei der Wahl.[291] Im Saarland hat sie einige Unterstützer.

Machen wir einen Abstecher nach Neunkirchen. Dort ist ein blutjunger Mann von 22 Jahren zu Hause, der als Mitglied der KPD um die Gefahr weiß, die den Kommunisten droht, sollte es zur Angliederung der Saar an das Reich kommen. Er heißt Erich Honecker und engagiert sich jetzt in seiner Heimat, um die relative Unabhängigkeit des Landes zu retten. Es handelt sich dabei sicher um keine Entscheidung gegen Deutschland, sondern um den Versuch, einer Verfolgung als Kommunist zu entgehen. Bei diesen Bemühungen lernt er einen nur sechs Jahre älteren Mann aus dem Osten des Reiches kennen, der im Saarland eine neue Strategie der Kommunisten populär macht; sie sollen die Sozialdemokraten nicht als Sozialfaschisten sehen, sondern als Partner in einer Einheitsfront gegen den Anschluss. Er heißt Herbert Wehner* und kommt aus Dresden. Im

Saarland will er sogar noch einen weiteren Riesenschritt gehen, der die Kommunisten aus ihrer Isolation in der Gesellschaft führen soll. Durch Kontakte mit den bürgerlichen Kreisen, die dem Nationalsozialismus im Reich kritisch gegenüberstehen, soll daraus eine Volksfront werden. Bei Herberts Besuchen in Neunkirchen ist Erichs Mutter die Beste. Sie stellt den jungen Leuten ihren selbstgebackenen Kuchen auf den Tisch.[292] Der führende Genosse Wehner aus der KPD trifft da Schlüsselpersonen aus der SPD wie den saarländischen Journalisten Max Braun, 42, oder auch die aus dem Reich emigrierten Männer Emil Kirschmann und Heinrich Ritzel. Kirschmann ist 46 und wirkt in der Exil-SPD sowie in der Flüchtlingshilfe und Ritzel ist 41 und arbeitet als Beamter des Völkerbundes in der Leitung der Saarpolizeiverwaltung.[293]

Beeindruckt vom schnellen wirtschaftlichen Aufschwung in Deutschland wollen auch in Österreich die Stimmen nicht verstummen, die sich den Anschluss an die nördlichen Nachbarn wünschen. Das sorgt im Ausland für Unruhe. Die beiden Ministerpräsidenten von Frankreich und Italien unterzeichnen am 7. Januar die Römischen Verträge. Italien verpflichtet sich darin, Österreich gegen Anschlusswünsche zu verteidigen. Diese in Rom geschlossenen Verträge stecken auch die Interessen beider Länder in den Kolonien ab. In einem geheimen Militärvertrag, der darauf folgt, geben die Franzosen den Italienern freie Hand in Äthiopien.[294] So gehen sie in Europa heutzutage mit Ländern in Afrika und so weiter um.

Das Jahr ist gerade mal zwei Wochen alt, als sich die Leute im Saarland am Sonntag, dem 13. Januar, in ihren guten Sachen zu den Wahllokalen begeben. Vertreter des Völkerbundes überwachen den Vorgang, der vor allem in den Hauptstädten Europas mit großem Interesse verfolgt wird. Die Auszählung der Stimmen macht klar, dass 90,8 Prozent der Wähler für den Anschluss an Deutschland gestimmt hatten. Sünden der letzten Jahre rächen sich jetzt. Proteste aus der dortigen Bevölkerung waren auf Weisung der Franzosen häufig dem Völkerbund nicht einmal zugeleitet worden. Gegen die Bestimmungen des Versailler Vertrages verlegte die Regierung in Paris 5.000 französische Soldaten in das Saargebiet. Viele deutsche Beamte und Leitungen von deutschen Firmen wurden von dort ausgewiesen und durch Franzosen ersetzt. Die Wahl ist ganz eindeutig. 8,8 Prozent der Wähler sind für eine Selbstständigkeit der Saar und nur 0,4 Prozent für den Anschluss an Frankreich. Am 1. März dieses Jahres wird die Hoheit über das Gebiet auf Deutschland übergehen.[295] Weil die Wahl zugunsten eines Anschlusses an das Deutsche Reich ausgeht, flieht Erich Honecker, wie auch andere Anschlussgegner, nach Frankreich.

Die Umsetzung der Strategie in der Tagespolitik

Werfen wir an dieser Stelle doch einmal einen Blick über den Kanal hinweg nach London. Dort behalten sie ihre Eisen weiter in alle Richtungen im Feuer. Mitte November '34 haben Lordsiegelbewahrer Anthony Eden und Außenminister Sir John Simon den Sonderbevollmächtigten Hitlers Joachim Ribbentrop zu einem Gedankenaustausch getroffen. Im Januar 1935 empfängt Hitler in Berlin Lord Allen of Hurtwood und einige Tage später Lord Lothian. Kanzler Hitler kommt am Ende zu dem Ergebnis, dass eine gemeinsame deutsch-britische Proklamation eine Garantie für den Frieden wäre. Sollte ein Land den Frieden verletzen, müsse es in der Zukunft von ihren zwei Ländern zur Rechenschaft gezogen werden.[296] In der Zwischenzeit werden in London jedoch auch die Beziehungen zu den Regierenden in Paris nicht vergessen. Am 3. Februar kommt es dort zur Unterzeichnung eines französisch-englischen Protokolls, das sich auf die *Entente cordiale* der beiden Verbündeten aus der Zeit vor dem großen Krieg beruft. Es erscheint wie eine Bestätigung des Wortes von Premier Baldwin aus dem Vorjahr, das lautete, Englands Grenze liege am Rhein. Damit scheint Europa vor der westlichen Flanke Deutschlands gesichert zu sein – doch was ist mit der östlichen Flanke, die die Franzosen auch bedacht wissen wollen? Nun, das schert die Briten nicht, da sie es nicht beklagen, wenn sich Deutschland wie ein Hefekuchen in Richtung Osten ausbreitet. Das schlägt sich letztlich in einem Memorandum des Foreign Office nieder, das am 17. Februar geschrieben wird und das darauf setzt, dass „das Expansionsbedürfnis Deutschland nach Osten treiben wird, da es dort den einzigen Freiraum vorfindet. Solange jedoch in Russland ein bolschewistisches Regime existiert, kann diese Expansion nicht nur auf ein friedliches Vordringen beschränkt bleiben.“[297] Aber ob das Regime in der Sowjetunion nun bolschewistisch ist oder anders – ein Blick auf die Landkarte macht klar, dass London damit akzeptiert, dass Polen und die Tschechoslowakei vom Deutschen Reich eingemeindet werden können. Genau das ist Produkt der Vorstellungen von einer Welt der drei Blöcke. Gut, bei Polen könnte man Hitlers Absprachen mit Warschau beim Wort nehmen und ihm abkaufen, dass er sich seinen Lebensraum mit unseren polnischen Nachbarn teilen will, aber mit Prag gibt es keine Absprachen. Dabei spielt es keine Rolle, dass beide Länder militärisch gut aufgestellt und somit als Partner gegen eine mögliche deutsche Übermacht auf dem europäischen Festland geradezu prädestiniert sind; in den Planungen in Paris hatte dies seit Jahren bereits eine entscheidende Rolle gespielt. In London denkt man großzügiger. Wenn das noch immer schwache Reich über die Erz- und Kohlevorkommen und die Rüstungsindustrie in Polen und der Tschechoslowakei verfügen kann, ist es länger in der Lage, einer sowjetischen Übermacht in einem erneuten Krieg auf dem europäischen Kontinent standzuhalten. Ob es nach einem solchen noch schlimmeren Waffengang als 1914 Konkurrenten wie Frankreich überhaupt noch gibt, kann die Strategen in London bei aller Liebe nicht jucken. Diesbezüglich hat schon Fürst von Bülow über London angemerkt: „Solche menschenfreundliche Anteilnahme pflegt selten einen überwiegenden Einfluss auf die politischen Entschließungen der Regierung eines großen Staates auszuüben.“[298]

Die nächste Steilvorlage wird serviert

Kurz nach der völlig eindeutigen Abstimmung der Einwohner des Saargebietes zugunsten der Zugehörigkeit zum Deutschen Reich kündigt die Regierung in Paris am 6. März die Einführung einer zweijährigen Wehrpflicht an und erneuert das Militärabkommen mit Belgien. Das wirkt auf Zeitungsleser, „als wolle das hochgerüstete Frankreich dem noch immer unterbewaffneten Deutschland drohen".[299] Prompt sagt Minister Göring, dass das Reich inzwischen Luftstreitkräfte besitzt. Für Adolf Galland ist das jetzt keine Überraschung mehr. Warum? Weil er ein Jagdflieger ist. Er weiß zu berichten, das Heer hatte sie entlassen, die Luftwaffe aber, in die sie übernommen werden sollten, bestand noch gar nicht – jedenfalls nicht offiziell. So wurden sie wieder in die Zivilfliegerei eingegliedert. Im Februar 1935 kommt es zu einiger Aufregung. Göring hatte sich zu einer Besichtigung angesagt. Alles klappt vorzüglich. Danach hält er ihnen im Schloss Mittenheim eine Ansprache.[300] Bei dieser Gelegenheit deutet er an, dass die ganzen Heimlichkeiten jetzt bald vorbei seien. Am 13. März 1935 wird Friedrich Hoßbach, der Adjutant Hitlers, nach München befohlen, um im Hotel *Vier Jahreszeiten* seinen Chef aufzusuchen. Als er sich am Morgen des 14. März meldet, eröffnet ihm der Kanzler, er wolle im Deutschen Reich auch die Allgemeine Wehrpflicht wieder einführen und eine neue Heeresstärke festlegen. Doch welche? Hoßbach ist es nur bekannt, dass mancher Haudegen in den kühnsten Träumen eine Armee von 36 Divisionen wünscht; 7 besaß die Reichswehr 1933. Und die Zahl 36 nennt Hoßbach. Hitler akzeptiert diese Zahl.[301] Und Hitler geht noch einen Schritt weiter. Er will im Reich die Wehrhoheit proklamieren, sobald das französische Parlament der Verlängerung der Dienstzeit für die Soldaten zugestimmt hat. Hoßbach muss seinen Führer lange drängen, bis jener sich einverstanden erklärt, dass Reichswehrminister Blomberg noch vor der für den 15. März anberaumten Sondersitzung des Berliner Kabinetts davon informiert wird. Als Blomberg letztlich hört, was Hitler plant, ist er entsetzt; und auch Generalleutnant Ludwig Beck, der neue Chef des Truppenamts, zweifelt am Verstand Hitlers, hat er doch schon Monate zuvor eine weit geringere Erhöhung der Divisionen des Heeres mit dem Argument abgelehnt, so eine Verstärkung bedeute nicht mehr den Aufbau eines Friedensheeres, sondern eine Mobilmachung. Ludwig Beck sorgt sich und hat in seiner Stellung auch Grund genug: „Mir bangt davor, dass wir in einen Krieg verwickelt werden könnten, bevor wir in der Lage sind, uns mit Aussicht auf Erfolg zu wehren. Wir müssen alles tun, es dazu nicht kommen zu lassen.“[302] Tatsächlich lehnt Blomberg in einer Kabinettssitzung die Vorschläge von Hitler ab, während die zivilen Minister sofort begeistert zustimmen.[303] So tragen also die Laien in der Ministerrunde dazu bei, dass sich der Laie Hitler mit seinen Ideen gegen die Fachmänner aus dem Militär durchsetzen kann. Geschockt wie von Blomberg ist auch Werner Freiherr von Fritsch, der Chef der deutschen Heeresleitung. Als er erfährt, welcher Beschluss zur Abstimmung steht, sagt er, ein Krieg würde, „wenn er doch kommt – nicht mehr sein als ein verzweifeltes Sich-Wehren“.[304] Die Männer gehen nach Hause und sind am nächsten Tag wieder bei Hitler, der die Widerspenstigen wiederum bearbeitet. Dem Ansturm hält zumindest der Kriegsminister nicht stand und so bekommt unser großes Kind mit dem Bärtchen wiederum seinen Willen. Am folgenden Tag wird bei uns mit oder ohne Versailles ebenso die allgemeine Wehrpflicht eingeführt. Mit kernigen Worten erklärt der Gefreite des Jahres ’18: „Der neue Staat verlangt ein widerstandsfähiges, hartes Geschlecht. Neben der weltanschaulichen Schulung des Geistes muss eine kämpferische Schulung des Leibes durch einfache, nützliche und natürliche Körperübungen gefordert werden.“[305]

Während Frankreich 1935 gegen die Wiedereinführung der allgemeinen Wehrpflicht protestiert, womit keineswegs die eigene Erklärung vom 6. März hinterfragt wird, setzen Anthony Eden und Sir Eric Simon in den anschließenden Gesprächen mit Hitler das Pseudo-Thema *Feldzug nach Osten* fort. Reizend ist es auch zu erfahren, dass es nach ihren offiziellen diplomatischen Gesprächen einen Frühstücksempfang in der Botschaft des britischen Königreichs gibt, bei dem der Botschafter Sir Eric Phipps seine Kinder antreten lässt, um Hitler und sein Gefolge mit „Sieg Heil!“ begrüßen zu lassen. Die Inszenierung klappt perfekt. Sir Eric Simon ist die britische Höflichkeit in Vollendung und Anthony Eden hat skeptisch die Augenbrauen hochgezogen. Damit ist das Doppelspiel der englischen Diplomatie ausgezeichnet repräsentiert. Eden reist anschließend weiter nach Moskau und Berlin weiß wieder nicht, was in London gehauen und gestochen ist.[306] Im gleichen Jahr versichert Lord Lothian einer Gruppe von deutschen Ministern, „sie würden durch Russland wie durch Butter schneiden können".[307] Da müssen die Deutschen aber noch mächtig ihre Bewaffnung verbessern, damit sie es nicht mit leeren Händen probieren. Der Kanzler argumentiert immer wieder, dass man die Bündnisfähigkeit Deutschlands nur durch Rüstungsgleichheit gewährleisten kann. Dabei ist das Maß der Aufrüstung im Verhältnis zur Stärke anderer Länder für den Normalsterblichen so nicht erkennbar und sein Vorschlag, „bis zum letzten Maschinengewehr abrüsten"[308] zu wollen, war im Ausland zuvor nicht gerade auf Gegenliebe gestoßen. Abgesehen davon hatte Hitler ja auch selbst erklärt, dass es Wahnsinn wäre, als kleiner Staat der ganzen Welt gegenübertreten zu wollen, und, dass das Unglück anderer Völker dem eigenen Volke doch keinen Nutzen bringen könnte; vielmehr sei die Wohlfahrt aller die Grundlage des Völkerlebens.[309] Nunmehr haben wir hier einen Zustand außenpolitischer Stabilität erreicht: Mit der Republik Polen ist unser Land schon ein Jahr lang durch den Nichtangriffsvertrag verbunden, und Frankreich gegenüber erhebt Berlin schon lange keine territorialen Ansprüche mehr. Immer wieder regen sich die Zweifel, ob Adolf Hitler nicht vielleicht doch abrüsten will und friedliche Absichten hat. In solchen Momenten nimmt man sich der Vergewisserung halber die Protokolle der *talks* mit den Vertretern aus Warschau, Budapest und aus dem guten alten London zur Hand und ist ohne Zeitverzug von den Zweifeln wieder befreit. Wer hingegen meint, dieser Mann sei verlogen, der wird jetzt denken, Nachtigall, ick hör dir trapsen.

Am 16. März 1935 tauft der Kanzler die *Reichswehr* in *Wehrmacht* um. Dafür muss er niemanden auf der Straße mehr um Erlaubnis bitten und es ist irrelevant für die Geschichtsschreibung, ob das Paul oder Wilhelm im Volk so passt oder nicht. Den Reichswehrminister macht der Meister zum Reichskriegsminister und die Reichsmarine zur Kriegsmarine. Zum Obersten Befehlshaber *aller Waffengattungen* erklärt er sich selbst. Das bleibt auf den Straßen in Deutschland nicht unkommentiert. Bald geht die Frage um: „Wer ist der größte Elektrotechniker?“ Daraufhin folgt die Antwort: „Adolf Hitler! Er hat Österreich ausgeschaltet, das Saargebiet eingeschaltet, Deutschland gleichgeschaltet und ganz Europa in Hochspannung versetzt.“[310] Sicher ist es absolut bedeutungslos, wie irgendein Abteilungsleiter von irgendeinem Ministerium in Bayern die Welt sieht, aber es soll doch erwähnt werden, dass der 48-jährige Wilhelm Niklas* die neuen Zustände im Reich befremdlich findet und sich weigert, in die NSDAP einzutreten. Er wird vorzeitig in den Ruhestand versetzt.[311] Wird er später irgendwann unter neuem Vorzeichen noch einmal wichtig für die Politik, dann soll bitte keiner sagen, er hätte schon in der Hitler-Zeit einen Posten in einem Ministerium innegehabt. Dann wird man sich mit den Einzelheiten seines Wirkens dort beschäftigen müssen.

Niemand wird unterstützt

London ist von allen Nachbarn am wenigsten überrascht und weiß, was zu tun ist, um Hitlers Wehrmacht, Kriegsmarine und diese vollkommen neue Luftwaffe in die richtige Richtung zu orientieren. Es ist ja bekannt, dass der Orient im Osten liegt. Lordsiegelbewahrer Anthony Eden sowie Außenminister Sir John Simon fahren am 26. März nach Berlin, um mit dem deutschen Kanzler über die Beziehungen zwischen beiden Ländern zu sprechen. Ein paar Tage nach ihrer Rückkehr debattieren am 8. April die Minister der britischen Regierung über die Situation und bleiben bei ihrer Haltung, dass sie niemanden unterstützen, der von einem Überfall betroffen ist, um nicht selbst in einen Konflikt hineingezogen zu werden. Es ist vergeblich, auf den Tag zu warten, an dem die Ausreden ausgehen. Wer die halbe Welt erobert hatte, wird nicht übertrieben friedfertig sein. Unterdessen hatte der neue Abwehrchef Admiral Canaris am 4. April die ungarische Hauptstadt besucht, um den Kopf ihres Nachrichtendienstes kennen zu lernen. Dabei gewann er die Überzeugung: „Ungarn nehmen auch heute noch fest an, dass wir in einem künftigen Kriege gemeinsam kämpfen.“ In einer Aktennotiz heißt es schließlich: „Allgemein herrscht

Begeisterung und Bewunderung für unser Vorgehen in der Wehrpolitik und Aufrüstungsfrage." Der ungarische Nachrichtendienst, der mit den Italienern Nachrichtenaustausch betreibt, rät Canaris, ebenfalls Kontakt mit ihnen zu suchen. Mittelsmänner schaffen daraufhin den Draht zum römischen Geheimdienstchef Oberst Mario Roatta. Hitler erfreut sich ja auch sonst großer Beliebtheit. Letztes Jahr war schon der Präsident der französischen Frontkämpfer Jean Goy bei ihm und dieses Jahr trifft *Er* eine Abordnung des britischen Frontkämpferbundes. *Last but not least* kommt übrigens auch Unterstaatssekretär William Philips aus den USA zu Gesprächen zum Kanzler.[312] Ja, fragen Sie doch nicht so ahnungslos, ob das den Kritikern im Reich ihr Maul stopft. Was wollen Sie biederen und gläubigen Nachbarn denn noch Gutes antworten, wenn die mit der Zeitung wedeln und Sie angrinsen: Aus den verruchten Demokratien des Westens kommt einer nach dem anderen und macht ihrem Führer seine Aufwartung. Und wenn Sie dann sagen, diese Ganoven fahren genau so nach Moskau und bauen uns gegen die Sowjetunion auf, dann hält man Sie für einen Verschwörungstheoretiker und fertig.

Über 60 Prozent der Arbeiter sind gegen die Nazi-Listen

Als Hermann Göring am 10. April zum zweiten Mal heiraten will, nimmt man das auf der Straße zum wohlfeilen Anlass für diese Kritik: Nach der Trauung fährt Hermann mit seiner Emmy aufs Land. Auf dem Weg fragt sie ihn: „Werden wir uns dort auch vertragen?" Als Hermann ihr erklärt, das sei doch selbstverständlich, sagt Emmy zweifelnd: „Nun, ich dachte nur, du duldest keine Gegenbewegung."[313] Wie repräsentativ sind Witze, die an der überwältigenden Zustimmung zu Hitlers Nationalsozialismus Zweifel anmelden? Im April finden Betriebswahlen statt und die Listen mit den Nazi-Wunschkandidaten werden von sechzig bis siebzig Prozent der Arbeiter abgelehnt.[314] Schauen wir in das Kaufhaus Feldmann in Hof an der Saale. Sechs Vertrauensräte sind zu wählen. Sie werden mit 6:35, 18:23, 13:28, 12:29, 11:30 und 10:31 Stimmen abgelehnt. Für den Abend ist eine Pflichtversammlung für die Belegschaft anberaumt. Da erscheint der Obmann der Deutschen Arbeitsfront DAF von Hof, der Nazi-Bonze Witzgall und raunzt die Mitarbeiter an: „Das Wahlergebnis ist Ihnen bekannt. Der Vertrauensrat wurde von Ihnen abgelehnt. Warum haben Sie das getan?“ Niemand antwortet, denn Herr Witzgall hätte gleich fragen können, wer nach Dauchau will. Nach einigem Schweigen fährt Witzgall fort: „Ich kann unmöglich ein solches Ergebnis nach Berlin melden. Ich ernenne hiermit Klaus Ritter kommissarisch zum Vertrauensrat.“ Damit ist der zweite Geschäftsführer der Vertrauensrat. Dann verkündet diese große Leuchte: „Ich melde hundertprozentige Annahme des Vertrauensrates nach Berlin.“ Alles klar. In der Presse steht danach, Franken stehe mit der Abstimmung wieder an der Spitze.[315]

Auf dem diplomatischen Parkett und am Mikrophon

Mitte April treffen sich Vertreter Englands, Italiens und Frankreichs im italienischen Stresa am *Lago Maggiore*, um erneut die Eigenständigkeit Österreichs zu garantieren. Die Begeisterung der Österreicher für diese Garantie hält sich weiter in Grenzen. Das Versailler Verbot jeglicher Kooperation bleibt ein ernstes Problem. Um sich starker Partner im Osten Europas zu versichern, unterschreibt Frankreichs Premier Pierre Laval am 2. Mai 1935 einen Vertrag über gegenseitigen Beistand mit Moskau, das daraufhin am 16. Mai auch mit Prag so einen Vertrag unterzeichnet. Stalin schließt sich jetzt endgültig der Idee des Systems der kollektiven Sicherheit an. Hinter der außenpolitischen Sicherung des Sowjetreiches tritt für Moskau mit diesem Beschluss die Befreiung der Arbeiterklasse in der Welt in einer allumfassenden Weltrevolution ins zweite Glied der Prioritäten zurück. Wenn eine der vertragschließenden Seiten mit einer Aggression vonseiten eines dritten Staates konfrontiert wird, sollen die jeweils anderen eingreifen. Moskau macht Hilfe jedoch davon abhängig, dass Frankreich in einem Konflikt nicht abseits bleibe. Der Kanzler des Friedens scheint ob dieser Aktivitäten überrascht. Er verkündet daraufhin in Berlin am 21. Mai, dass er die Absicht hat, die Grenzfestlegungen des Versailler Vertrages einzuhalten. Auch in der Anschlussfrage habe er keine bösen Absichten; weder will er Österreich angreifen noch gedenkt er, sich in dessen innere Angelegenheiten einzumischen.[316]

Wenn sein Reich auch die Abrüstungsbestimmungen des Vertrages von Versailles nicht mehr anerkenne, respektiere es doch weiter die Gebietsbegrenzungen des Vertrages und unterwerfe sich auch in Zukunft jenem Vertrag von Locarno.[317] Im Deutschen Reichstag sowie über alle Radios erklärt Adolf Hitler: „Das Blut, das auf dem europäischen Kontinent seit dreihundert Jahren vergossen wurde, steht außer jedem Verhältnis zu dem volklichen Resultat der Ereignisse. Frankreich ist am Ende Frankreich geblieben, Deutschland Deutschland, Polen Polen, Italien Italien usw." Er ist der Frieden auf zwei Beinen: „Was dynastischer Egoismus, politische Leidenschaft und patriotische Verblendung an scheinbaren tiefgreifenden staatspolitischen Veränderungen unter Strömen von Blut erreicht haben, hat in nationaler Beziehung stets nur die Oberfläche der Völker geritzt, ihre grundsätzliche Markierung aber wesentlich kaum mehr verschoben. Hätten diese Staaten nur einen Bruchteil ihrer Opfer für klügere Zwecke angesetzt, so wäre der Erfolg sicher größer und dauerhafter gewesen." Und er deklamiert: „Wenn ich als Nationalsozialist in allem Freimut diese Auffassung vertrete, dann bewegt mich dabei noch folgende Erkenntnis: Jeder Krieg verzehrt zunächst die Auslese der Besten. Da es in Europa aber einen leeren Raum nicht mehr gibt, wird jeder Sieg – ohne an der grundsätzlichen europäischen Not etwas zu ändern – höchstens eine ziffernmäßige Vermehrung der Einwohner eines Staates mit sich bringen können." Er schwingt sich sogar auf zu hintersinnigem Humor, wenn er dem hinzufügt: „Wenn aber den Völkern daran so viel liegt, dann können sie dies, statt mit Tränen, auf eine einfachere und vor allem natürlichere Weise erreichen. Eine gesunde Sozialpolitik kann bei einer Steigerung der Geburtenfreudigkeit einer Nation in wenigen Jahren mehr Kinder des eigenen Volkes schenken, als durch einen Krieg an fremden Menschen erobert und damit unterworfen werden könnten."[318] Wie unglaublich verlogen: Vor den Generälen hat er schon Anfang 1933 argumentiert, um die Ernährung der vorhandenen Bevölkerung auf die Dauer zu gewährleisten, müsse Lebensraum im Osten erobert werden –

dieses Konzept existierte somit bereits zuvor und unabhängig von einem Wunsch nach einer ziffernmäßigen Vermehrung der Bevölkerung. Aber seine Argumentation ist so logisch bestechend und sie wird so emotional vorgetragen, dass man sie ganz einfach glauben muss.

Bloß die ganz hartgesottenen Kritiker verweisen noch immer auf den so ganz anderen Ton in *Mein Kampf*. Was Hitler hier liefert, ist Friedenslogik pur: „Das nationalsozialistische Deutschland will den Frieden aus tiefinnersten weltanschaulichen Überzeugungen. Es will ihn weiter aus der einfachen primitiven Erkenntnis, dass kein Krieg geeignet sein würde, das Wesen unserer allgemeinen europäischen Not zu beheben, wohl aber diese zu vermehren." Ist der Autor dieser Zeilen wirklich derselbe wie der von *Mein Kampf*? „Das heutige Deutschland lebt in einer gewaltigen Arbeit der Wiedergutmachung seiner inneren Schäden. Keines unserer Projekte sachlicher Natur wird vor zehn bis zwanzig Jahren vollendet sein." Auch den Gedanken variiert er zu seiner Verstärkung: „Keine der gestellten Aufgaben ideeller Art kann vor fünfzig oder vielleicht auch hundert Jahren ihre Erfüllung finden. Ich habe einst die nationalsozialistische Revolution durch die Schaffung der Bewegung begonnen und seitdem als Aktion geführt. Ich weiß, wir alle werden nur den allerersten Beginn dieser großen umwälzenden Entwicklung erleben. Was könnte ich anders wünschen als Ruhe und Frieden? Wenn man aber sagt, dass dies nur der Wunsch der Führung sei, so muss ich darauf folgende Antwort geben: Wenn nur die Führer und Regierenden den Frieden wollen, die Völker selbst haben sich noch nie den Krieg gewünscht! Deutschland braucht den Frieden und es will den Frieden!"[319]

Wenn man unter sich ist, fragt man sich: „Was ist paradox?" Darauf gibt man sich sodann die unmissverständliche Antwort: „Dass der Anti-Alkoholiker Hitler das ganze Volk mit seinen Schnapsreden besoffen macht." Viel friedfertiger als Hitler kann man eigentlich kaum noch sein. Hier im Reich läuft der Wohnungsbau auf Hochtouren und gerade eben vor zwei Tagen war das erste Teilstück der Reichsautobahn zwischen Darmstadt und Frankfurt am Main fertiggestellt worden. Abertausende Leute legen auch weiterhin Monat für Monat ein paar Groschen auf die hohe Kante und sind davon überzeugt, bald ein Auto fahren zu können. Freilich sind andere eher der Meinung, dass man es mit der Überzeugtheit auch übertreiben kann, und bringen dieses Wort in Umlauf: Ein begeisterter Nazi, der 20 Kinder für das Vaterland gezeugt hatte, starb an Über-Zeugung. Auch die Parese des rechten Arms ist weiter Gegenstand der Debatten: Wie ist der Hitlergruß entstanden? – Er stammt aus der Vergangenheit. Hitler war früher Maler und Anstreicher. Da hat er immer den rechten Arm waagerecht ausgestreckt und gesagt: „Bis hierhin Öl." Dann hat er ihn zur Höhe gehoben und ergänzt: „Und von da ab geweißelt!"[320]

Das erste Rüstungskontrollabkommen seit dem Krieg

Unterdessen laufen seit Ende März die Verhandlungen zwischen Berlin und London auf Hochtouren. Am 18. Juni liegt das Resultat vor; es wird als Deutsch-Britisches Flottenabkommen unterzeichnet. Die Deutschen waren mit der Maximalforderung angetreten, die Stärke ihrer Seestreitkräfte dürfte 50 Prozent der Stärke der britischen nicht unterschreiten, ein Anspruch, den der Außenminister von Neurath mit dem deutschen Bedürfnis, die Ostsee zu beherrschen, begründet. Selbst wenn man den Führer und sein Regime ablehnt, muss man durchaus einräumen, dass ein militärischer Erfolg der Sowjets und die Angst vor einem möglichen kommunistischen Umsturz im Reich. Der Grund war, warum ursprünglich die Einsetzung Hitlers begrüßt worden war. Im Laufe der Gespräche einigen sich beide Seiten auf 35 Prozent – was jedoch nicht als die letzte Obergrenze festgelegt wird. Das zeugt von Verhandlungsgeschick, denn mehr als 35 Prozent der Produktion britischer Werften können deutsche Werften im Moment gar nicht herstellen. Für die Zukunft wird auch die Parität mit England in dieser Hinsicht nicht ausgeschlossen.[321] Damit erkennt London die Herrschaft der Kriegsmarine über die Ostsee an – das ist aber nicht verwunderlich: Wie sollen die Deutschen sonst die Schiffe der Sowjets versenken? Eine Parität mit der eigenen Kriegsmarine wird London im Leben nicht wirklich zulassen.

Wobei angeblich nicht ganz London mit dem Vertrag mit dem Reich zufrieden sein soll. Ist es die nächste Spielerei auf der Bühne der Londoner Demokraten, dass selbst die im Moment gerade regierende Partei gegen das Abkommen sein soll?[322] Herr Hitler wähnt sich nunmehr seinerseits so seinem Ziel eines deutsch-englisch-italienischen Bündnisses deutlich näher, das er in seinem Buch *Mein Kampf* auf Seite 755 beschrieben hat. Gedämpft werden die relativ hohen Erwartungen Hitlers freilich durch den Verweis der Londoner auf die gerade aufgefrischte *Entente cordiale* mit Paris. Doch der Führer weiß sich Rat, wie er die Engländer nehmen muss. Als es dem Kanzler wieder um die Gleichberechtigung geht, fragt Außenminister Sir John Simon nach der aktuellen Stärke der deutschen Luftwaffe. Hitler denkt kurz nach – aber dann möchte er mal einen Bluff probieren. Er wird ja gleich an der Reaktion sehen, ob seine Gesprächspartner von der Insel wissen, dass er bis dato kaum Flugzeuge besitzt – und sagt zu ihm, Deutschland hätte schon die Parität auf diesem Gebiet erreicht. Die Briten sind geschockt, dann tritt Zweifel in ihre Gesichter. Hitler bewahrt die Ruhe, sie wissen es nicht. In dem Flottenabkommen sieht er den „Beginn einer neuen Zeit" und meint, eine deutsch-britische Kombination werde „stärker sein als alle anderen Mächte zusammen".[323] Unbeirrbar glaubt er an seinen Ostfeldzug gemeinsam mit dem riesigen *British Empire*, doch aus welchem Motiv heraus sollten sie auf der Insel dafür sorgen wollen, dass sich Deutschland auf einmal doch wieder ausbreiten darf, zumal um so gewaltige Ländereien?

Vor den Verhandlungen über das Flottenabkommen im Juni 1935 wurde Minister Ribbentrop vom japanischen Militärattaché in London auf die Untiefen hingewiesen: „Vergessen Sie nie, dass die Briten die schlausten Menschen auf Erden sind, die es in der Verhandlungskunst ebenso wie bei der Manipulation der Presse und der öffentlichen Meinung zur absoluten Meisterschaft gebracht haben."[324] Schade. Genau das hätte man unseren Diplomaten vorm Beginn des Weltkrieges nahebringen müssen. Andererseits kommt der Hinweis rechtzeitig, um nicht schon wieder auf die Schlauberger in London mit ihrer *Balance of Power* hereinzufallen. Aber sie spielen nicht schlecht. Am 19. Juni gibt Eduard VIII. sein Debüt als Pro-Nazi-Kandidat. In einer Rede fordert er Veteranen auf, das Böse des Krieges zwischen England und Deutschland zu begraben. Das bringt stehende Beifallsstürme zwischen *Union Jacks* und *Hakenkreuzfahnen*. Nach dem Flottenabkommen zwischen Großbritannien und dem Reich schließt Frankreich Beistandspakte mit der Sowjetunion und der ČSR ab und weiß offensichtlich nichts von den Londoner Plänen. Sonst würde es sich militärisch wohl kaum kindlich naiv auf Großbritannien verlassen. Die Geschäftspresse in den USA weiß ab 1935, dass der deutsche Wohlstand auf den Kriegsvorbereitungen fußt. Wichtiger noch, sie ist sich der Tatsache bewusst, dass die deutsche Industrie unter Nazikontrolle steht und darauf ausgerichtet ist, der Aufrüstung zu dienen. Die Firma, die in diesem Zusammenhang am häufigsten erwähnt wird, ist das weltgrößte Chemieimperium, die IG Farben, das freilich nicht ohne amerikanisches Startkapital aus der Taufe gehoben worden wäre.[325]

Aussöhnung zwischen Deutschland und Frankreich

Ein bewegendes Ereignis am Abend des 12. Julei 1935 ist die Weihe des deutschen Soldatenfriedhofes Maissémy bei St. Quentin, auf dem mehr als 30.000 Gefallene des Weltkrieges ruhen. Blauer Lavendel überblüht viele Gräber, man sieht Linden überall und rote Rosen, als der deutsche Geschäftsträger Botschaftsrat Dr. Forster die Gedenkstätte weiht. Hans Speidel begleitet ihn in seiner Wehrmachtsuniform. Der Bauführer des Volksbundes Deutscher Kriegsgräberfürsorge beschließt seine Rede mit äußerst festlichen Worten: „Möge hinfort von dieser Stätte des Friedens, die einst blutiger Krieg durchwühlte, der Friedensgeist ausstrahlen, den zwei kampferprobte Völker zu beiden Seiten des Rheins so heiß ersehnen.“[326] Die französischen Behörden und die Bevölkerung beteiligen sich an dem schweren Gedenken und nehmen die Deutschen gastlich auf im Schatten der noch nicht wieder hergestellten gotischen Kathedrale. Vom Rathaus her ist feines Glockenspiel zu vernehmen. Hans Speidel als der Gehilfe des Militärattachés vermerkt, dass sich das Klima in Frankreich in den zwei Jahren seiner Tätigkeit spürbar verbessert habe. 1933 sei er bei seiner Ankunft noch merklich zurückhaltend aufgenommen worden. Beim Abschied von Paris im Herbst '35 empfingen ihn von französischer Seite viele Zeichen echter Kameradschaft.[327] Also hat Hitlers Mummenschanz auf die Menschen in Frankreich auch nicht weniger überzeugend gewirkt als auf jene in Deutschland. Oder glauben Sie, Deutsche wären vielleicht klüger als die Franzosen? Wobei unsere westlichen Nachbarn noch eine demokratische Medienlandschaft haben und selbst dort kann sich kein Außenminister mit seinen Warnungen vor Hitler durchsetzen und bleibt nichts als ein unerhörter Warner in der Wüste. Das fing doch bekanntlich schon mit den Journalisten an.

Du bist Deutschland

Seinen Geburtstag feiert ja jeder irgendwie auf seine Weise. Wie wird es Erich in diesem Jahr handhaben? Am 25. August wird Erich Honecker* auf jeden Fall 23 und das ist schon ein Grund zum Feiern. Manch einer wird in diesen Jahren von fremder Hand ermordet – gerade auch unter den Kommunisten. Jetzt ist er zwar seit geraumer Zeit im französischen Exil, an Mut mangelt es ihm jedoch nicht. Drei Tage nach dem Geburtstag fährt er unter seinem Decknamen Marten Tjaden illegal nach Berlin mit einer Druckerpresse im Gepäck.[328] Witzig, dass Goebbels dieses Jahr die Kampagne „Du bist Deutschland" ins Leben ruft. Da wird sich Erich Honecker sagen, eben drum. Auch ich bin Deutschland, du Vogel.

Der Kanzler des ewigen Friedens Adolf Hitler spricht am 13. September auf den Zeppelinwiesen von Nürnberg vor 100.000 Parteifunktionären und äußert zum Aufbau der neuen deutschen Wehrmacht: „Das ist der Sinn der Neuschöpfung unserer Wehrmacht. Nicht um Angriffskriege zu führen, ist sie entstanden, sondern um unser Volk zu schützen und zu verteidigen, um nicht Deutschland noch einmal in ein trauriges Los verfallen zu lassen, wie wir es hinter uns 15 Jahre lang ertragen mussten. Nicht um anderen Völkern die Freiheit zu nehmen, sondern um unsere deutsche Freiheit zu schützen, deshalb ist sie da."[329] Und natürlich steht auch diese Rede in der Zeitung, anders als folgender Witz über den *VB*. Adolf Hitler und Hermann Göring sind in Zivil unterwegs und betreten in einer sächsischen Stadt ein Restaurant, um zu essen. Göring bestellt sich ein opulentes Mahl. Aber was soll er für Hitler kommen lassen, der ja Vegetarier ist? Kurz entschlossen bestellt er eine Käseplatte, wofür er den Dialekt nachahmt: „Fir den Herrn e Gäseblott." Der Wirt enteilt und kehrt bald mit einer aktuellen Zeitung zurück: „Bitte schön, hier ist der Völkische Beobachter!"[330] Gut getroffen: Das ist ein Käseblatt.

Achteljuden, Vierteljuden, Halbjuden und Juden

Der Sommer '35 kam und geht auch wieder und am 15. September wird ein Reichsbürgergesetz verabschiedet. Es schafft völlig neue Kategorien. Ab heute gibt es Staatsangehörige nach Paragraph 1 sowie Reichsbürger nach Paragraph 2. Nun ist es nicht mehr so einfach ein Reichsbürger zu werden. Reichsbürger wird nur jener „Staatsangehörige deutschen oder artverwandten Blutes, der durch sein Verhalten beweist, dass er gewillt und geeignet ist, in Treue dem deutschen Volk und Reich zu dienen."[331] So ist das jetzt, denn so steht es in § 2, Abs. 1 des Gesetzes. Mathilde hält sich immer an die Gesetze und da sie ihren Ariernachweis in der Tasche hat, hat sie damit auch gar kein Problem, bleibt sie doch nach § 2, Abs. 3 des Gesetzes „alleiniger Träger der vollen politischen Rechte" im Reich, wenn sich diese vollen politischen Rechte auch in engen Grenzen halten. Andere beantworten das, was neuerdings in Deutschland so *rechtens* ist, bzw. was es zu Recht erklärt, was Herr Hitler für Recht gesprochen hält, eine Wortschöpfung, die erst 1934 nach dem blutigen Sommer entstand, mit Spottversen wie diesem hier: Ein nationalsozialistischer Kaufmann kommt geschäftlich in die Schweiz. Als er an einem schönen neuen Gebäude vorbei geht, fragt er seinen Schweizer Geschäftspartner, was das wohl für ein Haus sei. Jener erklärt: „Das ist unser Marineministerium." Da will der Nazi wissen: „Wozu braucht ihr wohl ein Marineministerium mit euren paar Rheinschiffen?" Da entgegnet der Schweizer: „Und wozu braucht ihr in Deutschland ein Justizministerium?"[332]

Wesentlich schlechter als für Mathilde sieht es für Hildegard aus. Sie ist eine richtig gute Sportlerin und besiegt jede Gegnerin in allen möglichen Disziplinen. Doch mit jenem neuen Gesetz ist es damit eben leider nicht mehr getan. Hildegard Hamm-Brücher* bekommt das richtig schnell zu spüren.[333] Als Jüdin darf sie jetzt auf einmal nicht mehr an Wettkämpfen teilnehmen und darf auch nicht mehr mit ihrer Klasse auf Klassenfahrt. Das schärft ihre Wahrnehmung der Gesellschaft, in der sie lebt. Soll sie lachen oder weinen, wenn sie dieses Rätsel hört: Mit „a" hat's jeder, mit „i" ist es nicht jeder. Sie haben Recht: Einen Arsch hat jeder, arisch hingegen ist nicht jeder.[334] So kann man es gewiss auch sagen. Der folgende Witz drückt es noch drastischer aus: Ein junges Paar kauft mit dem Ehestandsdarlehen Möbel ein und behält 30 Reichsmark übrig. Der Verkäufer empfiehlt, dafür Bilder von Göring, Goebbels und von Hitler zu kaufen, was auch geschieht. Dann entdecken die jungen Leute, dass bei dem Hitlerbild der Haken fehlt. Da sagt der Verkäufer beschwichtigend: „Das macht doch nichts. Dann hängen Sie nur Göring und Goebbels auf und stellen den Hitler an die Wand!"[335]

Ergänzt wird das Reichsbürgergesetz durch das Gesetz zum Schutze des deutschen Blutes und der deutschen Ehre und das Reichsflaggengesetz. Mit dem Letztgenannten wird die Hakenkreuzfahne zur Nationalflagge. Werden wir Schwarz-Rot-Gold irgendwann noch einmal wieder sehen? Der Kanzler erläutert dazu bei seinem neuesten Auftritt, damit solle eine „Dankesschuld an die Bewegung"[336] abgetragen werden. Als Franz etwas von einer Dankesschuld hört, lacht er schallend los. Erst vor kurzem hat er den hier aufgeschnappt: Ein Nazi unterhält sich mit seinem Freund, der ein Kritikaster ist. Als der Kritikaster einen politisch abfälligen Witz erzählt, sagt der Nazi: „Das ist Unrecht von dir, so über uns zu spotten, wo wir doch vier Millionen Arbeitslose in Arbeit gebracht und Deutschland wieder in lichtere Höhen geführt haben." Da ruft unser Kritikaster: „Halt! Den Witz habe ich nicht gemacht."[337] Vielleicht meint der Nazi mit seinen Arbeitsplätzen ganz und gar solche kruden Billiglohngeschichten wie den Reichsarbeitsdienst. Deshalb hört man auch, wenn man in die richtige Kneipe geht: Was ist Klassenkampf? – Wenn einer sich wehrt, wenn der andere ihn auszieht! – Und was ist die nationalsozialistische Volksgemeinschaft? – Wenn der Ausgezogene sich nicht wehrt, sondern „Heil Hitler!“ schreit.[338]

Als diese Gesetze in Vorbereitung waren, konnte man die Spannung im Haus des Innenministeriums buchstäblich mit den Händen greifen. Das Gesetz war unter den gegebenen Umständen nicht mehr zu verhindern. Was konnte man jetzt noch retten? Die Bischöfe wurden durch ihren V-Mann im Ministerium, den 36-jährigen Düsseldorfer Hans Josef Maria Globke auch über jenen geplanten Großangriff auf die Rechte der Juden informiert. Als er vor ein paar Monaten aus dem Ministerium in die freie Wirtschaft wechseln wollte, hatten sie ihn glücklicherweise gebeten, um Gottes willen zu bleiben, wo er ist. Jetzt ist Hans Globke* wieder einmal der Mann der Stunde. Der streng gläubige Katholik soll zusammen mit seinem Vorgesetzten Stuckart einen Kommentar zu diesem Gesetzestext abfassen, der möglichst viele Menschen aus dem Geltungsbereich dieses Gesetzes heraushält.[339] Seltsam klingt es schon, was Max und Moritz da hervorbringen, mit Halbjuden und Vierteljuden und was nicht noch so alles, aber ihr Produkt wird überraschend schnell vielen Menschen das Leben retten. Der Berliner Bischof Graf Preysing bezeugt, dass eben der Hans Globke den Bischöfen von Plänen der Naziführung berichtet, Ehen zwischen Christen und Juden zwangsweise scheiden zu lassen. Dadurch können die Bischöfe rechtzeitig intervenieren und das Unheil abwenden. „Eine Zeit hindurch“, schrieb Bischof Preysing* „mussten wir Herrn Dr. Globke fast täglich in Anspruch nehmen.“ Stets habe er den Bischöfen in opferbereiter Weise zur Verfügung gestanden.[340] Theodor Eschenburg – ein Staatsrechtler, erklärt, Dr. Globke sei Trauzeuge einer Ehe zwischen einem „Arier“ und einer „Halbjüdin“ gewesen, die durch Globkes Hilfe zustande gekommen ist. „Er hat sehr mutig und sehr vielen geholfen.“[341] Das wird man später im Geschichtsbuch lesen: Der Hans Globke ist uns allen ein leuchtendes Vorbild. Er hat gezeigt, man konnte etwas tun! Es müsste nachdenklich stimmen, wenn das dort nicht ausführlich und mit allen Hintergründen geschrieben würde.

Es gibt ganz sicher auch Deutsche, die sich den Schuh mit der besseren Rasse anziehen, aber mancher ist nicht so unbedingt überzeugt von den fanatischen Rassevorstellungen, die sich in den Gesetzen widerspiegeln. In scharfen Witzen äußern Kritiker dieser Vorstellungen ihre Meinung. Einer bezieht sich auf das Hetzblatt *Der Stürmer*, das es in diesem Jahr doch wieder geben darf: Eines Tages fällt ein Schäferhund einen Juden an. Es gibt einen Menschenauflauf, da sich der Jude nur mit Mühe des bissigen Tieres erwehren kann. Am nächsten Tag erscheint ein Artikel in Streichers *Stürmer*: „Jüdischer Untermensch beißt deutschen Schäferhund." Ebenso trefflich ist auf jeden Fall auch dieser Spruch des Tages: Ein SA-Mann versucht einen Juden zu provozieren: „Sag mal, Jude, wer trägt die Schuld daran, dass wir den Krieg verloren haben?" Er kriegt die Antwort: „Die jüdischen Generäle, denke ich." - „Gut, gut", sagt verblüfft der SA-Mann und fügt nach einigem Grübeln hinzu: „Aber wir hatten ja gar keine jüdischen Generäle!" Und darauf sagt der Jude: „Wir nicht – aber die anderen!"[342]

Was tut sich außerhalb Deutschlands?

Am 3. Oktober 1935 marschieren italienische Truppen in Äthiopien ein. England mobilisiert den Völkerbund. Etwa 50 Mitgliedsstaaten erklären Italien zum Aggressor und verhängen zur Strafe ein Embargo und Sanktionen. London will das Embargo noch durch einen Erdöllieferstopp ergänzen, doch Frankreich kann das verhindern, um Italien nicht ganz zu verlieren, da man Italien wie England zur Verhinderung einer deutschen Übermacht auf dem Kontinent benötigt.[343] England hegt und pflegt derweil Mackinders Vorstellungen davon, wie man Deutschland gerade zur Führung eines noch ruinöseren Krieges befähigen kann. Umgekehrt ist Deutschland auf seine strikte Neutralität bedacht, um sein Bündnis mit England nicht aufs Spiel zu setzen. Mussolinis Abenteuer gefährdet jetzt Hitlers Strategie, Engländer wie auch die Italiener zu Bündnispartnern zu machen, was ihn jedoch nicht davon abgehalten hatte, den Freiheitskampf der Afrikaner gegen die Italiener noch im Sommer des Jahres mit streng geheimen Waffenlieferungen zu unterstützen. Es dauert eine Zeit, bis er die Linie ändert, um Rom aus der Stresa-Front herauszubrechen. Hitler bietet Italien vier Millionen Tonnen deutscher Steinkohle an, die die eingefrorenen Lieferungen aus England erst einmal ersetzen sollen. Er hofft wohl, er kann Italien so gewinnen ohne England zu verlieren.[344]

Auf der Straße lächeln die Leute ob des Führers Großmachtdiplomatie: Hitler besucht eine Irrenanstalt. Er fragt einige Kranke, ob sie wüssten, wer er sei. Als sie verneinend den Kopf schütteln, erklärt er theatralisch: „Ich bin Adolf Hitler, der Führer. Ich bin sehr mächtig, fast so wie der liebe Gott." Die Kranken schauen sich mitleidig an. Einer klopft ihm auf die Schulter und sagt: „Ja, ja, so hat es bei uns auch angefangen."[345]

Machen wir jetzt einen Abstecher nach Kunzewo bei Moskau. Dort tagt im Oktober 1935 zwei Wochen lang die Führung der illegal gewordenen Kommunistischen Partei Deutschlands. Zur Tarnung war sie unter dem Namen Brüsseler Parteikonferenz vorbereitet worden. In Kunzewo wird eine Taktik des Trojanischen Pferdes zur offiziellen Parteilinie erhoben. Kommunisten sollen in Nazi-Massenorganisationen eintreten. Man hat endlich verstanden, dass man nur von oben aus putschen kann.[346] Zum Teilnehmerkreis jener Tagung zählen die Genossen Wilhelm Pieck, 59, Franz Dahlem, 43, Walter Ulbricht, 42, Anton Ackermann, 29, und der Herbert Wehner*, 29. Jetzt sucht auch die KPD den Kontakt zu regimefeindlichen Kreisen im Militär, wie zum Beispiel zu Generaloberst Kurt von Hammerstein-Equord oder zu Generaloberst Werner Freiherr von Fritsch. In Denkschriften verdeutlichen sie die Haltung der Arbeiter aus kommunistischer Sicht. Umgekehrt ist für oppositionelle Männer in der Wehrmacht die Verbindung mit den Arbeiterführern von Bedeutung; sie möchten sich so der Arbeiter bei einem Umsturz versichern.[347] Die Sorge der Generäle besteht darin, an den Stammtischen könnte sich wie früher wieder eine Dolchstoßlegende einnisten, wenn sie ihren Kanzler hinwegputschen, der für Millionen Arbeit, Brot und Frieden brachte.

1935

287 Schultze-Rhonhof (2007), S. 318
288 Hirche (1964), S. 76
289 Höhne (1976), S. 171
290 Ebd., S. 171f.
291 Schultze-Rhonhof (2007), S. 96f.
292 Wolf (2003), S. 210f.
293 Frederik (1969), S. 105f.
294 Schultze-Rhonhof (2007), S. 136
295 Ebd., S. 96-99
296 Fest (1991), S. 670f.
297 Falin (1995), S. 39
298 Bülow (1916), S. 25
299 Höhne (1976), S. 180
300 Galland (2007), S.33
301 Höhne (1976), S. 180
302 Ebd., S. 181
303 Ebd., S. 180f.
304 Ebd., S. 181
305 Ecke (1990), S. 78
306 Preparata (2011), S. 315
307 Ebd., S. 331
308 IMN (1948), Band XXI, S. 505
309 Ebd., S. 505f.
310 Hirche (1964), S. 77
311 Wikipedia (2018), Wilhelm Niklas [online]. Verfügbar unter http://de.wikipedia.org/wiki/Wilhelm_Niklas [20.06.18]
312 Höhne (1976), S. 182
Hoffmann (1970), S. 34f.
Schmidt (1949), S. 336
313 Hirche (1964), S. 81
314 Fest (1991), S. 598
315 Kranig (1984), S. 68
316 IMN (1948), Band XXII, S. 483 und 491
317 Ebd., S. 522
318 Hofer (1982), S. 178f.
319 Ebd., S. 179
320 Hirche (1964), S. 85 und 96
321 Falin (1995), S. 40
322 Dokumente (1948), Band 1, S. 30
323 Fest (1991), S. 673f. und 676
324 Preparata (2011), S. 315
325 Ebd., S. 316
Sutton (2008), S. 24f.

1935

326 Speidel (1977), S. 64
327 Ebd., S. 67
328 Wikipedia (2018), Erich Honecker [online]. Verfügbar unter https://de.wikipedia.org/wiki/Erich_Honecker [20.06.18]
329 Schultze-Rhonhof (2007), S. 318
330 Hirche (1964), S. 92
331 Ecke (1990), S. 103f.
332 Hirche (1964), S. 106
333 Deutschlandfunk (2018), Wir haben eine Parteienoligarchie und keine Parteiendemokratie. Hildegard Hamm-Brücher genießt noch immer große Anerkennung im In- und Ausland [online]. Verfügbar unter http://www.dradio.de/dlf/sendungen/zeitzeugen/1380969/ [20.06.18]
334 Hirche (1964), S. 69
335 Ebd., S. 92
336 Ecke (1990), S. 104
337 Hirche (1964), S. 115
338 Ebd., S. 105
339 Strauß (1989), S. 154
340 Ramge (2003), S. 54ff.
Vgl. Strauß (1989), S. 154
341 Ramge (2003), S. 54
342 Hirche (1964), S. 134
343 Schultze-Rhonhof (2007), S. 137f.
344 Fest (1991), S. 679
Schultze-Rhonhof (2007), S. 137f.
345 Hirche (1964), S. 95f.
346 Steinbach & Tuchel (1994), S. 117
347 Ebd., S. 161

Krieg für den Frieden

Im Januar 1936 wird Michail Nikolajewitsch Tuchatschewski, der junge und prominente Marschall der Sowjetunion zusammen mit dem Außenminister Litvinov nach London geschickt. Am Rande der Trauerfeier für König George V. soll er sich mit Vertretern des britischen Generalstabes treffen und ihnen anbieten, gemeinsam mit Moskau in einem Präventivkrieg das Nazi-Regime zu beseitigen. Er erinnert die Briten daran, dass die Waffenproduktion noch immer hinter der Frankreichs und der ČSR hinterherhinkt und verweist auf die eigene Produktion an Kampffliegern und Panzern sowie Geschützen, die mit einer Luftbrücke über Polen und Rumänien hin in Deutschland zum Einsatz kommen könnten. Daran ist London nicht interessiert und lanciert die Lüge in die Öffentlichkeit, der Russische Bär hätte die Stärke seiner Roten Armee übertrieben.[348] Ob es Paris ist oder Moskau, sie wollen es einfach nicht verstehen: London will eben den Krieg herbeiführen, den sie auf dem Kontinent unbedingt verhindern möchten. Aber eines muss man zugeben: Wer wird denn diesen noblen Herren in ihrem teuren Zwirn beim *five-o'clock-tea* zutrauen, sie seien die Strippenzieher hinter den Verbrechern in Deutschland? Wobei die Verbrecher ohne die Strippenzieher heute noch arbeitslos wären.

Unter den fünf Olympischen Ringen

Der große Höhepunkt des Jahres werden die Olympischen Spiele, die im Deutschen Reich stattfinden, nachdem die bereits angesetzten Spiele im Jahr 1916 durch den Ausbruch des Weltkrieges ausgefallen waren. Jetzt ist es endlich soweit und vom 6. Februar an messen 646 Teilnehmer, die meisten von ihnen sind Männer, ihre Kräfte für zehn Tage in Garmisch-Partenkirchen, das nun schon seit Jahren darauf vorbereitet wurde. Am Rand der Spiele wird auch für Kurzweil außerhalb der Schanzen, Loipen und Abfahrtshänge gesorgt. Es ist nicht zu wenig Prominenz vor Ort. So kommt es zu einem Zusammentreffen von Dr. Hans Bernd Gisevius mit Reichspropagandaminister Dr. Joseph Goebbels im Garmischer Eibsee-

Joseph Goebbels

Hotel. Nun trifft man so hohes Volk auch nicht täglich und außerdem ist die Atmosphäre relativ aufgelockert, als ein Magier seine Zauberkünste vorführt, so dass Gisevius meint, er solle die Möglichkeit beim Schopfe packen und den Minister anschließend in eine politische Diskussion verstricken. Erst hinterher denkt er darüber nach, was ihn zu diesem Unfug veranlasst hatte: „Vielleicht war ich selber verhext, vielleicht dachte ich nur, so schnell kommst du mit ihm nicht wieder in ein Gespräch, jedenfalls zögerte ich nicht, ihn über die wahre Volksstimmung aufzuklären." Er denkt wohl, jetzt könne er mal so richtig auspacken. Also fängt er an mit seinem Steckenpferd, der Gestapo, und verbreitet sich dann über die Eintönigkeit der deutschen Presse. Weiter kommt er freilich nicht mehr. Goebbels wird fuchsteufelswild und Dr. Gisevius hat Glück, dass in der Nähe Wolf-Heinrich Graf von Helldorff sitzt. Es ist paradoxerweise der Chef der Berliner SA, der ihn vor heillosem Ärger bewahrt. Vielleicht ist es Ihnen ja noch in Erinnerung: Bei der Gestapo hatte Gisevius nach der Studentenzeit einst seine Berufslaufbahn begonnen, bis er bemerkte, in was für eine gesetzlose Einrichtung diese Gestapo umgewandelt werden sollte. Im Anschluss ist es Dr. Goebbels, der das Wort ergreift und nicht mehr abgibt. Gisevius hockt leicht erschrocken in seinem Sessel und erlebt, wie ein wilder Redestrom über ihm niederprasselt. Goebbels redet auf ihn ein, als wäre er eine tausendköpfige Massenversammlung. Seine Augen sprühen, sein Gesicht ist verzerrt. Was er im Einzelnen sagt, kann Gisevius so schnell nicht feststellen. Er selbst sagt später, dazu sei es zu viel der Rabulistik gewesen. Die ganze braune Litanei musste er sich anhören. Doch er sagt auch, er habe dabei viel hinzugelernt, ja, er hat seine Beurteilung von Goebbels revidieren müssen. Bis dahin hatte er sich wie viele andere auch in der landläufigen Annahme bewegt, dieser Mann sei verlogen. Seit diesem Abend beschäftigt ihn die erregende Frage, ob es nicht Goebbels – mindestens zuweilen – wirklich glaubt, was er da sagt. Die ganze Art, wie er ihn zu überzeugen oder eher zu überreden suchte, war so verblüffend, dass er sich nicht wundern würde, wenn dieser bemerkenswerte Propagandachef an einem weißgedeckten Abendtisch im vollen Ernst versicherte, das blaue Tischtuch habe gelbe Sprenkeln. Wer weiß, fragt sich Gisevius, ob nicht letzten Endes von dem Sammelsurium von Goebbels' Lügen nur das eine wahr bleibt, nämlich dass Goebbels an sie jeweils selber geglaubt hat. Wohlgemerkt jeweilig! Aber irgend etwas muss dieser Fanatiker selbst „glauben". Seine Einbildungskraft ist derart übersteigert, dass jedwedes Unterscheidungsvermögen zwischen richtig und falsch, wahr oder unwahr, in dem Wuste seiner Phrasen untergeht. Gisevius fragt sich, wie es anders möglich wäre, dass dieser Teufel sonst solch eine unheimlich suggestive Wirkung ausüben kann.[349] Am Rande: Was die perfekte Organisation der Olympischen Spiele angeht, so muss man wissen, dass es in einer Staatsform, wie Hitler sie sich gebastelt hat, auch nicht schwer ist, die vorhandenen Mittel auf ein Ereignis wie dieses hier in Garmisch-Partenkirchen oder im Sommer in unserer Hauptstadt Berlin zu konzentrieren. Aber wie sieht es anderswo im Reich aus?

Es rumort hinter den Fassaden des Dritten Reiches

Die ersten hundert Tage hat eine Regierung ja Schonzeit, da kann so ein Apparat zeigen, was er kann. Diese Frist ist längst verstrichen. Jetzt sind die Experten in allen Belangen schon geschlagene drei Jahre mächtig, so dass es nicht zu viel verlangt ist, zu erfahren, was da erreicht wurde. Die Zeitungen überschlagen sich in ihren Erfolgsmeldungen, aber wie sieht man die Geschichte im einfachen Volk? Hinter der vorgehaltenen Hand sagt man: „Hitler braucht eine Brille, denn er ist kurzsichtig geworden. Er hat dem Mittelstand unter die Arme greifen wollen und hat ihn dabei am Hals erwischt."[350] Schön, dass wir darüber einmal gesprochen haben. Und der trifft es auch: Hitler träumt einen schweren Traum. Er sieht sieben fette und sieben magere Kühe sowie einen armen und einen blinden Mann. Er geht zur Traumdeuterin und bittet sie, ihm den Traum zu erläutern. Die Antwort lautet: „Die sieben fetten Kühe sind Ihre Minister, die sieben mageren Kühe Ihre SA; der arme Mann ist das deutsche Volk, der blinde Mann sind Sie selbst."[351] Und in den Dörfern? Wie wird denn die Entwicklung der Landwirtschaft wahrgenommen? „Warum ist Darré Reichsminister für Landwirtschaft und Ernährung geworden?" Die Erwiderung geht so: „Weil er ein Wunderknabe ist. Er verstand schon mit fünf Jahren von Landwirtschaft so viel wie heute!“[352] Die Befähigung des Mannes wird in folgenden Worten schön verdeutlicht: „Für das Bauerntum gibt es keine größere politische Realität als die Frage des Blutes.“[353] Bei so viel Sachverstand ist es nicht erstaunlich, dass man sowas erzählt: Der Lehrer hatte den Schülern ein Aufsatzthema über die Juden bei uns gestellt. Der kleine Fritz schreibt: „Die Juden wollten Deutschland aussaugen. Aber Adolf Hitler ist ihnen zuvorgekommen.“[354]

Öffentlich hört man Kritik, wenn überhaupt, nur noch in der Kirche. An dieses heiße Eisen traut sich die braune Fraktion noch immer nicht ran. Man kann sich ja auch an den Fingern einer Hand ausrechnen, was hier passieren würde, wenn sich die Nazis an den Kirchen vergriffen. Und ein Pfarrer, ob katholisch oder evangelisch, ist eben wichtiger als ein neuer Bürgermeister. Da kann der Reichsbischof reden, wie er will; es ist doch wohl entscheidend, was der Pfarrer im eigenen Dorf sagt. Vor allem die katholischen Jugendverbände im Reich entziehen sich diesem extremen Gleichschaltungsdruck. Sie führen Wanderfahrten und Heimabende mit ihren Mitgliedern durch, sie gestalten Bibelkreise und schaffen für ihre Teilnehmer eine eigene Welt, die frei ist von der Nazi-Propaganda.[355]

Einer, der die Freiheit in der Unfreiheit ausschöpft, ist Wolfgang Vogel*. Die Familie des 10-Jährigen wohnt in Schlesien. Er tritt nicht jetzt und nicht später der Hitlerjugend bei. Das muss einer durchstehen. Täglich. Das prägt einen Menschen. Die Leute lassen ihre Kirchen nicht mit der Nazifahne *schmücken*. Nein, nein und nochmals nein. Der Flaggenstreit mündet „1936/37 in Schulstreiks und regelrechte Volkserhebungen“,[356] als die Nazis im Reich versuchen, das Kreuz aus den Klassenzimmern in unseren Schulen zu entfernen. Später werden es Historiker hoffentlich zu würdigen wissen, dass alte und junge Leute im Deutschen Reich den Zuständen im Lande kritisch gegenüberstehen und nicht die glänzenden Augen von Marktweibern oder die Filme der schönen Leni Riefenstahl zum Maßstab der Dinge machen – zumal die Weiber mit den entrückten Blicken auf ihren Friedenskanzler gar keinen Einblick in die Planungen einzelner Häuser in Berlin haben und genauso wenig Möglichkeiten, die

Entwicklung unter den Umständen dieser Diktatur zu beeinflussen. Man kann nur hoffen, dass sie es würdigen werden, dass viele Leute im Land mutig genug sind, den Gruß „Heil Hitler“ zu verweigern und sich weiter wie normale Menschen bewegen. In den Betrieben zum Beispiel hat der Nazigruß kaum eine Chance.[357] Der deutsche Arbeiter hat seine Hand an der Werkbank und nicht in der Luft. So ein alter Arbeiter ist natürlich in jeder Hinsicht eine Herausforderung. Einem knorrigen alten Bock kann man nicht nach Lust und Laune vorschreiben, was und wie er vielleicht wann und wo zu machen und zu lassen hat. Das mag ihn den gebüldeten Leuten dumm erscheinen lassen; aber er ist eher als die schlauen Leute gefeit gegen solchen tagesmodernen Krempel wie unmotiviertes Heben der einen Pranke, wenn irgendjemand gerade vorbeikommt. Hören Sie *den* Spruch und Sie wissen, wie es manche Leute sehen: Göring besucht eine Irrenanstalt. Die Kranken sind tagelang nur darauf gedrillt worden, dass sie stramm stehen und mit „Heil Hitler“ grüßen. Es klappt prächtig, die Kranken rufen „Heil Hitler“ und stehen in strammer Haltung mit gerecktem Arm da. Nur ein einziger Mann sitzt in der Ecke und kümmert sich offensichtlich nicht um den ganzen Zauber. Göring geht auf ihn zu und fragt: „Warum grüßen Sie nicht?“ Darauf meint der Angesprochene: „Ich bin der Wärter, ich bin doch nicht verrückt!“[358]

Jugendliche bilden Cliquen wie die Leipziger Meuten oder die Edelweißpiraten, die Kittelbachpiraten oder die Hamburger Swings. Sie wollen in das Schema der Staatsjugend einfach nicht hineinpassen. Da gibt es den Christlichen Verein Junger Männer (CVJM) sowie die Deutsche Jungenschaft vom 1. 11. 1929 „dj.1.11.“, den Bund Nordeutschland oder die Südlegion; die katholischen Sankt-Georgs-Pfadfinder, die Sturmscharen, die Schwarze Front, die Bündische Front oder auch die Schwarze Schar. Die Gruppen bekommen überall im Reich in dem Ausmaße mehr Zulauf, wie die Hitlerjugend stärker militaristisch wird. Damit will auch viel junges Volk nach dem Weltkrieg nichts mehr zu tun haben.[359]

Reinhard ist ein Jungchen von zwölf Jahren. Er ist einer der Söhne von Max und Emma Leube in Reichmannsdorf. Jahre später erinnert er sich bewegt: „Mit dem politischen Umbruch 1933 wurden Weichen gestellt, die unsere Nation direkt ins Verderben lenkten. Als das Volk den neuen Herrschern zujubelte, waren wir noch Kinder, und so prägte mich diese Zeit nachhaltig. Frühzeitig geriet ich in einen Zwiespalt. Mein sozialdemokratisches Elternhaus lehnte das an die Macht gekommene Regime ab. Schule und Hitlerjugend verlangten von mir, der neuen Ideologie bedingungslos zu folgen; und das, obwohl uns diese Institutionen – aus heutiger Sicht betrachtet – gnadenlos und systematisch auf einen Krieg vorbereiteten, der ohne den Endsieg nicht vorstellbar war.“[360] Reinhards Eltern gelingt es nicht, den Jungen von der HJ fernzuhalten. Mag schon sein, dass das für Eltern in Städten etwas leichter ist als auf dem Lande. In Krefeld sind „zum mindesten 30 Prozent der Hitler-Jugend geheime Edelweiß-Mitglieder“.[361] Sind es woanders weniger oder noch mehr? Es ist ja unwahrscheinlich, dass es überall im Reich präzise 30 Prozent der Jugendlichen in der Hitler-Jugend von der Hitler-Jugend wegtreibt. In größeren Städten zum Beispiel dürfte ihr Anteil höher liegen. In Dörfern hat man es schwerer; da kennt jeder jeden und da ist der Druck größer.

Die staatlichen Medien wehren sich mit ihren Mitteln. Schon 1935 stand z. B. in der Zeitschrift *Wille und Macht*: „Wir können die Drahtzieher erkennen, wenn wir uns das Brauchtum dieser Gruppen näher betrachten. Da werden russische Lieder gesungen, Klampfe spielen ist spießerhaft, man singt nur noch zur russischen Balalaika. Man schläft nicht mehr auf Fahrt im Zelt, sondern hat sich längst die Kohte angeschafft.“ In diesem Artikel folgt der Hinweis, dass sich die Fahrten der Gruppen ausnahmslos nach Osteuropa erstreckten. Weiter heißt es, russische Tänze und die russische Geschichte belebten die Gruppenabende. Alles beginne mit einem Heimatabend, auf dem Tee, sitzend auf weichen Kissen, getrunken werde. Russische Lieder erschallten und am Ende stehe immer die Einladung nach Russland. Der Autor jenes Artikels bringt auch eine zeitlose Kritik an: „Wir kennen sie alle, diese Jammergestalten mit langen Haarschöpfen, bleichen Gesichtern, zumeist feminin und mit der allzu kurzen Hose. Man sieht sie in Klübchen zu zwei und drei in den großen Städten »herumlatschen« oder auf Radtour auf den Landstraßen.“[362] Wäre aber die Anzahl ihrer Anhänger klein, kämen sie kurzerhand ins nächstbeste KZ und nicht in die Zeitung. Es ist doch umgekehrt. Massenhaft haben sich die Cliquen ausgebreitet,[363] und bei den Erwachsenen hat die „sich ausdehnende *Vereinsmeierei*, d. h. das zahlenmäßige Anwachsen kleiner Kreise, die philosophische oder religiöse, künstlerische oder zwischenstaatliche Probleme erörterten",[364] bereits vor Jahren begonnen. In den Schaufenstern der Buchläden wird – wie kaum anders zu erwarten – das offizielle Schrifttum der Partei breit ausgelegt, das wirkliche Geschäft jedoch geht andere Wege und bietet dem Käufer Ware, notfalls *unter dem Ladentisch*, die nicht den Stempel der Gleichmacherei und staatlich verordneter Langeweile trägt.[365]

Anzumerken bleibt noch, dass Dr. Goebbels verständig genug ist, um die Gleichschaltung nicht zu übel zu treiben. Man darf sich von der Medienlandschaft keine falschen Vorstellungen machen. Schauen Sie hinein in die Zeitungen. Es gibt hier nicht nur diese Tiraden staatlich geförderter Publikationen. In anderen Gazetten wird beileibe nicht versucht, unser ganzes Volk zu national-sozialistischen Ideen zu bekehren. Dort geht es vielmehr darum, den Bürgern eben gerade durch die Medien eine heile Welt vorzuspiegeln. Goebbels hat die bürgerlichen Zeitungen nicht etwa verboten und man kann noch nicht einmal sagen, dass er sie nazifiziert hat. Die meisten alten Redaktionen der großen bürgerlichen Zeitungen schreiben, wie sie immer geschrieben haben und genau so passt es dem Herrn über die Propaganda auch in den Kram. Es gibt im Dritten Reich durchaus eine Art Pressevielfalt. Der Zeitungsleser hat hier durchaus die Wahl, die Dinge so dargestellt zu sehen, wie er sich das wünscht und gemäß seiner Stimmungslage weiter bedient zu werden.[366] Wer könnte das glaubhafter versichern als Sebastian Haffner*, der auch nicht gleich dem Bösen zugerechnet werden darf, bloß weil er noch immer im Deutschen Reich ausharrt und auf das Ende hofft. Wegen seiner jüdischen Frau ist seine Geduld aber jetzt auch erschöpft und er verlässt das Reich. Auch er musste erst persönlich betroffen sein, um diese Konsequenz zu ziehen.

Hitler bekommt das Rheinland zugeschanzt

So ein Politiker andererseits steht stets unter einem Erfolgsdruck. Hat er sich erst einmal aus der Masse herausgehoben und zur Ausübung eines besonderen Amtes bereit gefunden, sieht die Masse natürlich neugierig zu, was er denn unternimmt, um die Versprechungen wahr zu machen, für die er gewählt wurde. Als der Winter vorbei ist, hat Hitler am 7. März 1936 eine neue Sensation – diesmal heißt die Wochenendüberraschung: Einmarsch in die entmilitarisierten Rheinlande. Natürlich ist es nur eine „symbolische" Besetzung.[367] Eingeleitet wird die Aktion mit der Verkündung eines deutschen Friedensplanes, gerichtet an Regierungen anderer europäischer Staaten.

Die *Kölnische Zeitung mit Handelsblatt* bietet dem verehrten Publikum die Worte des Kanzlers vor dem Reichstag zu dem *Coup* am Sonnabend in einem durchaus längeren Vorabdruck an: „Als in den grauen Novembertagen des Jahres 1918 der Vorhang über das blutige Trauerspiel des großen Krieges herabgelassen wurde, atmeten Millionen von Menschen in der ganzen Welt auf. Gleich einem Frühlingsahnen ging über die Völker die Hoffnung, dass damit nicht nur eine der traurigsten Verwirrungen der Menschheitsgeschichte ihren Abschluss gefunden, sondern dass eine fehlerhafte und deshalb unheilvolle Zeit ihre geschichtliche Wende erfahren hatte. Durch alles Kriegsgeschrei, durch wilde Drohungen, Anklagen, Verwünschungen und Verurteilungen hatten die Auffassungen des amerikanischen Präsidenten die Ohren der Menschheit erreicht, in denen von einer neuen Zeit und einer bessern Welt die Rede war. In zusammen 14 Punkten wurde den Völkern ein Ausblick gegeben für eine solche neue Völker- und damit Menschheitsordnung." Das sind Worte, die man liebt. „Und darin lag das Verzaubernde dieser Thesen, dass sie mit unbestreitbarer Großartigkeit versuchten, dem Zusammenleben der Völker neue Gesetze zu geben und es mit einem neuen Geist zu erfüllen, aus dem heraus dann jene Institution wachsen und gedeihen könnte, die als Bund aller Nationen berufen sein sollte, die Völker nicht nur äußerlich zusammenzuschließen, sondern vor allem innerlich einander näher zu bringen in gegenseitiger Rücksichtnahme und in gegenseitigem Verstehen.“ Die Worte überwältigen: „Kein Volk ist der Zauberkraft dieser Phantasie mehr verfallen als das deutsche. Es hatte die Ehre, gegen eine Welt kämpfen zu müssen, und das Unglück, in diesem Kampf zu unterliegen. Es war aber als Unterlegener belastet mit der Fluch der Verantwortung für ein Ringen, das dieses Volk weder geahnt noch gewünscht hatte. Das deutsche Volk glaubte an diese Thesen mit der Kraft eines an sich und der Welt Verzweifelnden. Es begann damit seinen Weg in seine leidvollste Zeit. Wir alle sind viele Jahre hindurch Opfer dieses phantastischen Glaubens und damit Objekte der entsetzlichen Folgen gewesen.“ Aber weinen will er nicht: „Es ist nicht der Zweck dieser Ausführungen, dieser furchtbaren Enttäuschung Ausdruck zu verleihen, die unser Volk in steigendem Maße ergriffen hatte. Ich will nicht von der Verzweiflung reden und von dem Schmerz und dem Jammer, den diese Jahre für das deutsche Volk und für uns in sich bargen. Wir waren in einen Krieg gerissen worden, an dessen Ausbruch wir genauso schuldlos oder schuldhaft waren wie die andern Völker auch. Wir aber sind gerade als die am meisten Opfernden auch am leichtesten dem Glauben an eine bessere Zeit verfallen.“ Was für Worte! „Diese erstaunte Menschheit aber sieht, dass der Kriegsgott seine Rüstung nicht abgelegt hat, sondern im Gegenteil schwerer gepanzert denn je über die Erde schreitet.“[368] Wie man das hört, hängt völlig davon ab, was man von Hitler an sich hält.

Weiter heißt es, früher seien Armeen von Hundertausenden für die Ziele imperialistischer Dynastien-, Kabinetts- oder Nationalitätenpolitik eingetreten und heute seien es schon längst Millionen-Armeen, die für neue gestrige Vorstellungen, für Weltrevolutionen, Bolschewismus oder sogar „Nie-wieder-Krieg“ Idole zum Krieg rüsten, und die Völker dafür in Bewegung setzen. Und wieder trifft er den Ton: „Es gab einen Augenblick, da hätten es die Staatsmänner in der Hand gehabt, durch einen einzigen Appell zu der Vernunft und auch an das Herz der Soldaten der kämpfenden Millionenarmeen der Völker eine brüderliche Verständigung einzuleiten, die der Welt vielleicht auf Jahrhunderte für das Zusammenleben der Nationen und Staaten unendliche Erleichterungen geschenkt haben würde. Es geschah nur das Gegenteil. Das Schlimmste aber ist, dass der Geist des Hasses dieses Vertrages überging in die allgemeine Mentalität der Völker, dass er die öffentliche Meinung zu infizieren und damit zu beherrschen anfing und dass nun aus diesem Geist des Hasses heraus die Unvernunft zu triumphieren begann, die die natürlichsten Probleme des Völkerlebens, ja selbst die eigensten Interessen, verkannt und mit Gift verblendeter Leidenschaften zerstörte . . ."[369]

In einem deutschen Memorandum zur Außenpolitik wird die Besetzung so begründet: Nach dem Bekanntwerden des am 2. Mai 1935 unterzeichneten Vertrages zwischen Frankreich und der Union der Sozialistischen Sowjetrepubliken habe die deutsche Regierung die Regierungen der übrigen Signatarmächte des Rheinpaktes von Locarno darauf aufmerksam gemacht, dass die Verpflichtungen, die Frankreich in diesem neuen Pakt eingegangen sei, mit den Verpflichtungen aus dem Rheinpakt nicht vereinbar seien. Die deutsche Regierung habe ihren Standpunkt seinerzeit sowohl rechtlich als politisch ausführlich begründet, und zwar in rechtlicher Beziehung in dem deutschen Memorandum vom 28. Mai 1935, in politischer Beziehung in den vielfachen diplomatischen Besprechungen, die sich an das Memorandum anschlossen. Den beteiligten Regierungen sei auch bekannt, dass weder ihre schriftliche Antwort auf das deutsche Memorandum noch die von ihnen auf diplomatischem Wege oder auch in öffentlichen Erklärungen vorgebrachten Argumente den Standpunkt der deutschen Regierung erschüttern konnten. Es stehe somit fest, dass „Frankreich der Räteunion gegenüber" Verpflichtungen eingegangen sei, die praktisch darauf hinauslaufen, gegebenenfalls so zu handeln, als ob weder die Völkerbundsatzung, noch der Rheinpakt, der auf die Satzung Bezug nimmt, in Geltung wären. Um aber jeder Missdeutung ihrer Absichten vorzubeugen und den rein defensiven Charakter der Maßnahme in Westdeutschland außer Zweifel zu stellen und ihrer gleich bleibenden Sehnsucht nach einer wirklichen Befriedung Europas zwischen gleichberechtigten und gleich geachteten Staaten Ausdruck zu verleihen, erklärt sich die Reichsregierung bereit, auf der Grundlage nachstehender Vorschläge sofort neue Vereinbarungen zur Aufrechterhaltung des Systems

der europäischen Friedenssicherheit zu treffen.[370] Welche kommen denn infrage? „1. Die deutsche Reichsregierung erklärt sich bereit, mit Frankreich und Belgien über die Bildung einer beiderseitigen entmilitarisierten Zone in Verhandlungen einzutreten und einem solchen Vorschlag jeder Tiefe und Auswirkung unter der Voraussetzung der vollkommenen Parität von vornherein ihre Zustimmung zu geben.
2. Die deutsche Reichsregierung schlägt vor, zum Zweck der Sicherung der Unversehrbarkeit und Unverletzbarkeit der Grenzen im Westen einen Nichtangriffspakt zwischen Deutschland, Frankreich und Belgien abzuschließen, dessen Dauer sie bereit ist, auf 25 Jahre zu fixieren.
3. Die deutsche Reichsregierung wünscht England und Italien einzuladen, als Garantiemächte diesen Vertrag zu unterzeichnen.
4. Die deutsche Reichsregierung ist einverstanden, falls die königlich niederländische Regierung es wünscht, und die andern Vertragspartner es für angebracht halten, die Niederlande in dieses Vertragssystem einzubeziehen.
5. Die deutsche Reichsregierung ist bereit, zur weiteren Verstärkung dieser Sicherheitsabmachungen zwischen den Westmächten einen Luftpakt abzuschließen, der geeignet ist, der Gefahr plötzlicher Luftangriffe automatisch und wirksam vorzugreifen.
6. Die deutsche Reichsregierung wiederholt ihr Angebot, mit den im Osten an Deutschland grenzenden Staaten ähnlich wie mit Polen Nichtangriffspakte abzuschließen. Da die litauische Regierung in den letzten Monaten ihre Stellung dem Memelgebiet gegenüber einer gewissen Korrektur unterzogen hat, nimmt die deutsche Reichsregierung die Litauen betreffende Ausnahme, die sie einst machen musste, zurück und erklärt sich unter der Voraussetzung eines wirksamen Ausbaues der garantierten Autonomie des Memelgebiets bereit, auch mit Litauen einen solchen Nichtangriffspakt zu unterzeichnen.
7. Nach der nunmehr erreichten endlichen Gleichberechtigung Deutschlands unter Wiederherstellung der vollen Souveränität über das gesamte deutsche Reichsgebiet sieht die deutsche Reichsregierung einen Hauptgrund für den seinerzeitigen Austritt aus dem Völkerbund als beseitigt an. Sie ist daher bereit, wieder in den Völkerbund einzutreten.

Sie spricht dabei die Erwartung aus, dass im Laufe einer angemessenen Zeit auf dem Wege freundschaftlicher Verhandlungen die Frage der kolonialen Gleichberechtigung sowie die Frage der Trennung des Völkerbundstatuts von seiner Versailler Grundlage geklärt wird."[371]

Dem Memorandum an die Signatarmächte des Locarno-Vertrages lässt der Kanzler des Reiches diese Worte folgen: „Männer, Abgeordnete des Deutschen Reichstags! In dieser geschichtlichen Stunde, da in den westlichen Provinzen des Reiches deutsche Truppen soeben ihre künftigen Friedensgarnisonen beziehen, vereinigen wir uns alle zu zwei heiligen inneren Bekenntnissen. Erstens zu dem Schwur, vor keiner Macht und vor keiner Gewalt in der Wiederherstellung der Ehre unseres Volkes zurückzuweichen und lieber der schwersten Not ehrenvoll zu erliegen als jemals vor ihr zu kapitulieren und zweitens zu dem Bekenntnis, nun erst recht für eine Verständigung der Völker Europas und insbesondere für eine Verständigung mit unsern westlichen Völkern und Nachbarn einzutreten. Wir haben in Europa keine territorialen Forderungen zu stellen." Den folgenden Gedanken spricht er in diesem Zusammenhang vielleicht zum ersten Male aus: „Wir wissen vor allem, dass alle die Spannungen, die sich entweder aus falschen territorialen Bestimmungen oder aus den Missverhältnissen der Volkszahlen mit ihren Lebensräumen ergeben, in Europa durch Kriege nicht gelöst werden können." Und welche Idee hat er im Kopfe? „Wir hoffen aber, dass die menschliche Einsicht mithelfen wird, das Schmerzliche dieser Zustände zu mildern und Spannungen auf dem Weg einer langsamen evolutionären Entwicklung in friedlicher Zusammenarbeit zu beseitigen." Was er vor der Öffentlichkeit hier noch so sanft säuselnd in den Äther haucht, ist sein heiliger Ernst, und später ist sein Zynismus noch klarer zu erwarten: Er will den Völkern einen Krieg unter der Bedingung ersparen, dass sie ihm beziehungsweise Deutschland die Ländereien übergeben, die er gerne für sich beansprucht. In der Art spricht er weiter: „Und insbesondere empfinde ich mit dem heutigen Tage erst recht die Notwendigkeit, die Verpflichtungen zu würdigen, die uns die wiedergewonnene nationale Ehre und Freiheit auferlegen. Verpflichtungen nicht nur unserm Volk gegenüber, sondern auch gegenüber den übrigen europäischen Staaten." Er kommt auch gern auf Vorschläge zurück: „So möchte ich denn an dieser Stelle noch einmal die Gedanken, die ich in den 13 Punkten meiner letzten Rede hier ausgesprochen habe, in die Erinnerung der europäischen Staatsmänner zurückrufen mit der Versicherung, dass wir Deutsche gern alles tun wollen, was zur Verwirklichung dieser sehr realen Ideale möglich und nötig ist." Er sagt auch ein Wörtchen zu Völkerbund & Co: „Nach drei Jahren glaube ich so mit dem heutigen Tag den Kampf um die deutsche Gleichberechtigung als abgeschlossen ansehen zu können. Ich glaube, dass damit aber die erste Voraussetzung für unsere seinerzeitige Zurückziehung aus der europäischen kollektiven Zusammenarbeit weggefallen ist." Ist es zu glauben, dass er das tatsächlich meint?„Wenn wir daher nunmehr wieder bereit sind, zu dieser Zusammenarbeit zurückzukehren, dann geschieht dies mit dem aufrichtigen Wunsch, dass vielleicht diese Vorgänge und ein Rückblick auf diese Jahre mithelfen werden, das Verständnis für diese Zusammenarbeit auch bei den andern europäischen Völkern zu vertiefen."[372]

Mit festlichen Worten spricht er vor seinen Pgs: „Meine Parteigenossen! Seit drei Jahren führe ich nun die Regierung des Deutschen Reiches und damit das deutsche Volk. Groß sind die Erfolge, die mich die Vorsehung in diesen drei Jahren für unser Vaterland erringen ließ." Voller Stolz erklärt ihr Führer: „Auf allen Gebieten unseres nationalen, politischen und wirtschaftlichen Lebens ist unsere Stellung gebessert worden. Ich darf an diesem Tag aber auch bekennen, dass mich in dieser Zeit zahlreiche Sorgen bedrückten und unzählige schlaflose Nächte, arbeiterfüllte Tage begleiteten. Ich konnte dies alles nur tun, weil ich mich nie als Diktator meines Volkes, sondern stets nur als sein Führer und damit als sein Beauftragter gefühlt hatte." Deklamiert *der* Redner, der zu Polens Außenminister Jósef Beck gesagt hatte, man brauche kein Programm, um die Macht zu behalten, aber man müsse dafür sorgen, 30 Prozent der Bevölkerung hinter sich zu bringen, darüber hinaus sei nur „eine gute Polizei" vonnöten. Er setzt fort: „Ich habe um die innere Zustimmung des deutschen Volkes zu meinen Idealen einst 14 Jahre gerungen und bin dann dank seines Vertrauens von dem ehrwürdigen Generalfeldmarschall berufen worden.“ Was danach kommt, ist der bescheidene Volkstribun der feinsten Auslese: „Ich habe aber auch seitdem alle meine Kraft nur aus dem glücklichen Bewusstsein geschöpft, mit meinem Volk unlösbar verbunden zu sein als Mann und Führer. Ich kann diese geschichtliche Periode der Wiederherstellung der Ehre und Freiheit meines Volkes nicht abschließen, ohne das deutsche Volk nunmehr zu bitten, mir und damit allen meinen Mitarbeitern und Mitkämpfern die nachträgliche Zustimmung zu erteilen zu all dem, was ich in diesen Jahren an oft scheinbar eigenwilligen Entschlüssen, an harten Maßnahmen durchführen und an großen Opfern fordern musste. Ich habe mich deshalb entschlossen, am heutigen Tag den Deutschen Reichstag aufzulösen, damit das deutsche Volk sein Urteil abzugeben vermag über meine und meiner Mitarbeiter Führung.“ Hermann Göring erklärt dann, dass eine Reichstagswahl für den 29. März 1936 angesetzt ist.[373]

Auch in Paris ist man um die Erhaltung des Friedens in Europa bemüht und bedrängte darum die Regierung in London, den afrikanischen Staat Äthiopien gegen den Willen der Bevölkerung in Frankreich und England den Italienern zu überlassen, weil man hofft, das faschistische Italien so von einer Annäherung an das nationalsozialistisch regierte Deutschland abhalten zu können. So haben sich in den vergangenen Monaten sowohl die Pariser als auch die Londoner Chefs moralisch unmöglich gemacht. Man kann die Sachlage hier drehen und wenden, wie man möchte, aber der einzige Politiker, der lediglich die Interessen *seines* eigenen Landes verteidigt, ist Adolf Hitler. Mehr ist aber ob der militärischen Möglichkeiten der Wehrmacht bekanntermaßen unrealistisch, und so betrachtet ist schon die Besetzung des Rheinlandes hoch riskant. Sie setzte darauf, dass die hochgerüsteten Franzosen nicht doch losschlagen und mit ihren Mitteln ganz einfach bei ihrem östlichen Nachbarn für Ruhe im Karton sorgen. Deutschland hat im Moment nur fünfundzwanzig Divisionen zur Verfügung, mit einer vergleichsweise schlechten Ausrüstung, so dass es selbst dieses Militär eigentlich auch nur auf dem Papier gibt. Schon die Tschechoslowakei hat mit dreiunddreißig Divisionen mehr Chancen, in einer militärischen Auseinandersetzung den Feind zu schlagen, und das ist ein kleines europäisches Land. Dazu kommt noch, dass die tschechoslowakische Armee die bestausgerüstete Armee in Europa ist, dass jenes Land an seinen Grenzen zu Deutschland in den Sudeten über ein ausgezeichnetes Befestigungssystem nach dem Vorbild der Maginot-Linie der Franzosen verfügt und dass jenes Land mit der Sowjetunion und Frankreich verbündet ist, die über noch viel größere Armeen verfügen.[374] Alles in allem stünden im Falle des Falles den wenigen Divisionen des Reiches 200 Divisionen der anderen Locarno-Mächte gegenüber.[375] Wehrmacht-Generäle würden bei einem Konflikt selbstredend keinen Stich sehen.

Ausgesprochen klug geht Warschau mit der Krise um. Die Führung des Landes zwischen den Reichen im Westen und im Osten will die Gelegenheit beim Schopfe packen und zugleich die Beziehungen mit Berlin und mit Paris verbessern. Außenminister Beck wusste, dass Paris erst keine militärischen Maßnahmen für den Fall des Einmarsches im Visier hatte. Mit diesem *Trumpf* ausgestattet, lässt Jozéf Beck am 8. März Frankreich wissen, dass Polen zu den Bündnisverpflichtungen steht, die vermutlich niemand einfordern wird. Zugleich unterstützt er den deutschen Schritt unter der Losung, dass der Pakt von Locarno in Polen keinen guten Ruf habe, denn er garantiere nicht die polnisch-deutsche, sondern bloß die deutsch-französische Grenze. Das Doppelspiel fliegt später auf. Daraufhin verschlechtern sich die Beziehungen zwischen Warschau und Paris wie auch die zwischen Warschau und Berlin.[376] Pokern will gelernt sein. Unserem Führerli in Berlin gelingt das auch bloß, weil er es dürfen soll.

Als die Wehrmacht 1936 das Rheinland besetzt und Hitler vor Angst den nächsten Nervenzusammenbruch bekommt, weil es diesmal tatsächlich schiefgehen könnte, und die westlichen Nachbarn des Reiches fürchten, die Truppen könnten zügig noch weiter nach Westen marschieren, lässt der Trost aus London nicht auf sich warten: Lord Beaverbrook und Lord Rothermere spenden Hitler über den *Daily Express* und die *Daily Mail* Beifall. Lord Lothian und Lord Astor beruhigen ihre Bevölkerung, *unser* Reich sei der *Damm gegen den Bolschewismus*. Die Führung in Frankreich wird kritisiert, weil sie sich so streitsüchtig gegen das Reich zeigt.

Jetzt fliegen Eden und Halifax selbst nach Paris, und Eden mahnt nach ihrer Ankunft: „Unterlassen Sie jeden Akt, der zum Krieg führen könnte, England will Frieden." Lord Halifax empfiehlt: „Regeln Sie die Frage auf dem Verhandlungsweg."[377] London bringt überall Frieden in die Welt.

Die ersten internationalen Reaktionen auf die drei Bataillone im Gebiet westlich des Rheins beruhigen die Nerven des Führers wieder, so dass er am Sonntag befindet, man könne jetzt Nägel mit Köpfen machen. Wenn man am Montag die Zeitung aufschlägt, findet man dort den Sieg schon in seiner ganzen Schönheit und in der blumigsten Beschreibung: „Das Rheingebiet ist im Laufe des 7. und 8. März mit 19 Bataillonen und 13 Artillerieabteilungen aus dem Inneren Deutschlands belegt worden. Die Mehrzahl der Truppen ist am Rhein und in der Rheinebene zwischen Schwarzwald und Rhein untergebracht. Aachen, Trier und Saarbrücken wurden schwach belegt. Zwei Gruppen Jagdflieger sind am 7. März in ihren neuen Friedensgarnisonen Köln, Düsseldorf, Frankfurt am Main und Mannheim eingetroffen. Zwei Flakabteilungen bezogen endgültig Standorte in Köln und Mannheim."[378] Die Zeitung findet dafür noch so manch feierliches Wort: „Wie jenen unvergesslichen 30. Januar 1933, so beschloss auch den Tag, da Adolf Hitler dem deutschen Volke die völlige Wiederherstellung seiner Wehrhoheit gab, als Dank und Huldigung an den Führer ein Fackelzug. Die Leibstandarte marschierte an der Spitze durch das Brandenburger Tor. Ihr folgten in Zwölferreihen das NSKK, die SA und Marine-SA. Unbeschreiblich wurde der Jubel der auf dem Wilhelmplatz Kopf an Kopf sich drängenden Menge, als der Führer kurz nach 22.15 Uhr mit seinen Mitarbeitern den Balkon betrat." Das war bei Weitem nicht mehr die erste Inszenierung. „Das an der Spitze marschierende Musikkorps der Leibstandarte schwenkte dem Balkon gegenüber ein und spielte den Badenweiler Marsch. Kolonne um Kolonne zog am Führer vorbei, dann und wann zwischen den Abteilungen ein Wald von Fahnen. Ein SS-Trupp bildete den Abschluss." Die Nazis haben Sinn für Romantik: „Entblößten Hauptes sangen die Tausende nach den Klängen der Kapelle das *Lied der Deutschen* und das *Horst-Wessel-Lied*. Dann schoben sich wie eine nicht aufzuhaltende Woge die Menschen auf den angrenzenden Straßen nach dem Platz zu, um so nah als möglich an den Führer heranzukommen. Volle fünf Minuten nahm dieser, sichtlich bewegt, die Zeichen der Liebe und Verehrung entgegen, nach allen Seiten hin im Lichte der Scheinwerfer grüßend und dankend. Der historische Tag hatte einen würdigen Abschluss gefunden."[379]

Was wahr ist, muss auf jeden Fall auch wahr bleiben: „Tausende" singen das Lied der Deutschen und schieben sich wie eine nicht aufzuhaltende Woge an ihren Führer heran. Sie alle finden sich am nächsten Tag in der deutschen Presse wieder. Berlin ist jedoch eine Weltstadt mit weit über vier *Millionen* Einwohnerinnen und Einwohnern. Hier tritt zum Beispiel mit einer Ausnahmegenehmigung der Reichsregierung Herb Flemming in Berlins Sherbini-Bar in der Uhlandstraße nahe dem Kurfürstendamm auf. Der afroamerikanische Posaunist tischt wohl selbstredend krassere Rhythmen auf als gediegene deutsche Weisen oder Blechmusik und der hat ebenfalls viele Verehrerinnen und Verehrer. Sonst wäre er nicht vom Auftrittsverbot für Schwarze von 1932 ausgenommen worden, das *1935* mit dem *„endgültigen* Verbot des Niggerjazz" besiegelt wurde. Mag sein, dass mancher Berliner keine Chance hat, spät abends noch *den Zauber* des Führers *live* zu erleben, da sie in aller Herrgottsfrühe aufstehen und arbeiten müssen. Doch wie viele haben überhaupt kein Interesse daran, das zu erleben? Es bleibt im Moment ein Geheimnis, wie viele der über vier Millionen Berliner dankend auf das *Event* am Wilhelmplatz verzichten. Die freie Meinungsäußerung ist auf die *Tausende* auf dem Wilhelmplatz beschränkt. Es ist vollkommen müßig, über die Popularitätswerte des Führers im Jahr 1936 zu streiten. Entscheidend ist die Feststellung, dass auch 1936 mancher Deutsche andere Idole hat als Hitler – und dass Leute kritisch beobachten, was sich zwischen der Reichskanzlei in Berlin und Hitlers Bergresidenz in den Alpen auf dem Obersalzberg tut.[380]

Einer von Adolf Hitlers „Kritikastern" ist der Komiker Karl Valentin aus München. Er geht eines Tages auf die Bühne und sagt: „Es ist ein wahres Glück, dass wir nicht im Schlaraffenland leben!" Das kann die Partnerin Liesl Karlstadt nich verstehen: „Aber wieso denn?" Da fragt sie der Karl:

„Na, was hätten wir denn von gebratenen Tauben, wenn wir unser Maul nicht aufmachen dürfen?“ Liesl warnt ängstlich: „Pst! Sag nicht zu viel!“ Und Karl entgegnet: „Ich sage gar nichts, aber das wird man wohl noch sagen dürfen!“[381] Sehr beliebt macht sich auch Ferdinand Weisheitinger bei den Nazis. Unter dem Künstlernamen Weiß-Ferdl tritt er im *Platzl* in München auf und auch der spricht nicht vor einem leeren Haus. Weil er gern auch mal mehr sagt, als einem Deutschen im Jahr '36 zuträglich ist, wird das *Platzl* hin und wieder geschlossen. Und dann wird es eben auch wieder mal aufgemacht. Am ersten Abend einer der Wiedereröffnungen sagt jener vorlaute Künstler Weiß-Ferdl seinem Publikum: „Gestern war das Lokal noch geschlossen. Heute ist es wieder offen, aber wenn es hier noch offener zugeht, dann ist es vielleicht schon morgen wieder zu.“[382]

Die Ankunft der Wehrmacht war mit Aufwand vorbereitet worden: „In den frühen Morgenstunden dieses historischen Sonnabend waren von Berlin aus Sonderberichterstatter der hauptstädtischen Presse und Vertreter der großen Presse im Reich in Sonderflugzeugen nach dem Rheinland gestartet, um Zeugen dieser großen Stunde zu sein.“ Die Kausalität wird vom Schreiber dieser Zeilen freilich nachträglich unterstellt, wobei dem Autoren beim Schreiben offensichtlich der Widerspruch entgangen ist, dass er im nächsten Satz erläutert, vor dem Start und während jenes Fluges habe noch niemand von den Teilnehmern geahnt, wohin der Flug gehen sollte und was er bedeutete. Dann heißt es, als sich die Maschinen dem Rhein näherten und die Fluggäste unten auf den Anmarschstraßen die grauen Kolonnen und Wagenreihen erblickten, begriffen alle die Bedeutung dieses Fluges. Er möchte den Eindruck wiedergeben, „den die Befreiungstat Adolf Hitlers“ da gemacht habe, wo sie sich am unmittelbarsten auswirkte, nämlich im für deutsche Soldaten bislang verbotenen Gebiet am Rhein. In Köln habe die Bevölkerung, die sich überall zu dem Gemeinschaftsempfang der Führerrede im Reichstag versammelt hatte, ein paar Minuten vor 12 Uhr die erste Flugzeugstaffel der Luftwaffe über die Stadt hinwegbrausen gesehen. Begeisterter Jubel (der Leute, die anwesend waren,) habe die deutschen Flieger begrüßt. Auf den Straßen um die Rheinbrücke, am Kölner Dom und am Ring habe sich die Menge gestaut. Mit Blitzesschnelle sei die Kunde von dem bevorstehenden Einzug deutscher Soldaten durch die Stadt geeilt. Eine vor 13 Uhr eingetroffene Flak-Batterie sei bei ihrer Fahrt über die Hohenzollernbrücke von einem unbeschreiblichen Jubel empfangen worden. Das ist gut denkbar, denn die Erinnerung an die französischen Soldaten und Ingenieure, die in den frühen zwanziger Jahren hier mitgenommen hatten, was man zu Barem machen konnte, ist noch frisch. Die Welt wäre ja auch zu schön, wenn es immer einen Guten und einen Bösen gäbe. Es gibt daneben auch Lenins Imperialismustheorie und nach dieser kann es nebeneinander durchaus mehrere Schurken geben. Der Kölner Oberbürgermeister Dr. Riesen war der Abteilung entgegengefahren und führte die Soldaten dann über eine Brücke in die Stadt hinein. Als die Infanterie einmarschierte, kannte der Jubel keine Grenzen mehr. Der Journalist beschreibt, dass die Absperrmannschaften nur mit größter Mühe die Mitte der Straßen für die einrückenden Truppen freihalten konnten.[383]

Die da jubeln, setzen selbstredend voraus, dass ihre Staatsführung weiß, was sie tut, und dass sie Mittel in der Hinterhand hat, wenn Frankreich den Vertragsbruch unter Umständen ahndet. Doch Eingeweihte wissen, dass vor ihren Augen eine *Show* über die Bühne geht, die über Nacht zu einem Krieg führen kann, dem die Wehrmacht nichts entgegenzusetzen hat. Zu ihnen gehört auch Adolf Galland. Nüchtern berichtet dieser Pilot über die Aktion: „Nach fliegerischer Grundausbildung und Kriegsschule, die für den gesamten Offiziersnachwuchs der Fliegertruppe gemeinsam erfolgte, kam der für die Jagdfliegerei Vorgesehene auf die Jagdfliegerschule. Deren Zahl war – wie überhaupt das gesamte Ausbildungsfundament der Luftwaffe – für ihre späteren Aufgaben von vornherein viel zu schmal. Als die junge deutsche Wehrmacht am 7. März 1936 das entmilitarisierte Rheinland besetzte, gab es eine einzige Jagdfliegerschule. Und auch die wurde damals aufgelöst, weil ihre Flugzeuge dringend für diese erste militärische Operation benötigt wurden ... Das gewagte Unternehmen, so wie ich es erlebte, wirft ein bezeichnendes Licht auf die Entstehungsgeschichte der Luftwaffe. Mit Mühe und Not waren für die Rheinlandbesetzung drei kümmerliche Jagdgruppen zusammengebracht. In diesen waren höchstens zehn Flugzeuge kriegsmäßig einsatzbereit. Den anderen hatte man zwar in aller Eile und gut sichtbar Maschinengewehre eingebaut, die jedoch nicht in der Lage waren, auch nur einen einzigen Schuss abzugeben. Hätte Frankreich damals Ernst gemacht, wären wir von der »Armée de l'air« fürchterlich zusammengehauen worden." Wie schätzt der Fachmann die Aktion ein? „Vom Zustand der Luftwaffe aus beurteilt, war die Rheinlandbesetzung ein sehr gewagter Bluff. Unsere Gruppe flog zunächst nach Werl. – Paradeaufstellung, Besichtigung durch internationale Presse und ausländische Luftattachés. Sichtlicher Eindruck." So weit, so gut. Was dann kommt, erinnert an Indianerspiele kleiner Jungs, aber nicht an verantwortungsbewusste Außenpolitik, die in einen richtigen Krieg münden kann: „Nachts pinselten wir die grünen Schnauzen unserer Flugzeuge rot und präsentierten uns so am nächsten Tag dem gleichen staunenden Publikum auf einem Flugplatz bei Dortmund. Und derselbe »Türke« wurde noch einmal in Düsseldorf wiederholt. Wobei wir dort allerdings vorsichtig waren und die schon einmal fotografierten Piloten gegen Mechaniker austauschten, die für diese Aufnahmen in unsere Flugzeugführer-Kombinationen gesteckt wurden. Das Theater erfüllte offenbar seinen Zweck."[384] Im letzten Satz ist der Zweifel herauszuhören. Wenn notwendige Flugzeugteile aus fremden Ländern importiert werden müssen, wissen sie dort genauer als ein Pilot *unserer* Luftwaffe, wie viele Flugzeuge realistischerweise zur Verfügung stehen – nein, dieses Theater erfüllt seinen Zweck, weil sie in England den Leuten zu erklären haben, weshalb jetzt dem Gebaren Hitlers kein Riegel vorgeschoben werden soll. Galland seinerseits kritisiert, dass der scheinbare Erfolg dazu verleitet, den Aufbau der Luftwaffe eben auch allgemein so beziehungsweise nach ähnlichen Grundsätzen durchzuführen. Nach den Beobachtungen Gallands geht das Ganze zu sehr in die Breite statt in die Tiefe. Man berauscht sich an der Zahl der aufgestellten Verbände. Doch hinter diesen fehlt die Ausbildungs-Organisation mit dem notwendigen Potenzial schon für den Bedarf im Frieden.[385] Davon berichtet Goebbels' Einheitspresse natürlich nichts. In äußerst feierlicher Sprache gehen die Berichte dort weiter: „Grau in grau marschierten die Kolonnen über die Brücke. Als die Spitze die linke Rheinseite erreichte, setzte schmetternd die Blechmusik ein. Der Infanterie folgten schwere Maschinengewehre und motorisierte Abteilungen. Den Abschluss bildete eine Panzerwagen-Abwehrkompagnie." Es ist traumhaft. „Am Dom nahm wenige Minuten nach 14 Uhr der Wehrkreis-Kommandeur, Generalleutnant von Kluge, gemeinsam mit dem Regierungspräsident[en] Die[h]ls und Oberbürgermeister Dr. Riesen den Vorbeimarsch der Truppen ab." Weiter heißt es, die Begeisterung in Koblenz sei nicht minder groß gewesen und in der Grenzstadt Trier habe allenthalben nicht zu beschreibende Begeisterung über die Befreiungstat des Führers geherrscht. In den Kellern hätte man gehockt, wenn man gewusst hätte, dass das Akrobatik ohne ein Netz und doppelten Boden war – inszeniert von einem militärischen Dilettanten. Da hätte es auch nicht getröstet, dass schließlich die Fahnen des Dritten Reiches an allen Häusern wehten, wie sich die Tremonia freut.[386]

Als Eduard am Montag seine *Tremonia*, die *Westdeutsche Volkszeitung*, liest, findet sich ein Kommentar unter der Überschrift *Jubel in Deutschland – und Frankreich?* Dort schreiben sie: „Jeder Deutsche empfindet es aufs Tiefste und Beglückendste, dass endlich die deutsche Souveränität wieder hergestellt ist, und der Jubel, mit dem überall im Rheinland die Truppen beim Einmarsch begrüßt worden sind, ist der Ausdruck der Freude und Begeisterung des ganzen deutschen Volkes. In der Belegung der Rheinlandzone mit Wehrmachtteilen liegt selbstverständlich keine militärische Bedrohung. Dieser Einmarsch ist ein Protestakt gegen die Verletzung des Locarnovertrages, die Frankreich durch den Abschluss des Paktes mit Sowjetrussland begangen hat." Daraus kann man lernen, dass die Sicherheit eines Landes auf der anderen Seite Unsicherheit für ein anderes Land bedeuten kann. „Es hat damit eine vollendete Tatsache geschaffen, der die Reichsregierung begegnen musste, wenn sie nicht ins Hintertreffen geraten wollte. Im Übrigen darf nicht übersehen werden, dass sich seit dem Weltkriege in militärischer Hinsicht erhebliche Veränderungen vollzogen haben. Was bedeuten die neuen Garnisonen mit ihren neunzehn Infanteriebataillonen und dreizehn Artillerieabteilungen gegenüber dem riesigen mit Truppen dicht belegten Festungswall, der sich entlang der französischen Grenze hinzieht? Dazu kommt die

Entwicklung der Luftwaffe und die Motorisierung der Truppen. Eine 50-km-Zone spielt da wahrhaftig keine Rolle mehr.“ Wenn das so richtig ist, dann musste man das Rheinland auch nicht besetzen. „Das vom Führer angebotene Luftabkommen zwischen England, Frankreich und Deutschland würde vom militärischen Gesichtspunkt aus den Nationen mehr Sicherheit bieten, als es die Aufrechterhaltung dieser Zone je getan hat. Nur dies sei heute mit Rücksicht auf die Fülle der vorliegenden Nachrichten, die ihren Platz beanspruchen, zu den Ereignissen des Samstags gesagt. Eine eingehende Stellungnahme zur Regierungserklärung und dem Memorandum müssen wir uns für morgen vorbehalten. Wohl aber sei noch kurz darauf eingegangen, dass die französische Regierung die deutschen Angebote als unannehmbar bezeichnet hat, also: die Bereitschaft Deutschlands zum Wiedereintritt in den Völkerbund, die Bereitschaft zum Abschluss überaus wichtiger Nichtangriffspakte, die Bereitschaft zu einem Luftpakt, der überraschende Überfälle ausschließen soll, die Bereitschaft zur Förderung einer schrittweise steigenden Abrüstung, die eine Ergänzung des englisch-deutschen Luftabkommens einschließen soll. All das soll für Frankreich unannehmbar sein!“ Bei einer Ausgangssituation von 100.000 Soldaten in der Reichswehr ist die folgende Logik sehr spannend: „Die Regierung Sarraut will also hiernach wie ihre Vorgängerinnen dabei beharren, alles, was Deutschland zur Sicherung des Friedens vorschlägt, glatt abzulehnen. Und was haben die Franzosen nicht schon alles als unannehmbar bezeichnet! Zunächst war für sie jede Abrüstung überhaupt unannehmbar. Dann erklärte Deutschland, dass es sich mit einem Heere von 200.000 Mann zufrieden geben wolle. Die Franzosen sagten wiederum: Unannehmbar. Die Entwicklung auf rüstungspolitischem Gebiete ging um Deutschland herum weiter. So kam die deutsche Forderung eines Heeres von 300.000 Mann. Auch dazu erklärte man in Paris: Unannehmbar. Und im gleichen Sinne wandte sich die französische Regierung schroff gegen das deutsch-englische Flottenabkommen, den einzigen europäischen Rüstungsbegrenzungspakt, den es gibt, gegen die früheren deutschen Vorschläge für einen Luftpakt, gegen eine Verhandlung mit Deutschland über das qualitative Flottenabkommen, das die Londoner Flottenkonferenz vorbereitet.“ Ganz unrecht hat der Autor ja nicht: „Im selben stets verneinenden Geiste nimmt die französische Regierung gegen die neuen weitgehenden deutschen Angebote Stellung. Chance auf Chance hat man in Paris verpasst. Will man wirklich auch diesmal die Chance durch ein Unannehmbar verpassen? Im Gegensatz zu einem sehr breiten Teile der Weltmeinung, die durchaus den Wert der Angebote des Führers erkannt hat?“[387]

Die bekannte Zeitung *New York Harold Tribune* wird am 9. März 1936 so zitiert, dass „das Vorgehen Deutschlands auf jeden Fall eine gefährliche Atmosphäre kläre. Falls die Krise überwunden werde, werde es fast zwangsläufig zu einem System kommen, das zum Mindesten irgendwie sicherer sein werde als das gegenwärtige.“ Warten wir ab, wie Medien in Großbritannien sich zu Adolf Hitlers Husarenstück positionieren. Dann wissen wir, wie weit Paris kommen wird. Die katholische *El Debate* aus Spanien vertritt die Meinung, dass diese Manier der Aufkündigung des Locarno-Pakts „nicht vorschriftsmäßig“ sei, räumt jedoch ein, „dass die Völker im Grunde ihres Herzens dem deutschen Kanzler Recht geben“. Mit diesen Worten gleicht Franz seine eigene Meinung zu den aktuellen Ereignissen ab. Die Kopenhagener *Berlingske Tidende* erklärt, dass dem deutschen Volk nach Abschluss des Weltkriegs „ein Weltbürgerrecht aberkannt worden sei, das ein europäisches Volk nicht entbehren könne.“ Dies sei ernsthaft ein unmögliches Urteil gewesen. „Erkundigungen im Bundeshaus zu Bern über den Eindruck der Führerrede besagen, dass man es dort sehr begrüßen würde, wenn die jahrelange Fehde zwischen Deutschland und Frankreich endlich begraben würde. Es scheine schon aus den bekannt gewordenen Auszügen der Führerrede hervorzugehen, dass die Erklärungen des Kanzlers günstige Aussichten für die Zukunft eröffnen würden.“[388]

In der *Tremonia* findet sich dieser internationale Blick: „Die Ereignisse des 7. März haben verständlicherweise in der französischen Presse einen gewaltigen Widerhall gefunden. Die Berliner Berichterstatter heben allgemein die in Deutschland herrschende Begeisterung hervor. Aber die französische Öffentlichkeit fand es seit über 17 Jahren ganz in der Ordnung, dass Frankreich seine Wehrhoheit bis an seine Grenzen hin ausüben konnte, während Deutschland innerhalb seiner Hoheitsgrenze bis 50 Kilometer rechts des Rheins wehrpolitisch gebunden war." In Frankreich möchte man „durch den Völkerbund zu erreichen versuchen, dass Deutschland seine eigenen Truppen aus seinem eigenen Gebiet wieder herausnehmen muss (!). In politischen Pariser Kreisen erklärt man, dass die ehemals entmilitarisierte Zone ein wesentlicher Bestandteil der französischen Sicherheit sei, über deren Aufrechterhaltung die französische Regierung nicht mit sich handeln lassen könne. Sei doch die entmilitarisierte Zone Frankreich als Ausgleich dafür zugestanden worden, dass es nicht das geforderte linke Rheinufer erhielt (!)." Die Zeitung Le *Matin* in Paris erklärt dazu: „Der Grundsatz der kollektiven Sicherheit stehe viel mehr auf dem Spiel als die Einzelsicherheit Frankreichs, das sich hinter seinem Befestigungsgürtel als vor einem bewaffneten Angriff geschützt ansehen könne." Der *Petit Parisien* wird mit der Formulierung wiedergegeben, die Anregung einer beiderseitigen gleichen Entmilitarisierung sei „ein Witz". In jener Zeitung heißt es, noch nie habe sich die deutsche Diplomatie so geschickt gezeigt, wie diesmal.[389]

Gisevius, der seinen Arbeitsplatz im Berliner Reichs-Innenministerium hat, schöpfte aus dem Alleingang Hitlers Hoffnung: „Ich aber atmete auf und – zog die falschen Konsequenzen. Denn ich Narr bildete mir allen Ernstes ein: Nun ist es aus, jetzt werden die Engländer eine scharfe Note schicken, die Franzosen werden marschieren, unsere Generäle werden mit ihren Einwänden gegen Hitlers Katastrophenpolitik Recht behalten, und damit ist der lang erwartete Kladderadatsch da. Auf deutscher Seite wären in der Tat alle Prämissen für einen solchen Zusammenbruch gegeben gewesen." Ziemlich notdürftig hatte sich Hitler abgesichert: „Der Führer hatte am Radio verkünden lassen, die Franzosen und Engländer könnten ganz beruhigt weiterschlafen. Trotzdem läuteten allenthalben die Glocken. Berlin tauchte unter in einem Flaggenmeer." Außenamtschef Konstantin von Neurath freut sich so über die Wehrhoheit über das Reich, dass er Hitlers Aktion rettet: „Kurz nach seiner Proklamation bekam Hitler einen Nervenzusammenbruch; in einem Weinkrampf war er drauf und dran, die bereits marschierenden Kolonnen zurückzurufen. In der Reichskanzlei herrschte solches Drunter und Drüber, dass schließlich Neurath die Situation durch seinen Vorschlag rettete, zurück könne man immer noch, man solle doch erst einmal die französische Reaktion abwarten.“[390]

Paris ist von der Besetzung des Gebietes schockiert und will Sanktionen gegen das Reich. Dr. Gisevius sieht jetzt nur, dass sich Frankreich gegen das Näherrücken von deutschen Soldaten an seine Ostgrenze schließlich doch nicht wehrt; er kennt jedoch nicht die Hintergründe. Paris setzt die Hoffnungen auf militärische Rückendeckung aus Großbritannien – und London, also das offizielle London, will jetzt Ernst machen. Im Prinzip. Das hätte und könnte vielleicht und sollte auf jeden Fall, macht es aber nicht. Vorgeblich wollen Regierung und Parlament in London Soldaten in den Krieg schicken gegen Hitlers Reich, und mancher Abgeordnete in London wird das auch so meinen, doch auch in dem Falle findet sich ein Vorwand für die Passivität. Der deutsche Botschafter in London Herbert von Dirksen meldet nach Deutschland, unter der Wirkung der mäßigenden Haltung der einzelnen Wahlkreise müsste man sich für die Zurückhaltung gegenüber Deutschland aussprechen.[391] Wer will es denn schnell mal nachprüfen, wie sie das im Einzelnen überall auf der Insel so sehen? Noch nicht einmal Außenminister Anthony Eden protestiert offiziell gegen die Wiederbesetzung des Rheinlandes. Der Premierminister Stanley Baldwin kramt den *Oldtimer* aus den Versailler Tagen heraus und räumt ein, im Fall eines bewaffneten Konfliktes könnte England „Deutschland mit Russlands Hilfe schlagen, das aber wird offenbar nur zur Bolschewisierung Deutschlands führen.“[392] Damit steht Frankreich, das mit einer Besetzung unter Hitler gerechnet hatte, allein auf weiter Flur.

Agenten des deutschen Auslandsgeheimdienstes eines Admiral Canaris waren seit Wochen in England und in Frankreich im Einsatz, um nach Berlin zu melden, ob im Westen nicht doch Truppenbewegungen stattfinden. In der Tat hat Hitler den Adjutanten Hoßbach noch am 5. März gefragt, ob man dieses Unterfangen noch abblasen könne, was sein Adjutant bejaht hat. Wenige Stunden später hat sich sein Chef dann wieder gefangen.[393] Doch je stiller der Apparat von Canaris wird, desto nervöser reagiert unser Reichskriegsminister Blomberg. Die wenigen Meldungen seines Geheimdienstchefs überzeugen ihn nicht. Blomberg rechnet noch immer mit einem kriegerischen Gegenschlag Frankreichs und Englands, im Gegensatz zu den Meldungen der Abwehr. Als Canaris aber nach wie vor keine Neuigkeiten meldet, verliert der Generaloberst von Blomberg ganz die Nerven. Er schlägt Hitler vor, diese Truppen aus Aachen, Trier und Saarbrücken zurückzuziehen, da jeden Moment mit einem französischen Angriff zu rechnen sei, dem die Truppe nicht standhalten könne. Der Führer weist ihn erneut ab, doch Blomberg lässt nicht locker: Dreimal bestürmt er Hoßbach, den Führer umzustimmen. Da erreicht Blomberg am 13. März ein Telegramm der drei deutschen Waffenattachés in London, das alle Befürchtungen bestätigt. Kapitän zur See Wassner, der Marineattaché, war nach einem Gespräch in der britischen Admiralität überzeugt, dass die Briten dabei seien, ihre Flotte zu alarmieren und ein Expeditionskorps nach Frankreich zu entsenden, während der Militärattaché Generalmajor Geyr von Schweppenburg* meinte, die Friedenschancen würden immer geringer. Er bewog seine Kollegen, ein von ihm formuliertes „Citissime"-Telegramm an Minister von Blomberg zu signieren: „Lage ernst, 50 : 50 Frieden/Krieg. Geyr, Wassner, Wenninger." Dieses Telegramm schockiert Blomberg und ermutigt ihn zugleich, noch einmal vor Hitler zu treten und zum Abbruch der Aktion zu raten. Zum Erstaunen Blombergs nimmt der Führer dieses Papier achtlos entgegen und steckt es ungelesen in die Tasche. Blomberg kann nicht wissen, dass Göring wenige Minuten zuvor Hitler eine Kopie davon präsentiert hatte. Wieder weist Hitler den Kriegsminister ab.[394] Vom Rat der Männer vom Fach will Adolf Hitler einfach nichts hören. Der deutsche Militärattaché in Belgrad, der Generalmajor Moritz Faber du Faur, weiß das nur zu gut. Über Hitler klagt er: „Er wollte uns nicht, er wollte nur Ribbentrop und Canaris ..., und sie schlossen einem Militärattaché von vornherein den Mund."[395] Wie zum Hohn befördert der Kanzler auch noch seine beiden schärfsten Bremser: Blomberg wird Generalfeldmarschall und Fritsch wird zum Generaloberst ernannt. Schön ist die Außenwirkung.

Was Paris in die Verzweiflung treibt, löst in Goebbels' Zeitungen Freude aus, so steht zum Beispiel im Artikel „Besonnene Haltung der Londoner Presse" in aller Zufriedenheit in der *Tremonia*: „Der diplomatische Berichterstatter des *Observer* schreibt, die wichtigste unmittelbare Folge der deutschen Vorschläge, die zweifellos in vieler Beziehung interessant und wertvoll seien, werde sein, dass sie den Sanktionsmaßnahmen gegen Italien Einhalt geböte." Stimmt, dort muss ja auch noch ein Regime am Leben erhalten werden. In seinem Leitartikel schreibt der *Observer*: „Lasst uns kühle Köpfe und gerechte Herzen bewahren. Es kann keinen Frieden ohne Gerechtigkeit und gesunden Menschenverstand geben." Es gebe keinen Grund mehr, warum deutsches Gebiet entmilitarisiert sein sollte, wie es auch keinen dafür gebe, dass französisches, belgisches oder britisches Gebiet es sein sollte.[396] Perfekte Logik. Als Deutschland noch demokratisch regiert wurde, *gab es einen Grund* dafür. Wenn doch nur nicht jede der Argumentationen auf das Gleiche hinausliefe. Bleiben wir weiter bei den Formulierungen für die interessierten Engländer. In der Zeitung *Sunday Dispatch* kann man heute diese traurige Einschätzung nachlesen: „Hitler hat durch seine Handlungen und Worte das gesamte Gesicht Europas geändert. Der Locarnopakt ist tot und sinkt ohne Ehre und Musik in das Grab der Irrtümer der Vergangenheit." RIP. In einem Sonderartikel im gleichen Blatt schreibt Ward Price nüchtern wie Briten eben sind: „Jetzt müssen wir den Tatsachen ins Gesicht sehen, wenn wir sie meistern, kann der Friede sichergestellt werden. Vor allem lasst uns, wenn wir den Ereignissen gegenübertreten, freimachen von jedem Vorurteil gegenüber dem Nationalsozialismus. Was uns allein angeht, ist die auswärtige Politik Deutschlands." Und die hat nichts mit Hitler, seinem *Kampf* und dem Nationalsozialismus zu tun. Die Gesprächsbereitschaft ist zumindest größer als früher: „Der parlamentarische Berichterstatter des *Sunday Dispatch* meldet, dass die britische Regierung bereit sei, mit Deutschland und den anderen Mächten in eine Aussprache über die Ersetzung des Locarno-Vertrages durch einen neuen Vertrag einzutreten." Im *Sunday Express* heißt es: „Nach der schriftlich niedergelegten Politik der Regierung ist Großbritannien verpflichtet, zu handeln, falls der Völkerbund es befiehlt. Wenn der Völkerbund es befiehlt, wird die britische

Öffentlichkeit dann gehorchen? Die britische Öffentlichkeit mag für den Völkerbund sein, aber sie wird auf keinen Fall wegen eines solchen unbedeutenden Vorwandes in einen Krieg hinein marschieren." Könnte es sein, dass sie so 1914 auch über Serbien argumentiert haben? Wenn die Zeitung schreibt, dass die Leute für den Krieg sind, dann sind sie für den Krieg, und wenn die Zeitung das Gegenteil schreibt, dann stimmt genau das Gegenteil. Warum funktioniert dieses Spiel? Weil den Leuten bei jeder Gelegenheit eingetrichtert wird, dass England eine Demokratie sei – und obendrein die älteste in der Welt. Da geht es um *das* Gemeinwesen, vor dem sehr viele bis Amerika flohen. Die Zeitung *People* ist so *relaxed,* wie Briten sind, wenn es andern ans Fell geht: „Die große Nachricht des gestrigen Tages aus Deutschland ist keine schlechte Nachricht. Sie mag Frankreich erschreckt haben, aber sie muss uns nicht erschrecken."[397]

George Lansbury, der greise ehemalige Führer der Labour Party schreibt an den Bürgermeister von Poplar, einem Stadtteil von London, in einem Brief: „Ich sehe nicht, was Europa denn anderes hätte erwarten können. Weder bei uns noch in Frankreich ist eine Mobilisierung erforderlich, es sei denn, dass man den gesunden Menschenverstand mobilisiert. Diejenigen, die den Frieden wünschen, müssen sich zusammentun, um unsere Regierung entschieden aufzufordern, dass sie die Forderung nach einer neuen Friedenskonferenz, und diesmal nach einer wirklichen Friedenskonferenz, unterstützt. Der neue Friedensvertrag muss derart sein, dass er Deutschland, Italien und Frankreich wie auch der übrigen Welt Gleichberechtigung gibt, und zwar sowohl im Hinblick auf die Rüstungen als auch die wirtschaftliche Entwicklung."[398] In dieser Manier wird die Bühne schon viel zu lange bespielt. Drei Gruppen: Akteure, die noch nie etwas zu sagen hatten, die gerade in der Opposition sind, oder zu alt, um noch ohne fremde Hilfe bis zum Mikrophon zu gelangen, sagen das, was man im Volk immer schon einmal hören wollte. Das wird lautstark als Meinungsfreiheit angepriesen, hat jedoch auf die vorgesehene Linie der Außenpolitik keinen Einfluss und ist freundlich betrachtet das Ventil für entstehenden Unmut unter den Untertanen seiner Majestät. Es muss doch schon zu denken geben, dass der Inhalt eines Briefes von A an B im

Laufe weniger Stunden in die britische Presse gelangt. War das vielleicht sogar früher in der Zeitung als bei dem besagten Bürgermeister?

Es ist wie beim Skat: Man kann nur erfolgreich zu zweit spielen, so man die Absichten seines Mitspielers richtig interpretiert. Wie sich Paris mit London verrechnet, so irren sich auch führende Generäle im Deutschen Reich. Sie hatten von Hitler schriftliche Befehle gefordert und erhalten, dass sie sich zurückziehen dürfen, wenn Frankreich irgendeinen Schritt in Richtung Invasion des Rheinlandes machte. Damit wäre der Vorstoß gestorben gewesen und Hitler hätte sich wieder auf den Schemel setzen müssen. Doch es gab keinen solchen Schritt, obwohl die Armee weniger als 30.000 Mann in dem Gebiet hatte.[399] Jetzt bleibt den Generälen kein Argument mehr gegen Hitler übrig. Auf wundersame Art hat der Meister mit und ohne Nervenzusammenbruch Recht behalten. Und auch in Rom geht Hitlers Rechnung auf. Man ist bereits ungefähr ein halbes Jahr auf deutsche Steinkohle angewiesen und ist deshalb *freiwillig* zu Konzessionen bereit. Schon Anfang Januar hat der *Duce* den Berliner Botschafter wissen lassen, dass Österreich gerne ein Satellitenstaat des Reichs werden könne, wenn es wenigstens formal unabhängig bleibe.[400] So schnell ändern sich die Anschauungen unter gewissen Zwängen. Es ist klar, dass Paris unter diesen Umständen mit der Forderung nach einem Embargo gegen das Deutsche Reich auch in Rom nicht anfragen muss.

Die Pariser Presse beklagt die, wörtlich, „laue Haltung“ der Regierung in London am Sonnabend hinsichtlich der Anstrengungen Frankreichs um den Erhalt des Status quo. Es muss nicht erwähnt werden, dass London dabei keine bösen Absichten unterstellt werden. *Le Jour* stellt sogar die eigene Hauptstadt und London auf eine Stufe: Man bedauert dort, dass „Frankreich und England angesichts Deutschlands, das das Spiel wage, mittelmäßige Mitspieler seien.“ Die jetzige französische Regierung lebe unter dem Schutz der russischen Revolutionäre und diese träumten vom Krieg gegen Deutschland, dessen Kosten die Franzosen tragen sollen. Im *Populaire* findet man die Worte des Generalsekretärs der sozialistischen Partei Paul Faure, es sei sinnlos gewesen, zu glauben, dass Deutschland sich wirklich lange damit abfinden würde, abgerüstet zu sein, während im Gegensatz zum Wortlaut des Versailler Vertrages die Abrüstung der anderen nicht gefolgt sei. Statt den Frieden anzustreben und den Standpunkt der anderen zu verstehen zu suchen, habe man sich, „ebenso stolz wie dumm, auf die engen Buchstaben der Verträge versteift.“ Hier wird auch die kommunistische *Humanité* mit der Formulierung zitiert: „Wir Kommunisten wissen, dass die Arbeiter- und Bauernregierung morgen die Größe und die Macht unseres Landes sichern wird.“[401] Gut zu hören, dass Kommunisten aus der *Grande Nation* auch nicht anders ticken als französische Adlige oder französische Bourgeois. In Deutschland lassen sich die Leute auch dafür ins KZ schicken, wenn sie Überheblichkeit aus rassistischen Gründen ablehnen. So viel zu der flankierenden Meinungsmache und damit zurück hinter verschlossene Türen.

Anthony Eden und Pierre Etienne Flandin geraten sich in der Frage der Behandlung der Deutschen am 12. März persönlich in die Haare. Dabei verteidigt der Vertreter Englands bloß die Linie. Es wurde schon im Juli 1934 öffentlich erklärt, dass Großbritannien keine Truppen stellen wird, um diese Rheinlandbestimmungen aufrecht zu erhalten, und dass es im Völkerbund sein Vetorecht nutzen wird, um andere Locarnopaktmächte davon abzuhalten. Davon abgesehen hatte Paris bisher auch gesagt, dass man mit dem Schritt gerechnet hat. Nun verwirft der Londoner „in einer heftigen Szene“[402] Flandins Wunsch nach Sanktionen gegen *unser* Reich und weigert sich, zu akzeptieren, dass „Deutschland ohne Krieg zurückweichen würde, wenn Frankreich und England eine feste Front aufrecht erhalten.“[403] Damit ist die Hoffnung deutscher Generäle, die bezeugt ist, geplatzt. An der Stelle können auch sie nur noch den Kopf schütteln.

Die Pariser Diplomaten können nur erreichen, dass der Rat des Völkerbundes, der ja nicht nur aus London besteht, am 19. März die Besetzung des Rheinlandes verurteilt. Reichskanzler Hitler in Berlin kann darüber lachen; in dem Klub ist er nicht mehr drin. Belgien ist von der Rückkehr deutscher Truppen an seine Grenze alarmiert. Als Brüssel sieht, dass die Briten und die Italiener ihre Locarnogarantien nicht einhalten, nimmt es verstört sein Bündnis mit Frankreich zurück und schwenkt auf eine Politik der strikten Neutralität ein. Diese Entscheidung wirkt sicher auf den ersten Blick naiv, verlässt sich Brüssel doch nunmehr darauf, dass Deutschland Belgien nichts tut, wenn Belgien Deutschland nichts tut; es bleibt Brüssel jedoch gar nichts anderes übrig, weil das ganze Geflecht aus Sicherheitsgarantien, das seit dem Ende des Weltkrieges gesponnen wurde, erneut wirkungslos bleibt, als das Deutsche Reich nun ernsthaft gegen die Nachkriegsregelungen verstößt, und diesmal eben auch zum Nachteil der Sicherheit der Belgier. Brüssel hindert Paris folgerichtig am Bau von Festungsanlagen der *Maginot-Lini*e an der belgisch-deutschen Grenze. Paris ist zwar enttäuscht, entscheidet jedoch, die Befestigungen auch nicht auf die französisch-belgische Grenze auszudehnen, weil man davon ausgeht, dass Belgien, Neutralität mal hin oder her, automatisch an seiner Seite stehen wird, wenn es zu einem Krieg mit dem Deutschen Reich kommen sollte. Auch dieser Gedanke ist jedoch nicht zuende gedacht. Wenn zu einem späteren Zeitpunkt und unter neuen Umständen die Neutralität Belgiens missachtet wird und dieses Land in kriegerische Handlungen einbezogen wird, dann kann Hitler ebenfalls die Neutralität Belgiens ignorieren – ohne ein schlechtes Gewissen haben zu müssen.

Die Folgen der Londoner Politik sind weitreichend. Für Paris bedeuten sie das Ende seiner Bemühungen um die Schaffung eines Staatenbundes gegen eine Expansion des Deutschen Reichs. Polen ging schon 1934 verloren, als Piłsudski diesen Vertrag mit Hitler unterschrieben hatte, und jetzt verabschieden sich Italien und Belgien aus dem Sicherheitssystem. Im Auswärtigen Amte wird Hitlers *friedliche Militäraktion* jenseits des Rheins unterschiedlich beurteilt. Wer dem braunen Regime nicht schon aus prinzipiellen Gründen kritischer gegenübersteht, muss dem Kanzler Respekt zollen. Ihm gelingt auf friedlichem Wege mit einem verwegenen Handstreich, was die Kanzler seit dem Krieg vergeblich anstrebten; ihm gelingt es, den militärischen Schutz des Reichs über sein Hohheitsgebiet wieder herzustellen. Berlins Außenminister Neurath möchte „den Kreis der durch unsere Rheinlandaktion aufgeworfenen Probleme“[404] (!) nicht unnötig erweitern. Deshalb gibt er am 31. März 1936 einem Wunsch des Prager Gesandten im Reich statt, das Mandat der neutralen Mitglieder

der im deutsch-tschechoslowakischen Schiedsvertrag eingesetzten Vergleichskommission um drei Jahre zu verlängern. In diesem Sinne äußert sich auch der Kanzler bei der Festrede zum 1. Mai über seine friedlichen Absichten. Die Tschechoslowakei und Österreich erwähnt unser Kanzler bei dieser Gelegenheit namentlich.[405]

Der richtige Zeitpunkt für eine neue Wahl

Unterdessen ist Hitler überall in Deutschland auf Wahlkampftour. In elf Großstädten tritt *Er* auf. Im bayerischen München sagt der Kanzler, der gerade für seinen Friedensplan wirbt: „Mein Ziel ist der Friede, der auf der Gleichberechtigung der Völker begründet ist. Wir sind eine Großmacht Europas und wollen als Großmacht gewürdigt werden." In Essen hört man unter anderem die folgenden Worte von ihm: „Sprecht nicht von Gesten und symbolischen Handlungen, sondern schließt Frieden. Das ist der Wunsch der Völker." In Berlin erläutert unser Reichskanzler: „Die Völker sehnen sich nach Frieden, jawohl, aber nach einem Frieden, der sie gleichberechtigt nebeneinander leben lässt."[406] Dafür wirbt *Er* – *Er* spricht von Sport und Urlaub, von Löhnen und Preisen, von Bildung und Kultur, vom Straßenbau und von bezahlbaren Autos für jedermann, also über die sozialpolitischen Anliegen, die die Menschen bewegen. Als *Er* in Karlsruhe ist, ruft *Er* in die Menge: „Ich habe den Ehrgeiz, mir einmal im deutschen Volk ein Denkmal zu setzen. Aber ich weiß auch, dass dieses Denkmal besser im Frieden aufzustellen ist, als in einem Krieg. Mein Ehrgeiz geht dahin, dass wir in Deutschland die besten Anstalten für die Erziehung unseres Volkes schaffen. Ich will, dass wir in Deutschland die schönsten Stadien erhalten und dass unsere Straßen ausgebaut werden, dass unsere Kultur sich hebt und veredelt; ich will, dass unsere Städte verschönert werden."[407]

Nun gibt es von der Sache her etwa sechzig Millionen Deutsche, die die Reden Hitlers hören, lesen oder von anderen davon erzählt bekommen. Abzuziehen sind davon allerdings politisch Uninteressierte, Kinder bis zu einem gewissen Alter, Alte ab einem gewissen Alter, der schon längst ausgewanderte und der in die Konzentrationslager eingefahrene Teil der Bevölkerung, so dass vielleicht vierzig Millionen Leute zur Wahl gehen können. Ein Teil von ihnen ist wohl heilfroh, dass der Führer inbrünstig vom Frieden spricht, einem Teil ist es völlig gleichgültig, wovon er überhaupt spricht, und ein Teil macht sich über ihn lustig. So geht jetzt der Witz um: Adolf fällt ins Wasser. Ein junger Bursche rettet ihn. „Ich bin Hitler", sagt Adolf zu dem Burschen, „du kannst dir von mir wünschen, was du willst!" Da fängt der Bursche an, ganz laut zu weinen und sagt zu ihm: „Ich wünsche mir nur, dass Sie meinem Vater nichts sagen. Wenn mein Vater erfährt, dass ich Sie aus dem Wasser gezogen habe, schlägt er mich tot."[408] Es ist ja nicht so, dass Hitler nicht wüsste, dass er nicht bei allen Leuten gleichmäßig beliebt ist, und kümmert sich selbst um geeignete Sicherheitsmaßnahmen. Seinem Fahrer Erich Kempka ist das jedoch noch nicht ausreichend. Er muss befürchten, dass er selbst tot ist, wenn jemand ein Attentat auf den Boss verübt. Deshalb entschließt sich Erich Kempka, bei der Firma Mercedes-Benz auf eigene Faust ein Auto mit besonders starken Scheiben in Auftrag zu geben. Den Ärger mit dem Sekretär von Rudolf Heß, Martin Bormann, der sich quer stellt, weil der Wagen übertrieben teuer wird, nimmt er dafür in Kauf.[409]

Der Wahlkampf läuft auf vollen Touren und an vielen Baustellen hängen Schilder, die der Welt sagen: „Dass wir hier bauen, verdanken wir dem Führer."[410] Ein Berliner Scherzkeks nimmt so ein Schild ab und bringt es an der ausgebrannten Ruine des Reichstags an. Wie viele Berliner sehen das Schild, ehe es abgenommen wird? Mit jenem lebensgefährlichen Akt macht der Mutige erneut deutlich, dass er einen Tipp hat, wer das Haus angezündet hat. Schön ist auch dieser Witz: Er nimmt das zu erwartende Wahlergebnis auf die Schippe: Die Wahl 1936 kann nicht stattfinden. – Warum nicht? – Bei Goebbels wurde 1935 eingebrochen und das Wahlergebnis von 1936 gestohlen. In dieser Preislage bewegt sich auch dieser Witz: Vor der Wahl am 29. März hat Goebbels nächtelang Alpdrücken. – Warum? – Er hat Angst, dass 110 Prozent herauskommen.[411]

Auf der anderen Seite ist manch einer von Hitlers Kritikern im Volk von dem Regime, das er einst bekämpft hat, inzwischen durchaus begeistert und kritisiert seinerseits nun wiederum, dass es *noch viele Hetzer* unter unseren Landsleuten gibt. So setzt sich beispielsweise Wilhelm in Hebel bei Kassel am 17. März hin und schreibt einen Brief an Adolf Hitler: „An Herrn Reichskanzler Adolf Hitler! Mein Führer! Ich muss Jeden Tag an Sie denken verehrter Herr Reichskanzler, was Sie für ein wunderbarer Mann sind, der es fertig bringt, mehr zu arbeiten, als man verlangt, ja Sie haben in den drei Jahren mehr geleistet, als Sie überhaupt versprochen haben. Ich muss es Ihnen schreiben, erst dann habe ich Ruh, denn ich liebe und verehre Sie und lasse mein Leben freudig für Sie hin wiewohl ich früher Ihr Gegner war. Es mag zwar nicht schön klingen, was ich geschrieben habe, aber wahr ist es das schwöre ich Ihnen. Als Sie am 30. Januar die Macht übernahmen, ging es gegen meine Natur, sofort »Heil Hitler« zu rufen, aber heute bin ich davon überzeugt. Diejenigen Volksgenossen, die heute noch nicht zur Einsicht gekommen sind, besitzen kein Charakter und kein Ehrgefühl, und müssten aus dem Lande verwiesen werden, was hilft uns ein großes Volk, wenn noch viele Hetzer darunter sind.“[412] Wird Hitler diesen Brief selbst lesen? „Es muss für Sie, mein Führer, eine große Freude sein, Leute, die gegen Sie und der Partei gestanden haben, gläubig zu Ihnen aufsehen und der Fahne folgen bis in den Tod. Da ich Vater von zwei Mädchen im Alter von sechs Jahren bin, verspreche ich feierlich, sie im Sinne der neuen Zeit zu guten Menschen zu erziehen.“ Eben: Frieden, Freude, Arbeit, Autobahnen. „Leider ist es mir noch nicht vergönnt gewesen, Sie mein Führer nur einmal von Angesicht zu sehen. Mein Hausgrundstück ist mir im Jahre 1932 gerichtlich verkauft worden, weil ich die Zinsen nicht mehr aufbringen konnte, was auch dazu beigetragen hatte, dass ich zweimal Kommunist gewählt habe und auch schon bitter gereut habe. Ich will nicht bloß meine Stimme am 29. März abgeben, und meine Kinder für die neue Zeit erziehen, ich will noch mehr für den Staat tun, leider bin ich noch immer arbeitslos. Möge der 29. März dem Ausland den Beweis bringen, dass ihm das ganze Volk dem Führer treu ist, und seinem Rufe folgt. Heil Hitler, in Dankbarkeit untertänigst gez. Wilhelm S. in Hebel, geb. am 8.3.07“[413] Da er so viel Dankbarkeit zum Ausdruck bringt, wird der Führer sicher über die Schreibfehlerchen großzügig hinwegsehen. Der Mann aus Hebel hält ganz nebenbei noch zwei interessante Informationen bereit: Erstens gab er in seinem Brief eine gefühlte Größenordnung für den Unmut an, der im deutschen Volk herrscht, als er schrieb, es gebe viele Hetzer, wobei er das über das Wörtchen *noch* mit der Hoffnung verbindet, dass sie zügig damit aufhören werden. Zweitens bestätigt er im Selbstbekenntnis die in vielen Witzen kolportierte Information, dass auch weiterhin längst nicht alle Arbeitslosen einen Arbeitsplatz gefunden haben. Da er jedoch nicht klagt, geht es ihm offenkundig in der sozialen Hängematte gut.

Die Rechte aufgehoben

Als letzten Endes die Reichstagswahl stattfindet, dürfen die Juden nicht mehr an der Wahl teilnehmen. Haben wir da etwas verpasst? Davon war doch bisher nie die Rede gewesen! Doch – aber das ist im Jubel über die gelungene Besetzung des Rheinlandes durch die deutsche Armee untergegangen. Das Modell empfiehlt sich zur Nachahmung zum Beispiel bei Olympia. Dieses Gesetz stand sogar in der Zeitung: „Wer, ohne wahlberechtigt zu sein, eine Stimme abgibt, wird mit Gefängnis und Geldstrafe oder mit einer dieser Strafen bestraft."[414] Hier haben wir es wieder: Wie erneut eine Wahl zu einem Zeitpunkt aus dem Hut gezaubert wurde, an dem man ein Traumergebnis *Oberkante Unterlippe* abkaufen kann, hat die Nazi-Führung auch hier wieder gewusst, wie man Proteste über eine weitere fragwürdige Diskriminierung der Juden verdrängen kann. Allein schon die zahlreichen Spottverse, die im Volk weitererzählt werden, sind Beleg genug dafür, dass es kritisch beäugt wird, wie der neuartige Staat mit den Juden umgeht, und natürlich ist zu befürchten, dass es in dieser Frage zu Protesten aus der Bevölkerung heraus kommen könnte. Wenn aber in einer Jubelstimmung jemand Wasser in den Wein gießt, wird er einfach nicht für voll genommen. Ja, ja, du wieder. Dieses Erspüren von Gelegenheiten für dieses und jenes wird immer mehr ein Markenzeichen für Hitlers Regierungsstil. Toll, wählen dürfen die Juden also auch nicht mehr, arbeiten dürfen sie in vielen Berufen schon lange nicht mehr, wie vertreibt sich nun eigentlich jemand, der praktisch überhaupt nix mehr machen darf, den lieben langen Tag seine Zeit? Victor Klemperer, früher war er Professor für Romanistik in Dresden, verfolgt als Sprachwissenschaftler den Verfall des Deutschen in der Zeitung. Blatt für Blatt füllt er mit seinen Beobachtungen zur *Newspeak* im Dritten Reiche, um daraus später vielleicht ein Buch zu machen, wenn er in der Zwischenzeit nicht verhungert ist. Es soll *Lingua Tertii Imperii* heißen. Von den unzähligen hier benutzten Kürzeln, angefangen bei BDM, HJ oder KdF, bis hin zum Missbrauch des Sports für Zwecke der nationalen Propaganda analysiert er mit den Mitteln eines Linguisten die neumodische Sprache der Nazis. Er weiß heute nicht mehr, warum er im Weltkrieg seinen *Job* als Lektor an der Universität in Neapel aufgegeben hat und sich als deutscher Freiwilliger an die Westfront schicken ließ. Wo bleibt hier die Dankbarkeit? Mancher sieht das mit den Juden kritisch und bringt das auf den Punkt: Der Lehrer fragt in der Schule: „Wie hieß der erste Mensch?" Manfred antwortet ihm: „Hermann, der Cherusker." Daraufhin erklärt ihm sein Lehrer: „Aber Manfred, der erste Mensch war doch Adam!" Woraufhin Manfred meint: „Ach, Herr Lehrer, ich habe geglaubt, Nichtarier zählen nicht zu den Menschen!"[415] Eine gute Idee, wie man den Juden konkret helfen kann, hat Siegfried Blum in Berlin-Pankow. Da er ein Pfarrer ist, kann er Juden, wenn sie das wollen, in seiner Hoffnungs-Kirche taufen und sie damit zu Christen machen.[416] Er kann nur beten, dass ihnen das im täglichen Leben hilft. Und jetzt sagen Sie, Siegfried Blum sei ja auch wieder mal ein Einzelfall, wo jemand aufmüpfig ist gegen Hitlers Staatsersatz. Aber allein in diesem einen Buch finden Sie so viele Einzelfälle in verschiedenen Preislagen. Glücklicherweise wird nicht jeder davon auch gemeldet und verfolgt, denn darauf stehen unangenehme Strafen.

Dilettanten versuchen sich an Außen- und Innenpolitik

Nachdem der *Coup* im Rheinland geglückt ist, schickt Hitler am 1. April Joachim von Ribbentrop nach London. Er soll die Bande nach England ausbauen und den Friedensplan vom 7. März 1936 übergeben. In Berlin gilt Hitlers Sondergesandter jedoch weder als sehr sympathisch noch als kompetent.[417] In London schaut man den Plan an und entwickelt daraus Vorstellungen über einen Westpakt. Der soll, ausgehend vom Viererpakt des Jahres 1933, gegenseitige Garantien von England und Deutschland, Italien und Frankreich enthalten. Diese Denkschiene ist also noch lange nicht vom Tisch, wie Sie sehen. In Richtung Sowjetunion sowie Südosteuropa werden Verträge nach dem Muster der zwei Jahre alten deutsch-polnischen Erklärung vom Januar 1934 angeregt. Eine solche kreative Ausweitung wird von Berlin abgelehnt; über einen Westpakt wird jedoch verhandelt. London geht es um den Erhalt des *Status quo* aller Grenzen in Europa. *Changes* sollen immer nur durch *Talks* auf Regierungsebene herbeigeführt werden.[418] Über einen Mittelsmann versucht Ribbentrop ein Treffen zwischen dem Kanzler und Premier Baldwin zu arrangieren, wobei er unter anderem sagt, der Ausgang des Gespräches werde „das Schicksal von Generationen bestimmen".[419] Fritz Wiedemann ist Zeuge, dass sein Führer „strahlte vor Freude"[420] bei dem Gedanken an diese Begegnung mit dem Londoner Premierminister. Es wird jedoch nicht zum Treffen mit Baldwin kommen; vielleicht hat es der Außenminister Eden verhindert.[421] Der Kanzler kann seinen Vorschlag für ein weltweites antikommunistisches Bündnis nur Lord Londonderry und Arnold Toynbee vortragen. Am Ende ist er „schwer enttäuscht",[422] dass London auch den vierten regierungsamtlichen Annäherungsversuch zurückweist.

Über die heillose Unterlegenheit der deutschen Streitkräfte weiß zuerst und am besten Adolf Hitler Bescheid und er lässt auch in dieser Hinsicht nichts anbrennen. Im April beauftragt er Hermann Göring, den Bedarf an Rohstoffen und Devisen zu überprüfen, und ermächtigt den Minister, die Betätigung von Staat und Partei auf diesen Gebieten zu überwachen. Göring führt den Wirtschaftsminister, den Kriegsminister, den Reichsfinanzminister, den Präsidenten der Reichsbank sowie den preußischen Finanzminister an einen Tisch zur Erörterung der Fragen, die etwas mit der Mobilisierung zu tun haben. Am 27. Mai widersetzt sich Göring mit einer Rede vor dieser Runde allen finanziellen Beschränkungen für die Rüstung und fügt hinzu, alle Maßnahmen müssten vom Standpunkt gesicherter Kriegsführung aus betrachtet werden. Zentrale Zielscheibe des Spotts bleibt der Widerspruch zwischen dem Bekunden friedlicher Ziele und dem Militaria-Fimmel des dicken Hermann Göring. So geht dieses Jahr der böse Witz um: Ein neuer Panzerkreuzer wird besichtigt. Göring ist eher da und sieht gerade aus einem Bullauge, als Hitler und Goebbels kommen. Goebbels sagt spöttisch: „Sieh mal, Adolf, jetzt hat sich Göring schon einen Panzerkreuzer als Orden um den Hals gehängt."[423] Wer dem Freund so einen Witz weitererzählt, kann an den laufenden Kriegsvorbereitungen logischerweise nichts ändern, nimmt aber das Problem ernst, das sich da langsam zusammenbraut.

Ende April ernennt Adolf Hitler seinen Gefolgsmann Heinrich Himmler zum obersten Polizeichef des Deutschen Reiches. Das bleibt nicht ohne Folgen für Dr. Hans Bernd Gisevius, der im Innenministerium arbeitet. Seine Überlegungen leuchten ein: „Aus dem Staatsdienst auszuscheiden, woran ich einen Augenblick dachte, wäre höchst unratsam gewesen. Im Gegenteil, Beamter musste ich unbedingt bleiben, wollte ich meine Bemühungen fortsetzen." Er hofft immer noch, eines Tages würden unsere Generäle zum entscheidenden Schlage gegen die Gestapo ausholen. Bis dahin, weiß er, bietet die Beamteneigenschaft doch eine gewisse Rückversicherung gegen eine allzu geräuschlose Liquidierung. Er scheint zu schmunzeln, als er meint: „Pflichttreu, wie Vorgesetzte sind, machen sie nämlich einen Aktenvermerk, wenn man morgens nicht zum Dienst erscheint. Bleibt man volle zwei Tage unentschuldigt weg, so erkundigen sie sich nach dem Befinden. Meine Verhaftung hätte sich also herumgesprochen. Sie wäre an das Ministerium weiter gemeldet worden und dieses hätte sich unter Umständen in der Prinz-Albrecht-Straße [Chefs von Geheimer Staatspolizei, Reichssicherheitshauptamt sowie SS] nach mir erkundigt. So, wie ich aber Heydrich einschätzte, war dieser weiterhin

Hans Bernd Gisevius

bestrebt, Aufsehen tunlichst zu vermeiden. Wohl oder übel wagte ich die Verbannung in die Provinz." Nach längerem Hin und Her wird er an die Regierung in Münster in Westfalen geschickt, seiner Meinung nach eine erträgliche Lösung, weil er da eine verständnisvolle Seele vorfindet, den Oberpräsidenten Ferdinand Freiherr von Lüninck, mit dem ihn schon so manches ketzerische Gespräch verbunden hat. Hans Bernd Gisevius ist dieser kluge und vornehme Mann seit Jahren bekannt. Deshalb ist er so sicher, dass er sich darauf verlassen kann, dass dieser ihm nach Kräften helfen wird, wenn es nottut. Gisevius ist sich sicher, dass Lüninck durch und durch „Anti" ist, allein schon, weil er ein frommer Katholik ist. Der Freiherr von Lüninck rechnet allerdings nicht mit einem schnellen Ende der Nacht über Deutschland, weil er die Passivität der Westmächte von Anfang an richtig einschätzte. Deshalb glaubt er, es seinen westfälischen Bauern als früherer Präsident ihrer Landwirtschaftskammer schuldig zu sein, so lange wie möglich auf seinem Posten auszuharren. Gisevius ist davon überzeugt, dass ein guter Verwaltungsbeamter wie er der Bevölkerung in den kleinen Alltagssorgen mancherlei Hilfe leisten könne. Es sei ihm beispielsweise möglich, an den mehr unsichtbaren Nahtstellen des öffentlichen und des zivilen Lebens Leute vor allerhand Schikanen zu bewahren. Gisevius weiß von vielen Fällen, wo Landräte und Bürgermeister angefleht werden, um dieser guten Sache willen das Opfer einer Mitgliedschaft in der Partei zu bringen.[424] Wenn in Tausend Jahren das Zustandekommen der Zustände ausgewertet wird, wie sie im Moment in Deutschland herrschen, werden Historiker hoffentlich gerecht urteilen, und nicht aus einem Elfenbeinturm Weisheiten zum Besten geben, mit denen unter den aktuellen Umständen kein Blumentopf zu gewinnen ist.

Zurück auf das diplomatische Parkett

Die Französische Botschaft in Berlin ersucht im Mai trotz der Besetzung des Rheinlands um eine Erneuerung der Mandate für die Mitglieder der deutsch-französischen Vergleichskommission. Den Diplomaten wird erklärt, dass nach Berliner Auffassung der deutsch-französische wie auch der deutsch-belgische Schiedsvertrag durch die Aufkündigung des sogenannten Rheinpakts „in Mitleidenschaft gezogen seien, und dass wir daher bis auf Weiteres der vorgeschlagenen Erneuerung der Mandate nicht zustimmen könnten".[425] Dagegen protestiert die Französische Botschaft in aller Form mit einer schriftlichen Note. „Im Verhältnis zu Belgien ist die Frage bisher nicht ausdrücklich zur Erörterung gekommen."[426]

Seit Jahren, wenn nicht seit Jahrzehnten, bemüht sich Italien nun schon um eine Erweiterung seiner Besitzungen im Nordosten Afrikas. Im Mai 1936 gelingt ihm schließlich die Einnahme der äthiopischen Hauptstadt Addis Abeba. Am 9. Mai kapitulieren die letzten äthiopischen Truppen und Benito Mussolini ruft in Rom das „Imperium Romanum" aus. Das historische Vorbild war zugegebenermaßen nördlicher angesiedelt. Der König von Italien Viktor Emanuel III. nimmt den Titel des Kaisers von Abessinien an. Mussolini glaubt jetzt, der deutschen Hilfe nicht mehr zu bedürfen, und versucht, nun wieder Abstand zu gewinnen, um sich jetzt erneut an Frankreich anzunähern. Unmittelbar nach einem *Eroberungs*krieg in Abessinien fühlt er sich dazu berufen, die Tschechoslowakei und Österreich gegen das Deutsche Reich zu verteidigen. Der *Duce* will jetzt mit Paris einen Militärpakt gegen Deutschland abschließen. Dafür bietet er den Franzosen Durchmarschrechte durch Italien an, wenn es einmal Militär in die Tschechoslowakische Republik entsenden wollen sollte.[427]

Da sitzt der Stratege und brütet. Für eine neuerliche Annäherung an die Franzosen möchte der *Duce* die Anerkennung *Seiner* Herrschaft in dem ältesten Staat der Welt von ihnen ergaunern. Doch schon sein nächster Zungenschlag verdeutlicht, dass Italien für Krieg nicht gerüstet ist. Der römische Herrscher benötigt französische Waffenhilfe, um etwas gegen

Deutschland ausrichten zu können[428] – zu einer Zeit, in der das Reich im Norden sich selbst nicht effektiv gegen Frankreich verteidigen kann, was tief blicken lässt. Aber die raffinierte Planung für seinen groß angelegten Kurswechsel wird durch einen Kurswechsel in Frankreich zu Makulatur. Am 4. Juni 1936 bilden dort die Linksparteien eine Volksfrontregierung, die sich den Kampf gegen den Faschismus auf die Fahnen schreibt. Der *Duce* findet sich auf einmal selbst auf der Abschussliste wieder. Auch die USA und England weigern sich, die Eroberung Abessiniens durch Italien *völkerrechtlich* anzuerkennen. Jetzt ist Mussolini isoliert. Er muss sich neue Freunde suchen. Österreich ist Italien nach wie vor verbunden, das Verhältnis Österreichs zu Deutschland ist hingegen schon seit dem Tode des Kanzlers Dollfuß ruiniert. Bei einer Entspannung zwischen Rom und Berlin ist mit einer Belastung durch diese deutsch-österreichische Verstimmung zu rechnen. Deshalb drängt Mussolini Wiens Bundeskanzler Schuschnigg, sich mit den Deutschen auszusöhnen.[429] Im schönen Juni wird übrigens in Paris eine Organisation deutscher Emigranten mit dem Namen „Freie Deutsche Jugend“ gegründet. In Frankreich sind sie frei.

Nachdem Hitler in seiner Festrede am 1. Mai schon erklärt hatte, dass er dem Auslande gegenüber auch weiter auf Frieden setzt, und namentlich Österreich erwähnt hat, wird am 11. Juli ’36 ein Vertrag über die Normalisierung und freundschaftliche Beziehungen zwischen Berlin und Wien geschlossen. In seinem ersten Artikel heißt es also: „Im Sinne der Feststellungen des Führers und Reichskanzlers vom 21. Mai 1935 anerkennt die Deutsche Reichsregierung die volle Souveränität des Bundesstaates Österreich.“ Der zweite Artikel hebt die Eigenständigkeit der zwei Länder hervor: „Jede der beiden Regierungen betrachtet die in dem anderen Lande bestehende innerpolitische Gestaltung, einschließlich der Frage des österreichischen Nationalsozialismus, als eine innere Angelegenheit des anderen Landes, auf die sie weder unmittelbar noch mittelbar Einwirkung nehmen wird.“[430]

1936

Unter dem Siegel der Verschwiegenheit

Der Frieden sowie die Sicherheit, besonders aber der Frieden als solcher sind dem Kanzler der Herzen wichtig. Das wurde jetzt mit dem Vertrag wieder deutlich. Doch da kommt ein unerwartetes Ereignis dazwischen und macht das Engagement von Adolf Hitler notwendig. Am 17. und 18. Juli 1936 putschen spanische Generäle in Marokko gegen ihre gewählte Regierung. Im Sturm springt der faschistische Funke auf das spanische Mutterland über. Keine Frage: Jetzt muss Hitler helfen. Weil er aber der Kanzler des Friedens ist, kann er nicht einfach sagen, dass er Soldaten in den Krieg schicken will. Nur allmählich fällt diesem und jenem auf, dass da was am Kochen ist. Einer von ihnen ist der Jagdflieger Adolf Galland. Erst gegen Ende des Jahres 37 hören er und seine Luftwaffenkameraden erste Gerüchte von einer *Legion Cóndor*. Was berichtet er? „Keiner von uns wusste, dass der deutsche Freiwilligen-Verband in Spanien diesen Namen trug. Keiner wusste überhaupt Näheres über Stärke und Art des Einsatzes. Es fiel nur auf, dass der eine oder andere Kamerad plötzlich spurlos verschwand, ohne dass man etwas von seiner Versetzung oder Kommandierung erfahren hätte. So nach einem guten halben Jahr war er dann braun gebrannt und gut gelaunt wieder da, kaufte sich ein neues Auto und erzählte seinen intimsten Freunden unter tiefster Verschwiegenheit höchst bemerkenswerte Dinge aus Spanien.“[431] Unter strengster Geheimhaltung schickt Hitler zwanzig Transportmaschinen vom Typ JU 52 und ein Begleitgeschwader von Jagdflugzeugen, damit Franco Bahamonde, der *Caudillo* der Faschisten, seine Truppen aus Marokko nach Spanien holen kann; es ist die erste „Luftbrücke“ in einem militärischen Konflikt. Rom beordert ein Expeditionskorps von 50.000 Soldaten dorthin und Berlin entsendet 10.000 Angehörige der Wehrmacht. Das Personal der „Legion Cóndor“ wechselt alle drei oder sechs Monate, je nach ihrer Funktion. In den folgenden drei Jahren des Bürgerkrieges werden weit über 30.000 Männer der Reichsluftwaffe unter Kampfbedingungen ausgebildet.[432] Es ist nicht so, dass sich nicht dieser und jener unter den Deutschen seinen Teil dabei denkt; aber was kann man dagegen unternehmen? Notfalls wird Deutschland auch im Mittelmeer verteidigt. Wer weiß, ob man das in einer repräsentativen Demokratie verhindern kann, aber unter den heutigen Umständen ist es ja nicht einmal bekannt. Über Goebbels' Medien, die sich mit ihren Meldungen über jenen Bürgerkrieg überschlagen, machen sich die Deutschen lustig: Ein Journalist kommt auf Franco zu fragt ihn: „Wie ist der Ausgang des Krieges?“ Der *Caudillo* der Spanier antwortet ihm: „Ich weiß nicht, ich habe die deutsche Presse noch nicht gelesen.“[433]

Was unternehmen London und Paris? Sie drängen 27 Ländern Europas eine Vereinbarung über „Nichteinmischung“ in Spanien auf. Paule weiß nicht, warum. Er weiß ebenso wenig, dass London sich doch einmischt – und den Führer der Faschisten unterstützt. Ein europäisches Land nach dem anderen bekommt mit Unterstützung aus England seine Diktatur. Wetten würde ich eingehen, dass die faschistischen Unruhen in Frankreich auch aus dem Westen gesponsort waren. Warum sollte Frankreich nicht dem Block aus Deutschland, Italien und Spanien angehören, dem im Osten Europas das umgekrempelte Reich des Zaren gegenübersteht? Zudem ist Frankreich der ältere Konkurrent als das Reich unseres alten Kaisers Wilhelm II. Mit der Aussicht auf den faschistischen Umsturz in Spanien verschlechtert sich die strategische Position für Frankreich. Seit einem Jahr gilt das Marineabkommen zwischen dem Britischen Empire und dem Deutschen Reich. London ist weiterhin gegen eine französische Garantie für Osteuropa. *Roma* ist *Paris* schon wieder einmal nicht mehr verbunden und setzt Truppen westlich der französischen Grenze ein. Die Deutschen rüsten heimlich so stark auf wie unheimlich und engagieren sich ebenfalls militärisch in Spanien; die Belgier verweigern ab 1936 die militärische Zusammenarbeit mit Frankreich und die Spanier sind auf dem Weg, sich vom republikanischen Konsens zu verabschieden. Auch in der Innenpolitik ist Frankreich zerklüftet und seine rechts- und linksradikalen Tendenzen machen eine weitere Diktatur in Europa möglich.

Berlin im Glanz der Olympischen Spiele

Aber dieser Sommer hat auch einen ganz anderen Schwerpunkt, der die Leute wesentlich mehr interessiert als Politik. Schon 1931 hatte sich das Internationale Olympische Komitee für Deutschland als Austragungsort der XI. Olympischen Spiele entschieden. Sicher gab es im Ausland seit 1933 auch Aufrufe zum Boykott der Spiele – vor allem aus den dortigen deutschen Emigrantenkreisen, aber die Berliner Regierung kann die Bedenken zerstreuen, indem sie versichert, dass Rasse oder Religion keine Probleme für die Sportler darstellen werden. Sie können so jüdisch sein, wie sie wollen. Schwarz ist auch chic. Wir sind da absolut offen. Gut, im Reich wird das zwar nicht umgesetzt, *im Prinzip* ist aber alles gut – und als letztlich im Auslande auffällt, dass nicht jeder gute deutsche Sportler zu den Spielen nach Berlin darf, ist es zu spät, um das Großereignis noch ausfallen zu lassen. Es wird einfach an alles gedacht – selbst der Verkauf dieses Schmutzblattes *Der Stürmer* wird während der Spiele verboten, damit die Gäste aus aller Welt einen denkbar freundlichen Eindruck von Deutschland erhalten. Eine Galashow wird allein schon die Eröffnungsveranstaltung, und prompt hat die Berliner Schnauze auch den rechten Spruch parat: Hermann Göring ist zusammengebrochen. Er hat sich die Olympiaglocke umhängen wollen.[434]

Adolf Galland* wird das Spektakel sein Leben lang ganz bestimmt nicht mehr vergessen. Hunderttausende Besucher aus aller Welt kommen ins geschmückte Berlin. Deutschland erreicht damit seines Erachtens einen Kulminationspunkt seines jähen Aufstiegs. Die Olympischen Spiele und ihr ganzes Drumherum sind eine Meisterleistung der Organisation. Das Reich zeigt sich seinen Gästen von der besten Seite. Mit seiner Gleichberechtigung hat es auch die Sicherheit wiedergewonnen, als großzügiger Gastgeber aufzutreten. Einheiten aller drei Wehrmachtteile wirken mit bei den Schauvorführungen, die zwischen den sportlichen Wettkämpfen stattfinden. Die Zufriedenheit und das Glück der Bewohner des Landes scheinen sich mit der aufrichtigen Anerkennung der fremden Gäste zu einer Atmosphäre ehrlichen Verständigungswillens zu verbinden."[435] Ein

Mann wie Dolmetscher Schmidt sagt, jetzt im August, nachdem die Befürchtungen, die der deutsche Einmarsch in das Rheinland in allen Gemütern geweckt hatte, wieder verflogen sind, und die drohenden Kriegsgefahren des Monats März einer ruhigeren Beurteilung gewichen zu sein scheinen, nachdem von deutscher Seite derartig viele beredte Worte für den Frieden gesprochen worden sind, hält keiner der ausländischen Besucher, deren Worte er Hitler und den deutschen Prominenten zu übersetzen hat, mit seiner Freude über diese, wie es scheint, sehr glückliche Wendung zurück, und viele der Gäste geben in lebhafter Weise ihrer Bewunderung für Hitler, seine Friedensbemühungen sowie die Leistungen des nationalsozialistischen Deutschland Ausdruck. Diese Tage in Berlin erscheinen Schmidt wie eine Art Apotheose für Hitler und für das Dritte Reich. Deutlich kann er während der meist bloß kurzen Gespräche feststellen, dass Hitler von den Ausländern fast ausnahmslos mit höchstem Interesse, um nicht zu sagen mit großer Bewunderung betrachtet wird. Nur selten sieht er eine gewisse Skepsis, wie beispielsweise ausgerechnet in dem Gespräch Hitlers mit Lord Vansittart. Dieser Londoner Strippenzieher sagt zu Dr. Schmidt bei der Gelegenheit: „Der nächste Krieg wird sich nicht an die nationalen Grenzen halten. Die Fronten werden mitten durch die einzelnen Völker hindurchlaufen, denn es wird kein Krieg der Nationen, sondern ein Krieg der Weltanschauungen sein!“[436] Es ist keine staunenswerte Prophezeihung mehr, wenn die Inthronisierung konträr gelagerter, feindlich gesinnter Ein-Parteien-Regime auf dem Kontinent die englische Antwort auf das Aufblühen erfolgreicher Volkswirtschaften in Europa ist. Im Reich selbst ist der Bürgerkrieg der Weltanschauungen längst entbrannt, so wird im August 1936 ein neues Konzentrationslager eröffnet. Das entsteht nördlich der Reichshauptstadt und wird mit dem Namen Sachsenhausen versehen.

Dr. Jekyll and Mr. Hyde

Einer der Londoner Schauspieler, Premierminister Baldwin, lehnt 1936 jedes Zusammentreffen mit *unserem Reichskanzler* ab, und ein weiterer Schauspieler, Ex-Premierminister Lloyd George, schüttelt Kanzler Hitler am 4. September 1936 seine Hand. Es ist wieder einmal schön, dass sich *unser* Führer darüber so freut wie über die freundlichen Worte über sein Regime. Der Mann jedoch, der sein neues Deutschland so großartig lobt, ist auch derjenige, der 17 Jahre zuvor die Texte des Versailler Friedensvertrages ausgearbeitet hat. *Oops.* Hatten inzwischen nicht schon recht viele politische Beobachter die Ansicht vertreten, dieser Vertrag enthalte den Keim für den nächsten Krieg und er sei streng genommen nicht viel mehr als ein Frieden für zwanzig Jahre? Diese Frist läuft übrigens 1939 aus. Lloyd George ruft 1936 sicher nicht ohne Bedacht aus, Hitler sei der größte Deutsche dieses Zeitalters, und nimmt so den Kritikern innerhalb des Reiches erneut den Wind aus den Segeln.[437] Also ist jener *politician*, der den deutschen Nachkriegsdemokraten das harte Brot zum Knabbern gab, auch derjenige, der nach der Machtergreifung Hitler, den Mann aus Braunau am Inn, nun plötzlich über den grünen Klee lobt. Der erste, den das im Grunde genommen stutzig machen müsste, ist der Besuchte. Der jedoch freut sich und er wird sich schon Erklärungen zusammenreimen. Er könnte denken, Lloyd George bereut vermeintliche frühere Fehler; er denkt vielleicht auch, England will das wiedererstehende Deutschland in die Arme nehmen und küssen. Doch Freude muss sich auf den privaten Bereich beziehen. Wenn Politiker bei ihren Artgenossen hingegen Freud oder besser Freude bemerken, sollten sie sie warnen, wenn sie ihnen gut gesonnen sind. Egal, was sich Hitler in seinem Hirn erdenkt, es ist nicht mehr als eine Art von Freudscher Fehlleistung: Er interpretiert den Ex-Premier so, wie er sich seine freundlichen Worte erklärt. Das trifft insbesondere auch deshalb zu, weil dieser Brite schlecht über die Tschechoslowakei redet und *unseren* Führer damit zu grobem Unfug ermuntert. Nach dem historischen Besuch bei Hitler auf dem schönen Obersalzberg sagt der Ex-Premier: „Ich habe jetzt den berühmten deutschen Führer gesehen und auch einiges von dem großartigen Wandel, den er herbeigeführt hat. Was man auch von seinen Methoden halten mag – und es sind gewiss nicht die eines demokratischen Landes, kann es doch keinen Zweifel geben, dass er eine großartige Transformation in der Stimmung im Volke, in ihrem Verhältnis zueinander und ihren sozialen und wirtschaftlichen Aussichten erreicht hat. Zu Recht hat er in Nürnberg behauptet, in vier Jahren würde er ein neues Deutschland schaffen."[438] Er sagt das zugegebenermaßen aber nicht gleich auf Deutsch. So weit reicht seine Begeisterung doch nicht. Es ist ja für englisches Publikum gedacht, publiziert in *The Evening Post*. Der deutsche Dolmetscher Schmidt traut seinem Verstand nicht mehr. George schließt seine Laudatio auf seinen Favoriten unter den Politikern mit den Worten: „Ich habe noch nie ein glücklicheres Volk gesehen und Hitler ist einer der größten Männer."[439]

Wider den Judenhass des Führers

Die Vorläufige Leitung des Bruderrats der Bekennenden Kirche sieht die Zustände im Reich schon etwas kritischer und benennt die anstehenden Probleme in einer an Herrn Hitler gerichteten Denkschrift. Sie verurteilt den bei uns offiziell propagierten Judenhass, bezeichnet die Vereidigung von Kindern in der *Hitlerjugend* am Führergeburtstag als unerträglich, prangert die Manipulation der Reichstagswahl vom 29. März an und die Tatsache, dass es in Hitlers Reich weiter die Konzentrationslager gibt.[440]

Die Worte sollen auf Adolf Hitler Einfluss nehmen, ihn zur Änderung in seinem Regierungsstil bewegen. Kann das heimlich, still und leise etwas werden? Nicht alle glauben das und übergeben das kritische Papier der ausländischen Presse. Ist es gut oder schlecht, dass es im Ausland in die Zeitung kommt und der Dissens zwischen der Kirchenführung und dem Staat der Öffentlichkeit bekannt wird? Für diejenigen, die dem Verdacht ausgesetzt sind, mit der Angelegenheit vielleicht etwas zu tun zu haben, hat es schmerzhafte Folgen. Der Bürochef der Vorläufigen Leitung der Bekennenden Kirche Dr. Friedrich Weißler und seine Kollegen sind bald verhaftet und werden in das Konzentrationslager Sachsenhausen in der

Nähe von Berlin verbracht. Dort werden sie gefoltert und immer wieder gefoltert. Dr. Weißler wird besonders grausam misshandelt; nach einem halben Jahr ist er endgültig tot. Seine früheren Kollegen werden wieder freigelassen, aber sie wissen jetzt aus eigenem Erleben, wie hier mit den *Volksgenossen* umgegangen wird.[441]

Nach der Veröffentlichung der Kritik außerhalb des Reiches meldet sich die Kirchenleitung erneut zu Wort. Jetzt, wo es sowieso bekannt ist, dass sie Kritik geübt hat, kann sie auch gleich ihre Pfarrer öffentlich Stellung beziehen lassen beim nächsten sonntäglichen Gottesdienst. Was von der Kanzler herunter gepredigt werden wird, ist mit Bedacht ausformuliert. Ihre Gläubigen seien es der Obrigkeit sicherlich schuldig, Gehorsam zu leisten, aber nur bis zu dem Punkt, an dem sie etwas verlangt, was gegen Gottes Gebot ist. Damit setzen sie ihren Gott höher als Hitler, dem mit diesen Worten ein Platz unter den Menschenkindern zugewiesen wird – Hochverrat in der Wahrnehmung des Despoten. Er Gott, Du Mensch. Ist es nun wieder gut oder schlecht, dass sie sich in der Stellungnahme auf ihre kirchlichen Angelegenheiten beschränkt und nicht erneut gegen die Konzentrationslager, die Gestapo und den Führerkult auftritt? Scheuen die Männer in der Vorläufigen Kirchenleitung die Kraftprobe zwischen den überzeugten Nazis und dem Rest der Gesellschaft? Wollen sie einen ganz großen Zusammenstoß mit blutigem Ausgang verhindern? Es wird schließlich von den Kanzeln verkündigt, die Christen seien verpflichtet, der Obrigkeit zu widerstehen, wenn Gottes Gebot es fordert, ein Novum, eine Sensation für die Evangelische Kirche, die immer und bis ins Letzte unbedingt für die Interessen der jeweiligen Obrigkeit eingetreten war.[442]

Auch in der Öffentlichkeit sind die Juden immer wieder einmal Thema, es gibt zum Beispiel den *Witz*: Ein SA-Mann trifft einen Juden, der ein sehr trauriges Gesicht macht: „Nun, Jude, warum machst du denn so ein trauriges Gesicht?“ Darauf meint der Angesprochene: „Ach, wir wissen nicht mehr, wovon wir leben sollen!“ Da antwortet ihm dieser SA-Mann: „Euch hat man doch nichts versprochen.“ Will heißen, uns hat man was versprochen und es wird auch nicht besser. Oder man kann bei uns *den*

Witz zu hören bekommen: Eine Frau hat ihren Papagei gefährliche Aussprüche gelehrt: „Nieder mit dem Nazigesindel!" und ähnliche. Die Frau muss mit dem Papagei vor Gericht erscheinen. Unterwegs trifft sie einen Pfarrer, dem sie erzählt, welches Unheil ihr droht. Der Geistliche schlägt vor, sie solle ihren Papagei doch mit seinem vertauschen, da werde ihr nichts passieren. Gesagt, getan. Als die Frau nun vor den Richtern steht, streitet sie ab, dass sie ihrem Papagei staatsgefährliche Aussprüche beigebracht habe. Die Richter wollen sie jedoch überführen und sprechen dem Vogel die sorgsam protokollierten Sprüche immer lauter vor. Doch der Vogel gibt keinen Ton von sich. Am Ende dröhnt es im ganzen Saal, so strengen die Herren Richter ihre Lungen an: „Nieder mit Hitler!" und „Nieder mit dem Nazigesindel!" Plötzlich reagiert der Vogel und krächzt los: „Der Herr erhöre unser Flehen!"[443]

Stalin macht erneut Tabula rasa

Ein anderer Engländer, Winston Churchill, der 1914 den Krieg gegen das Deutsche Reich ausgelöst hat und jetzt alle vierzehn Tage Essays in eine Zeitung setzt, äußert sich am 4. September über die Schauprozesse, die zur Zeit in Moskau stattfinden. Unter der Überschrift „Wie wirken sich diese Abschlachtungen auf Russland als Militärfaktor im Gleichgewicht Europas aus?" heißt es beim ihm: „Offensichtlich hat sich Russland entscheidend vom Kommunismus fortbewegt. Das ist ein Ruck nach rechts. Der Plan einer Weltrevolution, der die Trotzkisten befeuerte, ist brüchig geworden, wenn nicht vollends zertrümmert." Dann ergeht sich der einstige Erste Lord der Admiralität in wolkigen Andeutungen: „Der Nationalismus und ungekrönte Imperialismus Russlands präsentiert sich unfertiger, aber auch zuverlässiger. Es mag wohl sein, dass Russland in seiner alten Verkleidung des persönlichen Despotismus mehr Berührungspunkte mit dem Westen hat als die Evangelisten der Dritten Internationale. Auf jeden Fall wird es weniger schwer zu verstehen sein. Es handelt sich in der Tat weniger um eine Manifestiation der Weltpropaganda als um den Selbsterhaltungsakt einer Gemeinschaft, welche das scharfe deutsche Schwert fürchtet und auch allen Grund dazu hat."[444] Churchill setzt sich überhaupt seit diesem Sommer hörbarer als andere *politicians* in England für eine militärische Zusammenarbeit mit jener „nach rechts gerückten" Sowjetunion ein. Da baut sich jemand sein Image für die Zeit nach dem vermeintlichen *Appeasement* auf. Unter seiner Führung wird zu gegebener Zeit dann auch die zweite Runde des großen Krieges gegen die alten und neuen Konkurrenten Frankreich, Italien, Deutschland und Russland zu erfolgen haben. Es ist noch nicht aller Tage Abend.

Die Parteifunktionäre treffen sich in Nürnberg

In Nürnberg findet im September wie in jedem Jahr der Reichsparteitag der einzigen Partei im Reich statt. Naturgemäß ist der Hauptredner der Führer der NSDAP. Deren Chef sagt bei der Gelegenheit: „Wir haben nie in diesen langen Jahren ein anderes Gebet gehabt als das: Herr, gib unserem Volk den inneren und gib und erhalte ihm den äußeren Frieden! Wir haben in unserer Generation des Kampfes so viel miterlebt, dass es verständlich ist, wenn wir uns nach dem Frieden sehnen." Wenn ihm die Zunge doch nur im Mund verdorren würde, dem verlogenen Menschen. Er redet jedoch weiter: „Wir wollen für die Zukunft der Kinder unseres Volkes sorgen, für die Zukunft arbeiten, um ihnen das Leben dereinst nicht nur sicherzustellen, sondern es ihnen auch zu erleichtern. Wir haben so Schweres hinter uns, dass wir nur eine Bitte an die gnädige und gütige Vorsehung richten können: »Erspare unseren Kindern das, was wir erdulden mussten!« Wir wollen nichts als Ruhe und Frieden für unsere Arbeit."[445] Was Hitler, Geheimdienstchef Canaris und einige andere wissen, ahnen viele Deutsche nicht; wir haben Soldaten in Spanien, die in den Kampf gegen die Regierung in Madrid eingreifen. Welche dieser Wirklichkeiten sollte unwirklich sein?

Gekonnte Gesprächsführung

Doch auch ohne Auslandseinsatz unserer Soldaten ist das tägliche Leben in Deutschland aufregend, um das einmal positiv auszudrücken. Es ist ja ausreichend, wenn man das Richtige zum Falschen sagt, und schon lernt man ungewohnte Orte im Wald kennen. Die Hoffnung, dass Hitler bald abgewirtschaftet haben würde, entlockt selbst ganz abgebrühten Leuten kaum noch ein müdes Lächeln. Aber junge Leute sind unbefangen und denken nicht bei jedem Wort nach, ob sie es vielleicht doch besser ungesagt lassen sollten. Es macht manchen jungen Menschen durchaus Spaß, sich an den herrschenden Zuständen zu reiben. Nehmen Sie den Franz. Er ist zwanzig und das Leben liegt vor ihm! Das Herz hat er am rechten Fleck und die Klappe halten liegt ihm eben nicht. Inzwischen geht er zur Uni, er will ja Lehrer für Geschichte und Alte Sprachen werden. Von den Kommilitonen berichtet er, dass sich die Gleichgesinnten schon an den Grußformeln erkennen. Sie sagen „Grüß Gott" oder „Guten Tag" anstelle von „Heil Hitler". Keines von beiden steht unter Strafe und ist demnach erlaubt, wenn auch die Nazis beide Grußformeln missliebig aufnehmen. Eines Tages begegnet er einem Kommilitonen von der braunen Fakultät, wie seine Freunde das nennen, mit „Grüß Gott". Darauf erwidert dieser: „Du gehörst auch zu den ewig Gestrigen. Du bist zehn Jahre zurück." Da antwortet der Franz: „Vielleicht bin ich schon zehn Jahre voraus!"[446] Es gibt sie, die wohlmeinenden Professoren, die ihn ermahnen bitte seinen Mund zu halten. Aber was hilft es? Er ist sich nicht sicher, ob es ihm von Anfang an bewusst war, dass es ihm darum geht, die eigene Identität zu wahren gegenüber jedem Angriff und Druck. Im Grunde genommen ist es die Auflehnung der Kreatur gegen eine Art von Ordnung, die ihm zutiefst zuwider ist. Die Frage, ob er sich mit mehr Selbstbeherrschung die riskanten Konfrontationen ersparen könnte, stellt er sich einfach nicht. Sein Verhalten ist impulsiv und eruptiv, da ist kein Filter vorgeschaltet.

Sicher kann sich der junge Mann auch noch etwas anderes vorstellen als die Zustände, wie sie zur Zeit in München sind. Aber heute ist es, wie es ist, und wenn sich die jungen Leute von der Nazipropaganda freihalten wollen, müssen sie sich etwas einfallen lassen. Wozu sonst hat ein Franz Josef Strauß das beste Abitur der letzten zwanzig Jahre in Bayern in der Tasche? Soll er doch hier ganz einfach einmal selbst erzählen, wie seine Freunde und er das Kind geschaukelt haben: „Um nicht in die peinliche Lage zu kommen, uns ideologische Vorträge anhören zu müssen, haben meine Freunde und ich beschlossen, den Posten des »weltanschaulichen Referenten« mit einem aus unserer Mitte zu besetzen.“[447] Was vermuten Sie, wer es geworden ist? Richtig. Franz. Er hat so zugleich Gelegenheit, sein Steckenpferd zu reiten, hält seine Vorträge zu historischen Themen und erspart sich und seinen Freunden „die ganze nationalsozialistische und antisemitische Pseudophilosophie“. Er weiß, wie man die Vokabeln der Jungen der „braunen Fraktion“ benutzen kann, um sie wirksam mit ihren eigenen Waffen auszuknocken: „Ich habe diesen Sprachschatz beherrscht wie ein tibetischer Mönch sein »Om mani padme hum«. Mein Gegenüber hat genau gewusst, was ich denke, aber gegen die Phrase war er machtlos. Das System war auf Lüge und Verlogenheit, auf Täuschung und Hinterlist aufgebaut.“[448] Das und genau das ist der Witz: Man nutzt ihre Vokabeln, ihre Losungen, die von ihnen selbst propagierten Werte, und so stopft man ihnen das Mundwerk, ohne dass sie einem selbst am Zeug flicken können. Wer sich nie als Unterlegener in einer Diktatur behaupten musste, wird sich Erlebnisse wie diese hier schwerlich aus den Fingern saugen können. Diese Atmosphäre muss man erlebt haben.

Auch was das Studium an sich angeht, baut Franz Josef Strauß* vor für den Fall, dass das noch lange so weitergeht. Er studiert in München Alte Sprachen, Geschichte und Germanistik für das höhere Lehramt. Eigentlich. Doch dazu nimmt ich noch vier Semester Volkswirtschaft. Dies hat einen besonderen Grund. Wenn Hitler bleiben sollte, würde er mit dem Staatsdienst höchstwahrscheinlich Schwierigkeiten bekommen, und für diesen Fall will er den Diplom-Volkswirt machen, um seine Laufbahn als Gymnasiallehrer aufgeben und in der Wirtschaft arbeiten zu können. Er sieht, dass eine Reihe von Kommilitonen aus dem gleichen Grund ebenfalls Volkswirtschaft studieren.[449] Es mag unseren ehemaligen braunen Straßenschlägern wohl gelungen sein, den Deutschen das freie Sprechen abzutrainieren, aber wie sollte ein Tausend Jahre altes Volk binnen vier Jahren in übelster Weise verblödet sein? Wie viele dieser neumodischen Gauleiter haben eigentlich *überhaupt* ein Abitur?

Internationale Prominenz wertet Hitler weiter auf

Nach diesem kurzen Blick nach München, hören wir doch noch ein paar Worte des Kanzlers beim Reichsparteitag in Nürnberg an. Für die Ohren der anwesenden Diplomaten aus dem Ausland sind die folgenden Worte gedacht. Das Reich liege als ein „gewaltiger antibolschewistischer Block inmitten des Kontinents".[450] Kanzler Hitler spricht vom großen „Kampf der Ordnung gegen das Chaos" und erklärt: „Wir haben keine Angst vor der bolschewistischen Invasion nach Deutschland, aber nicht etwa, weil wir nicht an sie glauben, sondern weil wir entschlossen sind, die Nation so stark zu machen, dass sie jeden Angriff von außen mit brutalster Entschlossenheit abwehren wird."[451] Selbstverständlich ist es für viele Leute im Reich beeindruckend, dass der Führer und Reichskanzler nicht allein während des Parteitages so hofiert wird vom Ausland. Allein dieses Jahr konnte unser Kanzler des Friedens bereits den Ex-Premier Lloyd George und den prominenten Ozeanflieger Charles Lindbergh empfangen. Aus Paris kommen der französische Handelsminister sowie der Gouverneur der Bank von Frankreich, um nur einige der Prominenten zu nennen.[452] Öfters bei Kanzler Hitler ist auch der britische Lordsiegelbewahrer Lord Londonderry, der immer mal von Hermann Göring zur Jagd eingeladen wird. Da wird der Dolmetscher Schmidt gerufen und dann geht es ab in die Schorfheide nach Karinhall 70 Kilometer nördlich von Berlin, wo der Held der deutschen Arbeiterklasse sein Schloss hat.[453]

Den Rest besorgt der Erfolg von Hitlers Wochenendaktionen. Skeptiker und Widerstrebende verlieren mit jedem neuen Triumph unseres Chefs mehr Argumente. Sir Ivone Kirkpatrick von der britischen Botschaft in Berlin merkt diesbezüglich an: „Diejenigen Deutschen, die zur Vorsicht gemahnt hatten, waren widerlegt. Hitler sah sich in seinem Glauben bestärkt, sich alles leisten zu können, und zudem fanden in beträchtlicher Anzahl alle die Deutschen zu den Fahnen der Nazis, die nur deshalb gegen Hitler gewesen waren, weil sie befürchtet hatten, er werde das Land in die Katastrophe führen."[454] Die Gäste kommen aus aller Welt, um sich die deutschen Maßnahmen zum wirtschaftlichen Wiederaufschwung aus der Nähe zu betrachten. Sie interessieren sich für den Weg zur schnellen Beseitigung der Arbeitslosigkeit oder zu einer Verbesserung der Arbeitsbedingungen, subventionierten Betriebskantinen und Wohnungen, den Betriebssportwettbewerben, die Arbeitererholungsstätten wie auch die „Kraft-durch-Freude"-Flotte draußen auf den Meeren, für den Bau vieler Sportplätze, Kindergärten und Parks. Das Modell eines neuen vier Kilometer langen Massenhotels auf der größten deutschen Insel Rügen, das ein eigenes U-Bahnetz bekommt, wird auf der Weltausstellung 1937 mit dem Grand Prix ausgezeichnet.[455]

Aus der Schweiz lässt sich der Hohe Kommissar des Völkerbundes Carl Jacob Burckhardt, 45, hören, der in einem Schreiben an *unseren* Führer die „faustische Leistung der Reichsautobahn und des Arbeitsdienstes"[456] würdigt. Meinen Sie denn im Ernst, dass jetzt noch ein Mensch danach fragt, warum die Bank of England bis 1933 der jungen deutschen Demokratie die Kredite verweigert hatte, bis wir hier den Nationalsozialismus *live und in Farbe* hatten, und warum diese kapitalistische Großbank ab 1933 der neuen Führung in Deutschland die Möglichkeit verschafft hat, sozialpolitische Wohltaten großzügig zu verteilen und ihre bombastische Wiederaufrüstung zu finanzieren, die seit mehreren Jahren nur vor dem deutschen Volk geheimgehalten werden muss?

Was Amerika in dieser Hinsicht angeht, schreibt der US-Botschafter aus Berlin am 19. Oktober '36 an Präsident F. D. Roosevelt: „Zur Zeit unterhalten über hundert amerikanische Unternehmen hier Niederlassungen oder haben Kooperationsabkommen. DuPont hat drei Geschäftspartner in Deutschland." Er stellt fest, DuPonts „Hauptverbündeter" sei die IG Farben Co. Die Firma Standard Oil habe durch die Unterstützung beim Herstellen von Ersatzgas für Kriegszwecke im Jahr 500.000 Dollar verdient. Doch der Haken ist auch hier: Die Standard Oil kann den Gewinn nicht aus dem Land ausführen außer in Form von Waren. Das macht sie aber kaum, wie der Botschafter berichtet. Die Firma liefere sicherlich zu Hause einen Bericht über ihre Gewinne ab, erkläre aber andererseits die Fakten nicht. Der Präsident der International Harvester Company wird von dem Botschafter so wiedergegeben, dass sein Geschäft im Reich um 33 Prozent pro Jahr gestiegen sei, und der Botschafter geht von Waffenherstellung aus. Auch diese Firma könne jedoch ihre Gewinne nicht aus dem Reich in die Staaten transferieren. Selbst US-Flugzeugleute hätten geheime Abmachungen mit dem Stahlhersteller Krupp.[457] Wenn es dort bekannt ist, was ist daran dann noch geheim?

Botschafter Dodd wirkt überrascht ob der Fakten, die er hört. Doch hat man einmal verstanden, dass die einzelnen Leute im Volke nicht wissen können, was ein Mensch in einem Ministerbüro im Schilde führt, dann kann man sich auch vorstellen, dass die politische Elite – wie hier zum Beispiel der Botschafter – eines Landes nicht von jedem einzelnen Einwohner wissen kann, was sich verschiedene Privatpersonen im Land so ausgedacht haben. Was am Ende des Tages so eine einzelne Person bewirken kann, hängt gewiss wesentlich davon ab, mit welchem Kleingeld sie operieren kann. Da man aber mit Schlussfolgerungen stets vorsichtig sein sollte, kann man aus der Unwissenheit eines Einzelnen auch nicht ableiten, dass andere Vertreter der Elite nicht doch wissen, was in feinen Hinterzimmern gespielt wird. Letzteres gilt besonders in einem Fall wie bei Roosevelt, der durch Rockefeller und Co. erst an die Macht kam. Für ihn rühren seine Sponsoren 1936 die Werbetrommel, damit er noch eine weitere Amtszeit bekommt. Bereits 1935 war der *Wealth Tax Act* verabschiedet worden, der den Spitzensteuersatz auf unglaubliche 79 Prozent anhob. Dreimal dürfen sie raten, wie viele Reiche am Ende des Tages in die Verlegenheit kommen, diese Raubtiersteuer tatsächlich zu zahlen. Es wird bei John Davison Rockefeller bleiben. Den reichsten Menschen der Neuzeit kostet das lediglich ein Lächeln, aber wenn *sein Mann auf dem Präsidentenstuhl* Amerika brav auf Kurs hält, dann kann die Rüstungsindustrie schon bald märchenhafte Gewinne einstreichen, und er wird es überleben, wenn er von dem ohne Krieg nicht erzielbaren Profit ein paar Moneten an den Fiskus zahlen muss. *Peanuts* werden das für ihn sein.

Es sind Roosevelts Sponsoren, die Deutschland erst endgültig für einen militärischen Konflikt brauchbar machen. Die zwei größten „deutschen" Panzerhersteller sind Opel, eine Tochterfirma, die Eigentum der General Motors ist und unter der Kontrolle von J. P. Morgan steht, und der Ford AG, einer Tochterfirma der Ford Motor Company in Detroit. Berlin gibt Opel 1936 Steuerfreiheit, um General Motors zu ermöglichen, seine Produktionseinrichtungen auszuweiten, was dann auch getan wird. General Motors reinvestiert Gewinne in die deutsche Industrie. Es ist auch kein Wunder, dass Hitler den Industriellen Henry Ford wegen der Verdienste um den Nationalsozialismus mit dem höchsten Orden dekoriert, der für Ausländer unter seiner Leitung in Frage kommt. Die US-Unternehmen Alcoa und Dow Chemical arbeiten eng mit der deutschen Industrie zusammen, wobei viele Technologietransfers anfallen. Bendix Aviation, an der die von J. P. Morgan kontrollierte General Motors einen großen Aktienanteil hält, beliefert zum Beispiel die Siemens & Halske AG mit den Daten zu Autopiloten und Flugzeuginstrumenten. Genauso befremdlich erscheint es dem Botschafter, dass Flugzeugbauer aus den USA geheime Absprachen mit der Rüstungsfirma Krupp getroffen haben. Er schließt mit den Worten: „Ich erwähne diese Tatsachen, weil sie die Dinge komplizierter machen und zu den Kriegsgefahren beitragen."[458] Schön, doch wem sagt er das? Die kritisierten Kreise haben Roosevelt erst ins Weiße Haus verholfen. Dieser Botschafter sollte sich darüber hinaus auch mehr zurückhalten bei seinem *support* für politisch Verfolgte im Reich, damit er nicht selbst bald vom Posten des Botschafters der Vereinigten Staaten in Deutschland entfernt wird.

In einem der Schreiben nach Washington berichtet der Botschafter, dass die Vacuum Oil Company darum bemüht ist, Ölquellen in Deutschland ausfindig zu machen und eine große Raffinerie zu bauen in der Nähe des Hamburger Hafens, wofür man zehn Millionen Reichsmark ausgegeben hat. Bei Hannover wird man fündig, glaubt aber nicht an große Vorräte.

„Die Vacuum gibt ihre gesamten Gewinne hier aus, beschäftigt tausend Mitarbeiter und schickt nie irgendwelches Geld nach Hause.“ Das ist es, was der Diplomat in Erfahrung bringt und empört meldet. Was hier im Grunde passiert ist, überschreitet in Wahrheit die Grenze zum Landesverrat. Die US Army hat das Unternehmen Standard Oil gebeten, einen 100-Oktan-Treibstoff für Flugzeugmotoren zu entwickeln, und fordert die Verantwortlichen auf, dieses Verfahren auf keinen Fall an IG Farben weiterzugeben. Die Leitung von Standard Oil erwidert, das würde gegen eine Vereinbarung verstoßen, die man 1929 mit IG Farben unterzeichnet habe. Man würde lieber auf den Auftrag verzichten, als diesen Vertragsbruch zu begehen. Am Ende entwickelt Standard Oil das Verfahren und baut Raffinerien für 100-Oktan-Flugbenzin – aber in Deutschland. Auf diese Weise bekommen die Deutschen nicht nur das Verfahren, sondern darüber hinaus auch gleich die Raffineriekapazität in Hamburg.[459] Dabei fühlt man sich doch arg an die Nummer mit dem Äthylblei erinnert.

Strategen sitzen und brüten Ideen aus

Wie oft hat Italien in den letzten Jahren bereits die Partner gewechselt? Am 24. Oktober 1936 lässt der *Duce* seinen Außenminister beim *Führer* und dessen Außenminister von Neurath eruieren, wie gut die Interessen beider Staaten zueinander passen. Am 1. November dieses Jahres ist das Ergebnis zu erfahren. Mussolini kommt ganz offiziell aus dem Lager der Sieger des Weltkrieges in das Lager des ehemaligen Weltkriegsverlierers Deutschland. Mussolini hält an diesem Tag in Mailand eine öffentliche Rede und verkündet dabei seine *Achse Rom-Berlin*. Er lädt alle anderen Staaten ein, an dieser Achse mitzuwirken.[460] Die Zahl derjenigen, die die Einladung annehmen, bleibt jedoch überschaubar – bloß Tokio, das auf eine Unterstützung des Deutschen Reiches bei einem japanischen Krieg gegen die Sowjetunion hofft, schließt am 25. November mit Berlin einen sogenannten Antikomintern-Pakt. Dem folgt eine Woche später so eine Vereinbarung mit Rom. Ab diesem Zeitpunkt hat die Führung in Tokio auch keine Hemmungen mehr, einen totalen Krieg gegen China mithilfe von Massenvernichtungswaffen zu führen.[461] Mit ihrer Achse überlassen die Italiener den Deutschen Osteuropa als ihre Interessensphäre und die Deutschen den Italienern das Mittelmeer. Da sei den Kandidaten in das Stammbuch geschrieben, die sagen, die beißen nicht, die wollen spielen. Natürlich geht es hier um aggressive militärische Ziele, was denn sonst?

Jetzt kommt es darauf an, dass diese drei Staaten auf sehr geschickte Art Außenpolitik betreiben, damit es nicht durch die Verteilung ihrer Reiche über den Erdball hinweg zu einem neuerlichen Weltkrieg kommt. Japan liegt als Insel der Länge nach ausgebreitet vor dem asiatischen Festland, und wenn die Amerikaner angreifen wollten, wirkt das wie ein Angebot. Bei den Vorräten an Bodenschätzen steht Japan so traurig da wie Italien und das Deutsche Reich. Würde ein Krieg vom Zaun gebrochen, wäre in dieser Hinsicht der Engpass schnell spürbar. Wer soll das besser wissen als die Generäle? Alle drei Reiche wären darauf angewiesen, Länder mit den richtigen Rohstoffen zu erobern. Aber sie haben ja weder genügend Männer unter Waffen noch sind die so verbündeten Staaten militärisch fit für einen Krieg. Bei Technik und Anzahl von Flugzeugen und Panzern sind ihnen andere Länder weiter überlegen. Besonders Italien fehlt es an Treibstoff. Für Flugzeuge, Schiffe und für Panzer reicht er gerade für ein paar Monate. Deshalb hofft es im Gegensatz zu Japan auf die Ehrlichkeit von Hitlers Bekundungen der Friedlichkeit Deutschlands. Allerdings ist es auch unwahrscheinlich, dass das Land nördlich der Alpen einen Krieg führen kann. Bei der Unterschiedlichkeit der Hoffnungen, die diese drei Länder mit dem Antikomintern-Pakt verbinden, ist es fraglich, wie lange er halten wird. Wenn es hart auf hart kommt, verliert Deutschland den Verbündeten in Europa wieder so schnell wie im Großen Krieg.

Länder wie Frankreich oder England müssen sich keine Sorgen machen, denn der Reichskanzler hatte bei einem Auftritt in Bayerns Hauptstadt München schon am 9. November geäußert: „Vielleicht kommt schneller, als wir alle denken, die Zeit, in der auch das übrige Europa in unserem Deutschland den stärksten Hort einer wirklichen europäischen und damit menschlichen Kultur und Zivilisation sehen wird. Vielleicht kommt die Zeit schneller, als wir denken, dass dieses übrige Europa nicht mehr mit Grollen die Aufrichtung eines nationalsozialistischen Deutschen Reiches sieht, sondern froh sein wird, dass dieser Damm gegen die bolschewistische Flut gebaut wurde."[462]

Im Dezember 1936 erarbeitet Warschau einen erweiterten Teil für einen Westpakt, der Frankreich, Deutschland und Polen umfassen sollte. Das würde Polens Vertrag mit Deutschland einschließen wie seinen Vertrag mit Frankreich. Damit will Beck Moskau ausschließen und eine Neuauflage des Viererpakts verhindern. Allerdings bleibt diese polnische Idee noch für Monate in Becks Schreibtisch liegen. Wie verfiel er auf die Idee, England aus Europa verdrängen zu können? Ach so, ja, klar, weil sie in Warschau Polen für eine Großmacht halten. In London möchten sie das Reich in Mitteleuropa auch weiterhin als ein Bollwerk gegen die Sowjets stärken – seit dem Ende des Weltkrieges spielen sie diese Platte bereits, und Paris macht nach dem Wechsel von Albert Sarraut zu Léon Blum als Premierminister dem Führer unseres Reiches einen Vorschlag, wie man nach der Besetzung des Rheinlandes zu gutnachbarlichen Beziehungen zurückfinden kann. Berlin lässt sich viel Zeit mit einer Antwort.

Rückblicke und Ausblicke

Heiligabend ist vorbei und ein jeder zieht für sich Bilanz, was das Jahr gebracht hat, und die fällt unterschiedlich aus. Manche haben früher in einer Obdachlosenbaracke gehaust und wohnen nun in einer Villa, die früher einem Juden gehört hat, und andere haben früher in einem Haus gewohnt und haben nun eine Koje in einer der neuen Baracken im Wald. Macht sich Hitler gelegentlich Gedanken darüber, dass sein Reich nicht Tausend Jahre währen könnte, und die Juden die Häuser zurückwollen? Für viele ist der Lebensstandard in diesem Jahr gestiegen, es ist ja auch viel von den sozialpolitischen Maßnahmen die Rede, die das ermöglicht haben. Viele Familien, die früher drei Kinder hatten, können jetzt auch sechs ernähren, so dass der „Volkskörper" ständig wächst. So kommt es, dass nun mehr Juden im Ausland wohnen und mehr Deutsche im Reich. Allein in Berlin wurden in den letzten 14 Monaten 2.197 linksgerichtete Leute verhaftet. Im Reich wurden 1936 wegen sozialistischer Tätigkeiten 11.687 Deutsche aus dem Verkehr gezogen. Dazu kommen viele Selbstmorde. Die Gestapo erfasste dieses Jahr 1.643.200 illegale Flugblätter, die alleine von KPD- und von SPD-Leuten herausgegeben worden sind. Doch ewig nur Flugblätter, dafür hat Helmut Hirsch in Stuttgart keinen Sinn. Er will im Dezember den Führer auf dem Reichsparteitagsgelände in Nürnberg kurz und bündig mit einer Bombe töten. Hitler hat in dem Zeitraum seit 1919 jeden Rekord gebrochen, was die Länge der Amtszeit angeht, und jetzt schickt er sich an, der Politiker zu werden, auf den die meisten Attentate im Laufe seines Lebens verübt werden.[463]

In Paris setzt sich am zweiten Weihnachtstag der deutsche Botschafter Graf Welczeck an seinen Schreibtisch und verfasst einen Brief an seinen Chef, den Reichsaußenminister von Neurath: „Bei unserer Missionschef-Besprechung in Nürnberg habe ich die Ansicht vertreten, dass wir bei einem ernsthaften Angebot auch nur eines Teiles der vom Führer am 7. März gemachten Vorschläge und Anpassung unserer Aktionsweise an die europäischen Spielregeln in kürzester Zeit am Verhandlungstisch sitzen und mit großer Wahrscheinlichkeit viele unserer Wünsche, auch auf kolonialem Gebiet, durchsetzen könnten. Ich vertrete diesen Standpunkt auch noch heute und bin hinsichtlich des Erfolges optimistisch, vorausgesetzt, dass wir unsere Forderungen nicht überspannen."[464] Das letzte halbe Jahrzehnt war in außenpolitischer Hinsicht für das Reich in der Tat sehr erfolgreich verlaufen und eine Rückgabe der alten Kolonien an die alte und neue Großmacht Deutschland würde auch Konstantin von Neurath als persönlichen Erfolg verbuchen können. Vielleicht wird man dereinst darüber anders denken, aber zur Zeit sind Kolonien ja nun wirklich für Europa diskussionslos das Normalste auf der Welt. Glauben Sie, in England oder Frankreich hat da jemand Zweifel? In Hitlers Kopf geistern allerdings andere Gedanken herum. Er will gar keine Kolonien. Hier lohnt sich ein Blick in sein Buch aus dem Knast. Nehmen Sie *Mein Kampf* auf Seite 153 und Sie finden diese Ableitung: „Für Deutschland lag demnach die einzige Möglichkeit zur Durchführung einer gesunden Bodenpolitik nur in der Erwerbung von neuem Lande in Europa selber. Kolonien können diesem Zweck so lange nicht dienen, als sie nicht zur Besiedelung mit Europäern in größtem Maße geeignet erscheinen." Das bedeutet für Hitler: „Auf friedlichem Wege aber waren solche Kolonialgebiete im neunzehnten Jahrhundert nicht mehr zu erlangen. Es würde mithin auch eine solche Kolonialpolitik nur auf dem Wege eines schweren Kampfes durchzuführen gewesen sein, der aber dann zweckmäßiger nicht für außereuropäische Gebiete, sondern vielmehr für Land im Heimatkontinent selbst ausgefochten worden wäre." Welchen Zweck haben die Mühen der Diplomaten, wenn Hitler gar keine Kolonien will?

Welche Chancen können die Warnungen der Generäle vor militärischen Abenteuern haben, wenn der Kanzler es darauf ankommen lassen muss? Auf Seite 741 entdeckt man die Überschrift *Keine Sentimentalität in der Außenpolitik*: „So sehr wir heute auch alle die Notwendigkeit einer Auseinandersetzung mit Frankreich erkennen, so wirkungslos bliebe sie in der großen Linie, wenn sich in ihr unser außenpolitisches Ziel erschöpfen würde. Sie kann und wird nur Sinn erhalten, wenn sie die Rückendeckung bietet für eine Vergrößerung des Lebensraumes unseres Volkes in Europa. Denn nicht in einer kolonialen Erwerbung haben wir die Lösung dieser Frage zu erblicken, sondern ausschließlich im Gewinn eines Siedlungsgebietes, das die Grundfläche des Mutterlandes selbst erhöht und dadurch nicht nur die neuen Siedler in innigster Gemeinschaft mit dem Stammland erhält, sondern der gesamten Raummenge jene Vorteile sichert, die in ihrer vereinten Größe liegen." Das ist die Bedrohung für die Nachbarstaaten, die Louis Barthou gemeint hat, und die Denkweise lässt auch nichts Gutes für die Beziehungen zu Polen ahnen.

Man kann Hitler zugute halten, dass er das vor anderthalb Jahrzehnten geschrieben und sich davon schon mehrfach distanziert hat. Doch man kann die Sache auch anders sehen. Die militärischen Möglichkeiten, die unser Land hatte, als er das nach dem Weltkrieg schrieb, waren damals noch wesentlich ungünstiger als jetzt, Mitte der dreißiger Jahre. Warum soll er jetzt, da Deutschland im Verhältnis zu den anderen Ländern um einiges besser dasteht, nicht Chancen sehen, um seine frühen Träume in die Tat umzusetzen? Und bekommt nicht jeder zur Heirat *Mein Kampf* geschenkt? Darin heißt es auf Seite 153: „Der Glaube der Vorkriegszeit, durch Handels- und Kolonialpolitik auf friedlichem Wege die Welt dem deutschen Volke erschließen oder gar erobern zu können, war ein klassisches Zeichen für den Verlust der wirklichen staatsbildenden und staatserhaltenden Tugenden und aller daraus folgenden Einsicht, Willenskraft und Tatentschlossenheit; die naturgesetzliche Quittung hierfür aber war der Weltkrieg mit seinen Folgen."

Der Ehrgeiz des Führers in der Außenpolitik in allen Ehren, man darf es jedoch auch nicht übertreiben. Frankreich ist wichtig, und Deutschlands westlicher Nachbar ist stark gerüstet, so dass die Beziehungen zu Paris sorgsam gepflegt werden müssen, um gute Rahmenbedingungen für den Aufbau des Reiches zu schaffen. Der Graf kennt die Chancen, die sich in den letzten Jahren aufgetan haben, und er weiß natürlich auch um Gefahren für unser Land: „Ich habe in letzter Zeit eine Reihe uns durchaus wohlgesinnter Ausländer, meist Diplomaten, gesprochen, die übereinstimmend der Ansicht waren, dass bei einer Fortsetzung unserer *fait-accompli*-Politik, durch die wir die Welt dauernd in Aufregung halten, unseren Gegnern nichts anderes übrig bliebe, als gegen den vermeintlichen Störenfried Deutschland mit allen Kräften aufzurüsten, wobei sie angesichts ihrer unvergleichlich günstigeren Wirtschafts- und Finanzlage wohl am längeren Hebel sitzen dürften." Mit *fait-accompli-Politik* meint er, dass der Kanzler nicht gerne mit anderen verhandelt, sondern lieber vollendete Tatsachen schafft. Botschafter Graf Welczeck leitet ab: „Dann käme es bestimmt zum Kriege, in dem wir auf die Italiener wohl ebenso wenig zählen könnten wie im Jahre 1914. Es entzieht sich meiner Kenntnis, ob und wie lange wir in der Lage sind, einen Rüstungswettkampf mit den uns gegenüberstehenden Großmächten durchzuhalten. Wenn wir dies auf die Dauer aber nicht können und anzunehmen ist, dass unsere Gegner den bei uns immer mehr in Erscheinung tretenden Mangel an Devisen und Rohstoffen erkennen, so wäre es ein schwerer taktischer Fehler, uns nicht rechtzeitig und vordem die Engländer mit ihrer Luftrüstung fertig sind, an den Verhandlungstisch zu setzen."[465]

Der Botschafter beruft sich auf gut unterrichtete Ausländer und zieht die Parallele zwischen der gegenwärtigen Lage Deutschlands und der Lage im Sommer 1918 „und zwar nicht nur hinsichtlich des Rohstoffmangels, sondern auch bezüglich des Durchhaltewillens."[466] Er gibt zu bedenken, dass den Ländern, die man sich nicht zu Feinden machen sollte, mehr Mittel zur Verfügung stünden als dem eigenen Land. Mit der Zeit würde „unsere Situation für eine Verständigung immer ungünstiger."[467] Er will wohl für gnädige Aufnahme der Pariser Kritik am Mangel an deutscher Verständigungsbereitschaft sorgen, wenn er vorsichtig darauf hinweist, dass er ja zu dem französischen Außenminister gesagt habe, „der Führer und Reichskanzler hätte zum wiederholten Male dem französischen Volke die Hand zur Verständigung hingestreckt und Friedensangebote gemacht, ohne dass etwas darauf erfolgt wäre. Damals wäre bei uns der Ausdruck geprägt worden, eine ausgestreckte Hand könnte auf die Dauer auch müde werden. Delbos antwortete mir hierauf, seitdem er Außenminister sei, hätte er ein Angebot nicht erhalten. Was die im verflossenen Jahr gemachten Angebote anlangte, so seien diese in einer für einen Friedensschritt nicht günstigen Atmosphäre gemacht worden; jene Atmosphäre sei aber eine der Vorbedingungen des Erfolges."[468] Auch hier trifft zu: Wo er Recht hat, da hat er einfach Recht.

Der Botschafter wird noch drängender: „Ich habe wiederholt berichtet, dass die Franzosen trotz aller im Laufe des vergangenen Jahres empfangenen Backenstreiche sich auch jetzt noch zu Verhandlungen mit dem Ziele einer Verständigung bereit zeigen. Dass sie gleich nach Empfang eines Backenstreiches auch auf die lockendsten Angebote nicht eingingen, ist psychologisch verständlich. Heute ist die Situation umgekehrt, nicht der Führer bietet die Hand zur Verständigung, sondern die Franzosen bieten sie uns, der Geschlagene bietet sie dem, der ihn geschlagen hat." Der Botschafter Graf Welczeck gibt in der Frage zu Bedenken: „Der Geschlagene ist aber auch empfindlicher hinsichtlich der Aufnahme seiner Anfrage und der Zeit ihrer Beantwortung; je länger Letztere hinausgezögert wird, desto schwieriger wird die Situation für den Fragesteller und desto ungünstiger die Atmosphäre. Dieser Umstand ist hier von besonderer Wichtigkeit. Konjunkturen kommen und gehen. Ich möchte es bezweifeln, dass die für eine Verständigung gegenwärtig noch günstige Konjunktur längere Zeit anhält und bin der Ansicht, dass der Zeitpunkt gekommen ist, wo uns nur die Wahl zwischen einer Verständigung und einer Politik bleibt, die zur Isolierung führen muss. Behandeln wir das Angebot Frankreichs dilatorisch," und das würde bedeuten, dass wir die Annahme verschleppen, „so werden unsere Gegenspieler mit Sicherheit annehmen, dass wir es sabotieren wollen." Er ergänzt, dass es selbstverständlich sei, dass bei den Verhandlungen „das *optimum et maximum*" herauszuholen sei.[469] Anschließend verweist er auf die besondere Lage, in der Frankreich gerade ist: „Bemerkenswert ist die Tatsache, dass das Verständigungsangebot von einem Volksfrontkabinett und einem jüdischen Ministerpräsidenten kommt, der von der Linken deswegen auf das Schärfste angegriffen wird. Lehnen wir dieses Angebot, von dem gut unterrichtete Leute sagen, es wäre das letzte, ab, so dürfte hieraus unsere Absicht gefolgert werden, dass wir über Frankreich herfallen wollen. Unsere Gegner werden dann die Schuld auf uns schieben und die Konsequenzen für den als unvermeidlich angesehenen Krieg daraus ziehen, die in unserer völligen Isolierung und dem Versuch, uns die Rohstoffzufuhr nach Möglichkeit zu unterbinden, bestehen dürften."[470]

Von Welczeck verweist darauf, dass Frankreich nicht allein dasteht: „Als weiterer Aktivposten Frankreichs ist die deutliche Erklärung Englands zu buchen, Frankreich mit allen Machtmitteln zu unterstützen. Auch Amerika würde im Ernstfall kaum anders handeln als im letzten Kriege. Jedenfalls wird hier in Kreisen, die dem Quai d'Orsay", wie das französische Außenministerium im 7. Arrondissement heißt, „nahe stehen, behauptet, die Rede Roosevelts in Buenos Aires sei so zu verstehen, dass Amerika für den Fall eines unprovozierten Angriffs auf Frankreich ebenso Beistand leisten würde wie im Jahre 1917. Nach dieser Analyse kann man das französische Angebot wohl kaum als Zeichen der Schwäche deuten, wenngleich die Verhandlungsbereitschaft der Franzosen sicherlich durch unsere Aufrüstung, in der sie eine ständige Bedrohung sehen, in erster Linie verursacht worden ist. Sie wollen einem Zustand der Unruhe und Ungewissheit – im Guten oder Bösen – ein Ende bereiten, der jeden wirtschaftlichen Aufschwung hemmt und damit jede Konsolidierung der innerpolitischen Verhältnisse vereitelt."[471] Was weiß er über die Pariser Sicht sonst zu berichten? „Nach der hier allgemein verbreiteten und zeitweise auch von François-Poncet noch vor einigen Monaten kolportierten Mär soll unser wirtschaftlicher Niederbruch in der zweiten Hälfte des Jahres 1937 erfolgen und zur Ablenkung der Volksmeinung vorher der Krieg vom Zaun gebrochen werden. Nach einer anderen Version soll nach einer Landung größerer Truppenmengen in Spanien und Verstärkung unserer dort befindlichen Luftgeschwader schon jetzt ein Zweifronten-Krieg gegen Frankreich geführt werden, wobei wir diesmal nicht durch Belgien, sondern durch die Schweiz marschieren würden. Es besteht kein Zweifel darüber, dass diese abenteuerlichen Gerüchte größtenteils von der hiesigen Sowjet-Botschaft verbreitet werden.[472]

Unser Botschafter Johannes von Welczeck berichtet über den Premierminister Léon Blum: „Das Bedauerliche an der Sache ist aber, dass sie selbst von ernsten Leuten geglaubt werden. Blum hat mich in der vorigen Woche zu sich kommen lassen, um eine nach Mitteilungen des französischen Botschafters in Berlin bei uns bestehende Verstimmung über das Versanden der Schacht'schen Aktion auszuräumen. Gleichzeitig gab er einem Reporter ein Interview, das in der Anlage beizufügen ich mir erlaube. Delbos hielt Anfang Dezember seine viel beachtete Rede über die französische Außenpolitik, mit der er die Verständigungsaktion einleiten wollte. Am 11. d. M. ließ er unseren Geschäftsträger kommen und machte ihm die bekannten Eröffnungen, auf die wir eine Antwort bisher nicht gegeben haben; am 24. d. M. hatte ich eine lange Unterredung mit dem Außenminister, in der er die dem Botschaftsrat Forster gemachten Erklärungen bestätigte und erweiterte. Als Vorbedingung für den Beginn von Verhandlungen wird ein Zusammengehen in der spanischen Nichtinterventionsfrage angesehen, der eine Ära des Friedens, bedingt durch eine geistige Abrüstung, folgen soll. Die Franzosen legen entscheidenden Wert auf die Schaffung dieser Atmosphäre des Friedens und Vertrauens, ohne die ein Verhandeln zwecklos wäre. Die nächste Phase wäre der Beginn von Verhandlungen, denen vertrauliche Besprechungen vorausgehen könnten. Der normale diplomatische Weg wird hier bevorzugt und hat nach Ansicht französischer Regierungsstellen auch den Vorzug, dass er nicht auffällt und leichter geheim zu halten ist.“[473]

348 Preparata (2011), S. 331
349 Gisevius (1947), Band 1, S. 294f.
350 Hirche (1964), S. 94
351 Ebd., S. 94
352 Ebd., S. 92
353 Poliakov und Wulf (1983), S. 23
354 Hirche (1964), S. 89
355 Steinbach & Tuchel (1994), S. 401
356 Ebd., S. 402
357 Ebd., S. 399
358 Hirche (1964), S. 82f.
359 Steinbach & Tuchel (1994), S. 403 und 433
360 Reinhard Leube sr., Spiegelbilder meiner Entwicklung, aus dem Privatarchiv des Autoren. Hier handelt es sich um einen gebundenen Lebensrückblick meines Onkels aus Weimar in Thüringen, geschrieben Ende des 20. Jahrhunderts.
361 Rothfels (1960), S. 18
362 Steinbach & Tuchel (1994), S. 433
363 Ebd., S. 439
364 Rothfels (1960), S. 33
365 Ebd. S. 40
366 Reiser, Wolf (2018), Der Anfang vom Ende. Am 11. September 2001 begann der Niedergang der Medienwelt [online]. Verfügbar unter https://www.rubikon.news/artikel/der-anfang-vom-ende
367 Gisevius (1947), Band 1, S. 301
368 Kölnische Zeitung, 7. März 1936, S. 1
369 Ebd.
370 Tremonia – Westdeutsche Volkszeitung, 9. März 1936, S. 2
371 Ebd.
372 Ebd., S. 3
373 Ebd.
Kordt (1948), S. 54
374 Quigley (2010), S. 29 und 61
375 Höhne (1976), S. 196
376 Wojciechowski (1990), S. 269
Namier (1949), S. 41f.
377 Preparata (2011), S. 317
378 Tremonia, 9. März 1936, S. 3
379 Ebd.
380 Lange (1966), S. 83
Schröder (1988), S. 179
381 Hirche (1964), S. 115
382 Ebd., S. 165f.

383 Tremonia, 9. März 1936, S. 3
384 Galland (2007), S. 243f.
385 Ebd.
386 Tremonia, 9. März 1936, S. 3
Der Name des Regierungspräsidenten wurde mit einem h abgedruckt.
387 Tremonia, 9. März 1936, S. 1
388 Ebd., S. 2
389 Tremonia, 9. März 1936, S. 1
390 Gisevius (1947) I, S. 302
391 Dokumente (1948), Band 2, S. 176
392 Falin (1995), S. 46
393 Höhne (1976), S. 197
394 Ebd., S. 198
395 Ebd., S. 218
396 Tremonia, 9. März 1936, S. 1f.
397 Ebd., S. 2
398 Ebd., S. 2
399 Quigley (2010), S. 29
400 Schultze-Rhonhof (2007), S. 138
401 Tremonia, 9. März 1936, S. 1
402 Quigley (2010), S. 29
Der Historiker Carroll Quigley spricht zwar von Neville Chamberlain, doch wenn Eden und Halifax zu Gesprächen nach Paris geflogen sind, dann war der Verhandlungspartner für Außenminister Flandin höchstwahrscheinlich sein englischer Amtskollege Robert Anthony Eden. Austen Chamberlain war 1936 nicht mehr der Außenminister und Neville Chamberlain noch nicht der Premier Großbritanniens. Entscheidend sind aber gewiss nicht die Namen, sondern der sachliche Gehalt der Meinungsverschiedenheit zwischen Paris und London.
403 Quigley (2010), S. 29
404 Dokumente (1948), Band 1, S. 48
405 IMN (1948), Band XXII, S. 491
406 Schultze-Rhonhof (2007), S. 318
407 Ebd., S. 318f.
408 Hirche (1964), S. 96
409 Moorhouse (2007), S. 34f.
Hoffmann (1970), S. 644
410 Hirche (1964), S. 100
411 Ebd., S. 100f.
412 Ebeling u. a. (2011, Hrsg.), S. 88
413 Ebd., S. 88
414 Tremonia, 9. März 1936, S. 1
415 Hirche (1964), S. 134

416 Straeten (1997), S. 42
417 Fest (1991), S. 690f.
418 Wojciechowski (1990), S. 262
419 Fest (1991), S. 691
420 Ebd., S. 691
421 Ebd., S. 692
422 Ebd., S. 692
423 IMN (1948), Band XXII, S. 479f.
Hirche (1964), S. 82
424 Gisevius (1947), Band 1, S. 307
425 Dokumente (1948), Band 1, S. 49
426 Ebd., S. 49
427 Schultze-Rhonhof (2007), S. 138
428 Ebd., S. 138
429 Ebd., S. 138f.
430 IMN (1948), Band XXII, S. 491
431 Galland (2007), S. 40
432 Falin (1995), S. 501
433 Hirche (1964), S. 120
434 Ebd., S. 83
435 Galland (2007), S. 36f.
436 Schmidt (1949), S. 330
437 Ebd., S. 336-340
Preparata (2011), S. 318
438 Ebd., S. 336-340
Preparata (2011), S. 318
World Future Fund (2018), Lloyd George and Hitler [online]. Verfügbar unter http://www.worldfuturefund.org/wffmaster/Reading/Germany/LloydGeorge.htm [20.06.11]
439 Ebd.
Das Zeitzeugen-Archiv (2018), Der Besuch Lloyd Georges bei Adolf Hitler in der Evening Post am 22. Oktober 1936 [online]. Verfügbar unter https://zeitundzeugenarchiv.wordpress.com/2017/05/05/ich-sprach-mit-hitler-lloyd-georges-besuch-in-deutschland/
Springer Link (2018), https://link.springer.com/chapter/10.1057/9780230511484_5 [20.06.11]
Schmidt (1949), S. 336ff.
440 Steinbach & Tuchel (1994), S. 175
441 Ebd., S. 175f.
442 Ebd., S. 176
443 Hirche (1964), S. 89 und 117f.
444 Falin (1995), S 47

445 IMN (1948), Band XXI, S. 506
446 Strauß (1989), S. 38f.
Vgl. Steinbach & Tuchel (1994), S. 399
Nach dem Lesen der Autobiografie von Franz Josef Strauß habe ich mir immer wieder die Frage gestellt, ob es möglich ist, dass er sich Sachen ausgedacht hat. Dabei bin ich zum wiederholten Male zu dem Schluss gelangt, dass es undenkbar ist, dass sich ein Mitläufer oder gar ein überzeugter Nazi so weit aus der Position von damals herausbewegen kann, dass er plötzlich aus der Perspektive der Kritiker dieses Regimes schreiben kann. Dafür haben mich die Schilderungen auch viel zu sehr an meine eigenen Äußerungen an der Friedrich-Schiller-Universität Jena erinnert, an der ich in den 1980er Jahren studiert habe. Es ging immer darum, etwas Kritisches so auszudrücken, dass es der andere wohl versteht, aber nichts dagegen sagen kann, ohne selbst dumm dazustehen. Mit den eigenen Waffen schlagen.
447 Strauß (1989), S. 36
448 Ebd., S. 36f.
449 Ebd., S. 37
450 Huber & Müller (1964), Band 1, S. 321
451 Ebd., S. 320
452 Schmidt (1949), S. 336
Hoffmann (1970), S. 34f.
453 Schmidt (1949), S. 333
454 Fest (1991), S. 695
Da ich im Text keinen Vorgriff auf die Zukunft von damals haben will, um klare methodische Fehler von Historikern zu vermeiden, will ich nur in der Endnote den Zweiflern diesen Hinweis geben: Wenn es vor dem Krieg im Jahr 1939 ca. 163.000 Gefangene gab (Hoffmann 1970, S. 31f.), so war die Angst vor einer Inhaftierung zwar real, das Strafsystem der Nazis hatte aber längst nicht die Ausmaße, die es in den Jahren des Krieges angenommen hatte und von dem uns ständig die Bilder vorgeführt werden. Die Präsenz ausländischer Jubelgesänge auf Hitler und sein Regime konnte demzufolge die größere Wirkung haben als der Ekel vor den KZs. Im Krieg hat man dann sehr wohl Gefangene und KZs zu sehen bekommen. Das hat dann aber auch nur die Furcht der Leute bestätigen und verstärken können.
455 Fest (1991), S. 695
Schmidt (1949), S. 338f.
456 Fest (1991), S. 695
457 Preparata (2011), S. 305
458 Sutton (2008), S. 18, 32f. und 93
459 Ebd., S. 18
Knightley (1990), S. 100
460 Schultze-Rhonhof (2007), S. 139
461 Falin (1995), S. 40
462 Huber & Müller (1964), Band 1, S. 321

463 Hoffmann (1970), S. 32f.
Moorhouse (2007), S. 39f.
Dieser Autor schätzt die Anzahl der Attentate, die über das Stadium der Planung hinausgingen, auf über 40. Sein Buch stellt spektakuläre Attentate dar, über die er mehr in Erfahrung bringen konnte. Es ist ein hässlicher Teil der Propaganda in diesem Land, dass immer nur an ein Attentat erinnert wird, das sich nicht mehr totschweigen ließ, weil die Medien darüber schon im Sommer 1944 berichteten. Auch eine clevere Inszenierung: Zehn Jahre wurde darüber auch nichts gesagt und das war dann die große Nummer, dass an dieses eine Attentat erinnert wurde.
464 Dokumente (1948), Band 2, S. 226f.
465 Ebd., S. 229
466 Ebd.
467 Ebd., S. 230
468 Ebd., S. 235
469 Ebd., S. 230
470 Ebd., S. 232f.
471 Ebd., S. 231f.
472 Ebd., S. 233
473 Dokumente (1948), Band 2, S. 233f.

1937

Humor ist, wo der Spaß aufhört

Für Clara ist es ein Herzensbedürfnis, zu stehen, wenn sie ihren Führer sieht. Sie steht, und wenn sie nicht wüsste, dass es leider nur Bilder von ihm sind, sie würde sogar zur Leinwand winken. Doch Margit steht nur auf, weil sie nicht auffallen will. Wie vielen geht es so wie ihr? Hier und da hört man den Spruch: Adolf Hitler kommt in Zivil in ein Kino. In der Wochenschau wird *unser* Führer gezeigt und das Horst-Wessel-Lied gespielt. Alles steht auf, nur Hitler bleibt sitzen. Da beugt sich ein Nachbar zu ihm und flüstert ihm zu: „Mensch, steh auf! Wir denken ja alle so wie du, aber das brauchen die Nazis ja nicht zu wissen!“[474] Es sieht nicht gut aus mit offenen Worten. Hören Sie doch nur: Hitlers Frisör bemüht sich vergeblich, die Schmalztolle Adolfs schön nach hinten zu bürsten, doch sie fällt ihm jedes Mal wieder in einer Strähne nach vorn auf seine Stirn. „Mein Haar lässt sich eben nur schwer legen“, sagt Hitler. Darauf meint der Frisör: „Geben Sie nur Pressefreiheit, mein Führer, da sollen Sie mal sehen, wie Ihnen die Haare zu Berge stehen!“[475] Es ist auf jeden Fall ein bemerkenswerter Satz, wenn der Komiker Werner Finck meint: An dem Punkt, wo der Spaß aufhört, beginnt der Humor. Im Februar ’37 wollen Journalisten von den *Münchener Neuesten Nachrichten* einfach einmal eine Faschingsausgabe ihrer Zeitung drucken lassen. Darin ist das leicht umgearbeitete Märchen vom Rotkäppchen wohl schon der beste Beitrag. Auf jeden Fall ist seine Satire bald auch in anderen Gegenden bekannt. Darin wird jedes nur mögliche Nazi-Wort eingebaut, das sich irgendwie einfügt. Voilà! „Es war einmal vor vielen, vielen Jahren in Deutschland ein Wald, den der Arbeitsdienst noch nicht gerodet hatte, und in diesem Wald lebte ein Wolf. An einem schönen Sonntag, es war gerade Erntedankfest, da ging ein kleines BDM-Mädel durch den Wald. Es hatte ein rotes Käppchen auf und wollte seine arische Großmutter besuchen, die in einem Mütterheim des NSV untergebracht war. In der Hand trug es ein Körbchen mit einer Pfundspende und einer Flasche Patenwein. Da begegnete ihm der böse Wolf. Er hatte ein braunes Fell, damit niemand gleich von Anbeginn seine rassefremden Absichten merken sollte.

Rotkäppchen dachte auch nichts Böses, weil es ja wusste, dass alle Volksschädlinge im Konzentrationslager saßen, und glaubte, einen ganz gewöhnlichen bürgerlichen Hund vor sich zu haben.
»Heil Rotkäppchen«, sagte der Wolf. »Wo gehst du hin?« Rotkäppchen antwortete: »Ich gehe zu meiner Oma ins Mütterheim.« – »So«, sagte der Wolf. »Aber dann bringe ihr doch ein paar Blumen, mit denen das Amt für Schönheit der Holzarbeit den Wald geschmückt hat!« Sogleich machte sich Rotkäppchen daran, ein Erntesträußchen zu pflücken. Der Wolf aber eilte zum Mütterheim, fraß die Großmutter auf, schlüpfte in ihre Kleider, steckte sich das Frauenschaftsabzeichen an und legte sich ins Bett. Dann kam auch Rotkäppchen schon zur Tür herein und fragte: »Nun, liebe Oma, wie geht es dir?« Der Wolf versuchte, die volksnahe Stimme der Oma nachzumachen, und antwortete ihr: »Gut, mein liebes Kind!« Rotkäppchen fragte: »Warum sprichst du heute so andersartig zu mir?« Der Wolf antwortete: »Die Rednerausbildung am Vormittag hat mich sehr beansprucht.« – »Aber Oma, was hast du für große Ohren?« – »Damit ich das Geflüster der Meckerer besser hören kann!« – »Was hast du denn für große Augen?« – »Damit ich die Wühlmäuschen besser sehen kann!« – »Was hast du denn für einen großen Mund?« – »Du weißt doch, dass ich in der Kulturgemeinde bin!« Und mit diesen Worten fraß er das arme Rotkäppchen, legte sich ins Bett und schlief in seiner verantwortungslosen Art sofort ein und schnarchte. Draußen ging der Kreisjägermeister vorbei. Er hörte ihn und dachte: Wie kann eine arische Großmutter so rassefremd schnarchen? Und als er nachsah, da fand er den Wolf, und er schoss ihn, obwohl er keinen Jagdschein für Wölfe hatte, auf eigene Verantwortung hin tot. Dann schlitzte er ihm den Bauch auf und fand Großmutter und Kind noch lebend. War das eine Freude! Der Wolf wurde dem Reichsnährstand zugewiesen und zu Fleisch im eigenen Saft verarbeitet.
Der Kreisjägermeister durfte an der Uniform einen goldgestickten Wolf tragen, Rotkäppchen wurde zur Unterführerin im BDM befördert, und die Großmutter durfte auf einem funkelnagelneuen KdF-Dampfer eine Erholungsreise nach Madeira machen.“[476] Fraglos haben die Redakteure dann Ärger mit dem Staat bekommen, aber sagen Sie nicht, das hat sich

vielleicht nicht gelohnt. Diese Zeitung hat mehr zum Grübeln geboten, als sonst so im Angebot ist. Irgendwann in diesen Jahren wird im Reich ein geflügeltes Wort geboren: zwischen den Zeilen lesen. Um die scharfe Zensur wissend, finden Journalisten neue Möglichkeiten, um ihre Kritik an das Publikum zu bringen. Bald ist zu hören: Die Frankfurter Zeitung wird enger gedruckt. Weshalb? Damit man nicht mehr so viel zwischen den Zeilen lesen kann.[477]

In Berlin sitzt Karl in seinem feinen neuen Sessel und liest die Anzeigen der *Deutschen Allgemeinen Volkszeitung* vom 13. Februar. Er will sich mal wieder einen schönen Abend mit seiner Hertha gönnen – und da ist eine Menge zu finden: Sie könnten in dieses Theater in der Behrenstraße gehen. Dort spielt zur Zeit *The English Theatre Barretts of Wimpole St.* Das wäre was. Oder hier: Curt Götz ist nur noch eine Woche im Theater am Kurfürstendamm zu sehen in *Towarisch*, diesem Stück von Jacques Duval. Im Theater des Volkes wird heute ein Operettenabend angeboten mit *Eine Nacht in Venedig* von Johann Strauß; das Deutsche Theater in der Schumannstraße zeigt *Androklus und der Löwe* des bekannten Iren George Bernard Shaw. Der inzwischen 81-jährige ist im Reich nicht nur als Pazifist und Politiker bekannt, auch seine Dramen werden geschätzt. Sie könnten auch ins Kabarett Alt-Bayern am Bahnhof Friedrichstraße gehen und sich *Das Weltstadtprogramm* anschauen. Im Wintergarten läuft *Varieté, wie es sein soll*. Oder gehen die zwei einmal ins Kino? Im Capitol am Zoo gibt es *San Franzisko*, am Weinbergsweg im Prenzlauer Berg zeigen sie *Der Hund von Baskerville*, in einem Kino in der Turmstraße in Moabit läuft *Der Ritt in die Freiheit*. Aber da fällt sein Blick auf eine gerahmte Anzeige, ja, das wird genial: Endlich ist der Weltstar Jack Hylton mit seinem Orchester und der jazzigen britischen *Dance-Music* wieder auf Gastspiel in der Scala, wie jedes Jahr. Das ist was für Hertha! Berlin bleibt eben doch Berlin.

1937

Über die Unbrauchbarkeit von Esperanto

Auf der Jahresfeier zur Parteigründung im Münchener Hofbräuhaus hat der Kanzler seinem Volke Großes zu verkünden: „Wir sind heute wieder eine Weltmacht geworden!“[478] Na, das ist doch was. Und in diesen Tagen macht er auch plausibel, warum im Reich gerüstet wird wie noch nie. Er amüsiert sich erst lauthals über die „Esperanto-Sprachen des Friedens, der Völkerverständigung“, um danach auszuführen: „Es hat sich herausgestellt, dass man diese Sprache eben doch nicht so gut international versteht. Erst seit wir eine große Armee besitzen, versteht man unsere Sprache jetzt wieder ... Wir ziehen durch die Welt als ein friedliebender, aber in Erz und Eisen gepanzerter Engel.“[479] Im Frühjahr unternimmt er noch einen Versuch, England als Partner zu gewinnen und beginnt mit einer Garantie für die Sicherheit Belgiens, doch zugleich stößt er London vor den Kopf, indem er einen angekündigten Besuch von Außenminister von Neurath auf der Insel absagt. Als Lord Lothian zu ihm nach Berlin kommt, zeigt er sich schlecht gelaunt und übt mit starken Worten Kritik an der englischen Politik. Er befindet, dass sie unfähig sei, die Gefahr zu erkennen, die der Kommunismus darstellt, und sie begreife ihre eigenen Interessen nicht. Schon als er noch Schriftsteller war, sei er pro-englisch gewesen. Ein zweiter Krieg zwischen ihren Völkern würde den Abschied beider Mächte aus der Geschichte bedeuten und er wäre so nutzlos wie ruinös. Statt dessen biete er ihnen eine Zusammenarbeit auf der Basis definierter Interessen an. London wird nicht darauf eingehen. Doch der Kanzler hat viel erreicht. Frankreich verliert vor aller Augen an Gewicht, Japan und Italien hat er als dazugewonnen, Belgien und Polen wenden sich von Frankreich ab, Ungarn, Jugoslawien und Bulgarien orientieren sich auf das Deutsche Reich. Was die Führungen der kleineren Länder beeindruckt, ist die Art, wie Hitler das Reich aus seiner Ohnmacht führt und zu neuem Selbstbewusstsein bringt.[480] Der französische Botschafter in Deutschland François-Poncet kann das nur bestätigen. Seine Runde im Berliner Luxusrestaurant Horcher, die aus Diplomaten befreundeter oder verbündeter Staaten besteht, wird mit jedem Erfolg Hitlers immer noch ein bisschen kleiner.[481]

Mit brennender Sorge

Schwer ringen die Gläubigen mit sich, wie weit sich ihre Kirchen an den neuartigen Staat anpassen müssen oder dürfen. Eine gewisse Freiheit ist ihnen vor Jahren im Reichskonkordat zugesichert worden. Doch Hitlers Staatsführung bemüht sich unentwegt, den Einfluss der Christen auf das Denken der Menschen auszuschalten. Geistliche und Gläubige sträuben sich gegen die Verletzungen des Konkordats und die Einschränkung des kirchlich geprägten Vereinslebens. Bald wird der Ton rauh. Während ein einzelner Christ bloß einen oder wenige kirchliche Würdenträger kennt, führt ein Bischof schon mit vielen von ihnen seine Gespräche und weiß, wie unter ihnen die Stimmung ist. Umgekehrt ist gerade die Katholische Kirche sehr streng hierarchisch gegliedert und an der Basis müssen sich die kleinen Pfarrer darauf verlassen, dass ihre Bischöfe das Richtige tun. Der 14. März ist ein denkwürdiger Tag. Da bringt die Katholische Kirche die Enzyklika „Mit brennender Sorge“ von Papst Pius XI. unter das Volk. Sie geht auf das Engagement von Regimegegnern wie unseres Kardinals Konrad Graf von Preysing* in Berlin, des Erzbischofs von München und Freising Kardinal Michael von Faulhaber*, des Kölner Erzbischofs Karl Joseph Kardinal Schulte und des Bischofs von Münster Clemens August Graf von Galen zurück und wurde auf Deutsch geschrieben. Als wäre der Weg bis zum 12. März nicht nervenaufreibend genug gewesen, muss das Dokument auch noch klammheimlich ins Deutsche Reich eingeschleust werden, um es dem Nuntius Cesare Orsenigo zu übergeben. Danach gibt es die Nuntiatur an die Bischöfe weiter, die die Enzyklika konspirativ in ihren Diözesen verteilen. Die ausgewählten Druckereien werden nachts und abgedunkelt betrieben, die Kopien dieses Textes versteckt. Und in den meisten Bistümern werden Abschriften an alle Kleriker gesandt. In den Bistümern München, Münster und Speyer werden Sonderdrucke in hohen Auflagen gefertigt. Es handelt sich etwa um 300.000 Exemplare. Endlich, am 21. März, dem Palmsonntag 1937, wird die Enzyklika in den katholischen Gemeinden verlesen. Das Dokument verdeutlicht, dass es sehr wohl Grenzen der Anpassung an die politischen Verhältnisse geben muss. Zu den Wortführern des katholischen Widerstandes, die Opfern des Regimes Hilfe leisten, gehören zum Beispiel der Berliner Domprobst Bernhard Lichtenberg oder Margarete Sommer. In Münster ist es unser Bischof Clemens von Galen, der mittels seiner kritischen Worte auf die Zustände im Reich hinweist – ihm kann dieses Regime nicht so einfach den Mund verbieten. Auch einfache Menschen und darunter längst nicht nur Katholiken finden Wege, um etwas für die Verbreitung der Worte zu tun. Sie schreiben die Predigttexte ab und verteilen sie, so dass man sie in ganz anderen Gegenden des Reiches lesen kann.[482]

Man darf sich das Leben nur nicht zu einfach vorstellen, sonst kann man Zusammenhänge nicht verstehen. Nehmen Sie den OB von Leipzig. Das ist eine große Stadt und er ist prominent. Daraus kann man ableiten, er müsse ein großer Nazi sein; schließlich wurde Adenauer, der Kölner OB, schon 1933 aus dem Amt getrieben. Man kann sich aber auch einmal in jemanden hineindenken, der aufmerksam beobachtet, was hier vor sich geht, und versucht, in seinem Amt auf die Entwicklung von innen Einfluss zu nehmen. Das geht besser im Amt als ohne ein Amt. Andererseits kann man natürlich auch mit seinem Rücktritt ein Zeichen setzen, muss jedoch wissen, dass man anschließend noch weniger gegen die Zustände machen kann. Im April '37 hält es der Leipziger Oberbürgermeister Carl Friedrich Goerdeler letztlich nicht mehr aus. Ende vergangenen Jahres hatten sich die Nazis nach einer Propagandaschlacht durchgesetzt und für die Entfernung des Mendelssohn-Denkmals gesorgt, und das wahrscheinlich nicht, weil sie besonders viel von Musik verstünden, sondern weil sie im Komponisten Felix Mendelssohn Bartholdy, auch wenn der christlich getauft war, in erster Linie einen Juden sehen. Als Goerdeler sieht, dass er auch *die* Barbarei nicht verhindern kann, tritt er zurück.[483]

Er ist aber auch ein Prominenter, der sich das leisten kann. Den können sie nicht still und heimlich einsperren. Für Aktionen wie die würde Otto Normalverbraucher eher abgehen in ein Lager. Da sind inzwischen auch noch ein paar dazugekommen, wie man im Reich unter der Hand hört – so gut wie der Buschfunk funktioniert nichts. Doch wer will den Helden spielen und sich von Straßenjungs schlagen lassen? Welche Idee ist die allerbeste? Zurücktreten? Ins Exil flüchten? Wer wie Sebastian Haffner* nach England gegangen ist, bekommt am 12. Mai wenigstens etwas für die Augen geboten, denn in London wird George VI. zum König gekrönt. Doch Rat von Emigranten will der auch nicht hören.

Der Wahnsinn geht um in Europa

Wenn wir schon auf jener Insel sind, können wir uns auch noch ein paar schöne Tage gönnen, die Kabinettssitzung am 23. Mai abwarten und uns da mit hineinsetzen. Eine Einschätzung der Lage in der Welt nimmt der Premierminister Stanley Baldwin persönlich vor und er wählt eindeutige Worte: „Wir haben in Europa zwei Verrückte, die frei herumlaufen. Wir müssen uns auf das Schlimmste vorbereiten."[484] Es bedarf keiner großen Fantasie, um sich zu denken, dass er Hitler und Stalin meint. Was Hitler angeht, reden die Akteure in den Zirkeln der Macht in Westminster und in der City wie gehabt mit gespaltenen Zungen. Manche sagen, er sei die Quittung für die Überheblichkeit, mit der London Deutschland seit dem Krieg behandelt hat. Andere bezeichnen ihn als Garanten dafür, dass der Kommunismus nicht überschwappt auf andere Länder in Europa. Es ist gut, dass jetzt die Folterungen und die Schauprozesse in Stalins *Empire* über die Bühne gehen. Da kann man gut mit den Fingern drauf zeigen – woher sollen denn die Leute auf der Insel wissen, dass ihre Elite peinlich tief verstrickt ist in den Absturz des Russischen Reiches? Es ist eine ganz andere Frage, dass die Leute in England solche Zustände, wie sie neuerdings in Russland herrschen auf ihrer Insel im Atlantik nicht wollen.

Lorenz will sie auch in Deutschland nicht und benötigt überhaupt keine Argumentationshilfe durch irgendeine Zeitung. Er war vor Jahren selbst noch ein kommunistischer Funktionär und kennt die Zustände dort aus eigenen Erleben. In einem längeren Brief an Adolf Hitler schreibt er drei Jahre nach seiner Wiedereinbürgerung im Deutschen Reich, hinter ihm läge ein Leben voller Irrtum: „Als ehemaliger Funktionär der KPD kam ich 1923 nach Sowjetrussland und sah dort 12 Jahre lang einen Film des

Grauens vor meinen Augen ablaufen, der mich zum Gegner des Bolschewismus werden ließ. Durch des Führers Wille – keinem Deutschen soll die Heimat verschlossen sein – fand auch ich Aufnahme in der für mich wieder gewonnenen Heimat." Dieser Brief ist wieder eine harte Herausforderung für alle, die die richtige Weltanschauung ihr eigen nennen, na gut. Doch sein Schreiben an Hitler entstand, nachdem er mit deutscher Hilfe aus der SU entkam. „Mit Hilfe der deutschen Stellen konnte meine Familie ebenfalls die Heimreise, entronnen der bolschewistischen Hölle, antreten. In Hamburg fand für uns ein unbeschreibliches frohes Wiedersehen statt." Dieser Mann kennt den ganzen Vorlauf dieser letzten Jahre in Deutschland nicht und erlebt nur die heutige geordnete Ruhe auf den Straßen. Durch die ungewohnten Momente des Redens und Schweigens erlebt er das Deutsche Reich dieser Tage vermutlich wie der Genesende eine Sommerfrische, doch wer würde daran denn womöglich *lebenslang* seine Freude finden? „Seit 1935 sind wir nun Zeugen von sozialistischen Taten im Dritten Reich, die die irregeführten Anhänger des Marxismus sich dereinst unter dem Bolschewismus erhofften, erfüllt zu sehen. Gerade solche Menschen wie wir, die in die Schreckenskammer der Sowjetunion hineingesehen haben, erkennen den Wert unserer lieben Heimat doppelt und können mit Worten nicht ausdrücken, all das Große, was der Führer für Deutschland und sein Volk tat und tut!"[485] Würde er ins Grübeln kommen, wenn er wüsste, dass die Klassenfeinde diese sozialen Wohltaten mit Krediten ermöglicht haben? Aber auch uns sollten diese Zeilen des guten Mannes nachdenklich machen. In Stalins Reich werden in diesen Jahren viel mehr Kommunisten ermordet als unter Hitler.[486]

Während die Zahl der kommunistischen Opfer in Deutschland nach '33 fiel, steigt sie in Jossif Wissarjonowitsch Stalins Reich gerade rapide an. In der Zeitung steht, dass in Russland wahrscheinlich schon seit einigen Monaten politische Schauprozesse stattfinden, in denen sich gestandene Männer – warum auch immer – der wildesten Verbrechen für schuldig erklärt haben sollen. Wer weiß, was sie mit denen zuvor gemacht hatten. Danach wurden viele dieser Unglücklichen umgebracht. Erst allmählich wird das Ausmaß der Greuel in der Sowjetunion bekannt – wobei jeder diese Meldungen anders aufnimmt: als antisowjetische Propaganda, als schauerlichen Beweis für das Wesen dieses Bolschewismus oder als was auch immer. Richtig ist, dass 1937 und 1938 drei von fünf Marschällen der Sowjetunion hingerichtet werden. Das betrifft im Einzelnen Michail Tuchatschewski, Alexander Jegorow und Wassili Blücher. Weiter betrifft das elf Stellvertreter des Volkskommissars für Verteidigung, 75 der 80 Mitglieder des Obersten Kriegsrates und 14 der 16 Armeekommandeure. Umgebracht oder schikaniert werden alle acht Admirale des Landes, die allermeisten Korpskommandeure, 136 von 199 Divisionskommandeuren und 221 Brigadekommandeure.[487] Diese Toten sind der lebendige Beleg dafür, dass man Stalins Staatsersatz durchaus absolut richtig einschätzt. Da muss keine Statistik auch noch die Anzahl der Offiziere und Soldaten niederer Dienstgrade auflisten, um zu klären, dass die Sowjetunion jetzt kaum der klassische demokratische Rechtsstaat ist, oder anders gesagt, dass mit dem Abschuss Lenins und der Inthronisierung Stalins jemand die Macht hat, der das Land runiniert. Es sind einige Zehntausend. Wie auch Martin Niemöller in Deutschland wird mancher von ihnen gedacht haben: Als sie die anderen abholten, habe ich geschwiegen. Als sie mich holten, gab es keinen mehr, der protestieren konnte. Es kann sein oder kann auch nicht sein, dass Reinhard Heydrichs SD in Berlin wirklich mit gefälschten Schriftstücken da in Moskau mitgemischt hat.[488] Das macht die Verbrechen in der Sowjetunion aber nicht weniger gruselig. Aus dem Weg sollten diese Männer ohnehin.[489]

Lorenz ist aus der Gefahrenzone heraus und ist in Deutschland froh und dankbar, still und leise. Näher an der Mordorgie dran ist jetzt George in Moskau. Dort arbeitet er an der amerikanischen Botschaft und versucht für die Regierung in Washington zu analysieren, was in der Sowjetunion eigentlich vor sich geht. Im Unterschied zur innenpolitisch erfolgreichen Administration unter Franklin Delano Roosevelt und zu *berufsmäßigen Russlandkennern* hat der Botschaftsmitarbeiter George Frost Kennan in der Tat keine Sympathien für das kommunistische Experiment in jenem Riesenland. Als Gewinn aus seinem Moskauer Aufenthalt empfindet er das entwickelte Gespür für Land und Leute, für das neue Russland, wie es die Zusammenlegung der gewaltigen Großbauerngüter zu Kolchosen und die Entwicklung des täglichen Lebens während des ersten Fünfjahrplans ertrug und wie es nach Bürgerkrieg, Intervention und Hungersnot das erlebt, was mit *Säuberungen* einen zu schönen Namen bekommt.[490]

Seine Ablehnung, die andere Amerikaner durchaus nicht teilen, sieht er durch seinen vorhergegangenen Aufenthalt in Riga begründet. Lettland nahm eine vollkommen andere Entwicklung, als es durch den Friedensschluss von Brest-Litowsk unabhängig geworden war. Die Kommunisten hatten im lettischen Riga und im estnischen Reval 1919 kurz zu regieren versucht, was dort keine erfreulichen Spuren hinterlassen hat.[491] Dieses Experiment war von der Bevölkerung mit deutscher und britischer Hilfe schnell beendet worden. Was dieser George Kennan am Kommunismus so unheimlich abstoßend findet, soll er selbst erzählen: „Diese brutale Einteilung in Klassen schien mir nichts anderes als die Fortführung der so kurz erst abgeschafften feudalistischen Gesellschaftsordnung mit umgekehrtem Vorzeichen. Damals wie jetzt wurden Menschen ohne Rücksicht auf persönliche Schuld einfach auf Grund ihrer Geburt bestraft. Ich konnte nicht einsehen, wieso die Verdammung eines Mannes und seiner Familie wegen seiner Geburt als Bourgeois ein Fortschritt sein sollte gegenüber einer Verdammung wegen seiner Geburt als Unfreier oder als Jude.“ Das ist nämlich exakt das Gegenteil des amerikanischen Traums von der Chance, die jeder haben soll. In vielen persönlichen Gesprächen mit einfachen Menschen hat Kennan offenbar schnell erfasst, wie dieses System funktioniert. Er meint: „Dass das Hineingeborenwerden in den Reichtum oder sein Erwerb durch eigene Anstrengung einen Menschen notwendig schlecht mache und seine Bestrafung erheische, glaubte ich ebenso wenig, wie dass das Hineingeborenwerden in eine Arbeiterfamilie eine automatische Garantie für Anstand und Adel der Gesinnung sei und zur Bekleidung eines hohen Ranges befähige. Es war auch nicht zu übersehen, dass viele unter denen, die als Wortführer der Unduldsamkeit so bereitwillig Millionen ihrer Mitmenschen auf den von Trotzkij so genannten »Müllhaufen der Geschichte« warfen, nur weil sie in einer nach derzeitigen Begriffen falschen Stadtgegend geboren waren, selber eine alles andere als proletarische Herkunft ihr eigen nannten.“[492]

So waren seine Voraussetzungen bestens: „Dank solcher Überzeugungen begann ich die nähere Bekanntschaft mit dem stalinistischen Regime in der Mitte der dreißiger Jahre ohne falsche Hoffnungen oder Selbsttäuschungen. Aber auf die Wirklichkeit, diesen Gipfel des Entsetzens, war ich trotz allem nicht ganz vorbereitet. War in den früheren Stadien der sowjetischen Machtentfaltung noch ein Rest von Glauben an die wohltätigen Wirkungen all dieser Grausamkeiten und Leiden auf die Gesellschaft der Zukunft möglich gewesen, so fand ich im Russland der Säuberungen den Zynismus, die Schamlosigkeit und die Menschenverachtung siegreich inthronisiert. Hier wand sich eine große Nation hilflos in den Fängen eines einzigen, unglaublich schlauen, in mancher Hinsicht großen, aber ungeheuerlich grausamen und zynischen Mannes.“[493] Kennans Worte treffen gewiss gleichermaßen auf Deutschland seit der Zäsur 1933 zu. Diktaturen, in denen manche die Lösung sehen, sind das eigentliche Problem, nicht die Ziele, für die sie eingerichtet werden.

Wenn George Kennan über die Arbeit an der amerikanischen Botschaft unter dem Geschäftsträger Loy Henderson spricht, gerät er wahrlich ins Schwärmen: „Gegen Ende 1936 waren wir eine der bestinformierten und am meisten respektierten diplomatischen Vertretungen in Moskau, und nur die stets hervorragend besetzte Deutsche Botschaft empfanden wir als ebenbürtig.“ Bezüglich der Arbeitsweise äußert Kennan: „Wir waren bestrebt, unsere politische Berichterstattung nach denselben Grundsätzen der Objektivität und wissenschaftlichen Genauigkeit auszurichten wie seinerzeit die Arbeit in Riga. Wir waren zutiefst überzeugt von der Wichtigkeit der sowjetisch-amerikanischen Beziehungen für Gegenwart und Zukunft. Dabei hielten wir es für entscheidend, das Wesen des sowjetischen Regimes korrekt zu analysieren und gangbare Wege für Verhandlungen zu erforschen.“[494]

George Frost, hier ist der Name Programm, war bis vor kurzem noch auf einer gemeinsamen Linie mit dem Botschafter in der Bewertung der SU und „mit der offiziellen Linie Washingtons uneins".[495] Doch Anfang 1937 wurde Botschafter William Christian Bullitt ersetzt durch einen Mister Joseph Edward Davies und eine neue Richtung wurde aus Washington vorgegeben, wo man sich so intensiv mit Stalins Regierung arrangieren will, dass es einen unwissenden Beobachter einfach fassungslos machen muss. An der Botschaft herrscht Notstand: „Am Abend von Mr. Davies' erstem Moskauer Tag trafen wir uns bei Henderson und berieten allen Ernstes, ob wir geschlossen den Dienst quittieren sollten."[496] Die Herren stehen so vor der systemunabhängigen Problemstellung: Sollen sie jetzt gehen oder bleiben und für ihre Überzeugung kämpfen? Am Ende dieses Abends kommen sie überein, ihre Tätigkeit fortzusetzen. Mit Misstrauen und Ablehnung begegnen die Mitarbeiter dem neuen Botschafter. Schon seine Einschätzung des Prozesses gegen Radek, Pyatakov und Krestinski zeigt, dass er das Verfahren durch jene rosa Brille des Präsidenten sieht und den Beschuldigungen ohne Rückfragen Glauben schenkt. Genau so befremdlich finden die Kollegen, dass Davies um jeden Preis den Schein herzlicher amerikanisch-sowjetischer Beziehungen aufrechterhält, auch wenn die sowjetischen Behörden einen Kleinkrieg gegen diese kritischen Ausländer führen; er will die US-Presse ja nicht verprellen. *America* ist es sehr ernst: „Die Russlandabteilung (des State Department) jedenfalls war aufgelöst, und das mit einer Plötzlichkeit, die viel mehr an sowjetische Praktiken erinnerte als an Vorgänge in der amerikanischen Bürokratie." Charles Bohlen in Washington rettet die wertvollsten Bücher der von Robert F. Kelley aufgebauten Bibliothek *Sovietica* in Packpapier gehüllt vor einer Verteilung in die riesigen Bestände der Kongressbücherei von Washington. So bleiben die Bände zusammen und verstauben trotz allem nicht elend auf dem Dachboden des State Department.[497]

Begegnungen in der Stadt der Liebe

Schöner ist es im Moment auf alle Fälle in Frankreich. Dort beginnt jetzt gerade in Paris die Weltausstellung. Das lockt Besucher von überall an; auch aus Berlin reist Reichswirtschaftsminister Hjalmar Schacht an und reiht sich ein in die internationale Prominenz, die sich in der *Stadt der Liebe* an der Seine versammelt hat. Schacht lässt es sich nicht nehmen, den deutschen Pavillon auf der Pariser Weltausstellung am 24. Mai 1937 persönlich zu eröffnen. Eingeweihte im Reich wissen jedoch, dass er die Veränderungen in Deutschland sehr kritisch begleitet, und lassen diesen Ausspruch kursieren: „Luther sagte, was er glaubte; Hitler glaubt, was er sagt; Goebbels glaubt nicht, was er sagt. Und Schacht sagt nicht, was er glaubt.“[498] Aber aus seinem Herzen macht Hjalmar Schacht trotz allem keine Mördergrube. Er als Fachminister kann es, wenn auch vorsichtig, wagen, Kritik an der Politik zu üben. Der Wirtschaftsminister kennt die Zahlen und weiß, dass man Aufrüstung und Wirtschaftswachstum nicht dauerhaft auf Pump finanzieren kann. Die Wirtschaft lässt sich nicht beliebig manipulieren. Letztendlich wird die Scheinblüte ja mit der Notenpresse finanziert. Fliegt jener Schwindel auf, ist galloppierende Inflation die Folge. Darum hofft er auf die Einsicht bei den Entscheidungsträgern. Gisevius versucht bei den Begegnungen mit Schacht, ihn immer wieder dazu anzustacheln, dass er die Inflation einfach laufen lassen soll, damit den Leuten ein Licht aufgeht; aber Schacht erklärt ihm den Unterschied zwischen sich und ihm. Gisevius wolle eben einen Zusammenbruch und er selbst nicht, weil er weiß, was es gerade auch für die kleinen Leute bedeuten würde. Doch der Ritt in dieser Freiheit ist nicht für jeden so unproblematisch wie für einen Hjalmar Schacht.

Karl-Ernst kann sich nicht einfach in einen Zug setzen und abdampfen zur Weltausstellung, sonst wäre dieser Witz hier nicht entstanden: „Der Moses war doch sehr beschränkt“, sagt ein Jude zu seinem Freund. „Wie kannst du so etwas sagen, wo er uns doch aus Ägypten geführt hat übers Meer!“ Da entgegnet sein Freund: „Eben darum! Hätte er uns nicht geführt, hätte ich jetzt einen englischen Pass.“[499] Auch in anderer Hinsicht kann er wenig machen, ob nun im Reich alles in Ordnung ist oder nicht. Dafür hat Ludwig die rechte Position. Ludwig Beck ist der Generalstabschef unseres Heeres. Das schafft ihm einigen Bewegungsfreiraum. Beck sieht deutlich die Bedrohung für Deutschland, die von jener Hektik ausgeht, die Hitler in der Außenpolitik an den Tag legt. Manche der Männer denken ähnlich wie er und Ludwig Beck ist genau der richtige Mann, um in diplomatischer Mission Deutschland auf dem rechten Pfad zu halten. Hans Speidel*, nunmehr der Leiter der Abteilung „Fremde Heere West" beim Generalstab des Heeres in der Reichshauptstadt, bereitet im Frühjahr 1937 eine Reise General Becks nach Paris vor, die auf Anregung des Militärattachés, General Kühlenthal, und des Chefs des Generalstabs in Paris General Gamelin, zustande kommt. Zur Tarnung wird ein Besuch der Weltausstellung angegeben. Die Reise Becks nach Paris vom 16. bis 20. Juni 1937 soll seinem Anliegen dienen, jetzt ein besseres Verhältnis der beiden Nachbarnationen herzustellen. Speidel begleitet ihn auf der Reise und bemerkt den tiefen Eindruck, den Beck auf die französischen Gesprächspartner, auch auf den Kriegsminister Daladier und Marschall Pétain macht.[500]

Hans Speidel weiß nur zu gut, warum Beck genau der richtige Mann ist. Nicht nur, weil er der Chef ist, ist er die überragende Persönlichkeit im Generalstab des Heeres. Seine Erscheinung ist eindrucksvoll: ein mittelgroßer, schlanker Mann mit schmalem Kopf; für Eduard Spranger ist es der Kopf „eines Denkers, den sein Berufsweg auf den besonderen Zweig strategischen Denkens geführt hat". Seine durchgeistigten Gesichtszüge zeigen Selbstbeherrschung und Disziplin. Für Speidel vereinigt sich die Lauterkeit seines Charakters mit einem scharf geschliffenen Geist, der durch eine allumfassende Bildung bereichert wird. General Beck ist von großer Bescheidenheit, Vornehmheit sowie von hoher Pflichtauffassung geprägt. Er lebt völlig nach der Moltkeschen Forderung „mehr sein als scheinen". Wie sein großer Vorgänger Moltke verkörpert Beck den Typ des Generalstabschefs vollkommen. Er fasst die Aufgaben des Generalstabs nicht eng, sondern stellt sie in einen größeren Rahmen. Er betont dabei vor allem die ethischen Grundlagen. Wie einst Gneisenau sucht er durch die Kriegsakademie und die militärischen Bildungsanstalten eine Verbindung der Armee mit dem deutschen Geistesleben zu schaffen, der Generalstab soll unabhängig und innerlich frei zu einer typusbildenden Kraft werden. Beck wird nicht müde, die Persönlichkeit der Generäle zu bilden, den Funktionär auszuschalten. Doch was kann eine Lichtgestalt ausrichten, wenn um ihn herum zu viele sind, die in diesen Zuständen in Deutschland kein Problem sehen oder mehr Angst haben als Vaterlandsliebe? Nach jener Vervielfachung der Anzahl der Offiziere und Soldaten hat die Armee ihren einstigen Elitecharakter eingebüßt.[501]

Ludwig ist seiner Zeit ein Stück voraus. General Beck ist ein überzeugter Europäer; er sieht die Idee von Nationalstaaten als überaltert an. Seine französischen Gesprächspartner wie Marschall Pétain sagen, dass Beck kein Vertreter eines militaristischen und revanchelustigen Deutschland sei, sondern beste deutsche militärische Tradition verkörpere.[502] Er ist schon der richtige Mann: Er drängt auf Maß und Zurückhaltung. Wenn in diesen Jahren politische und militärische Euphorie aufkommt und in Überheblichkeit übergeht, wird das auf Weisung Becks scharf bekämpft. Klarheit und Wahrheit im Berichtswesen lassen jedoch mancherorts zu wünschen übrig.[503] Zum Chef des Pariser Generalstabs Maurice Gamelin sagt Ludwig Beck jetzt in der französischen Hauptstadt, dass der Friede Europas garantiert sei, wenn Frankreich und Deutschland ihren uralten Streit begrüben und ihre beiden Armeen einen *rocher de bronze*, einen ehernen Felsen für den Frieden darstellten.[504]

Familienbande in der Demokratie

Ende Mai wurde übrigens Arthur Neville Chamberlain Premierminister Großbritanniens. Ja, das ging so ein bisschen in dem deutschen Gewühl unter. Aber London bleibt natürlich zweifelsfrei weiter ein Ort, der nicht unbeaufsichtigt bleiben darf. Nun werden Sie natürlich sagen: Oh, nein! Schon wieder ein Chamberlain. Da muss doch irgendwo ein Nest sein – womit Sie noch nicht einmal so unrecht haben. Im Jahre 1836 ist Joseph

Chamberlain geboren. Er stieg 1868 in die Regionalpolitik ein und 1876 in die große Politik. 1855 ist Houston Stewart Chamberlain in den Ring gestiegen, schrieb antisemitischen Mist, flirtete sowohl mit Blandine wie auch mit Isolde Wagner und ehelichte schließlich doch Eva, die Tochter des weltbekannten aber längst toten Antisemiten Richard Wagner, und ließ sich dann ernstlich im Deutschen Reich einbürgern. Dieses war der zweite Streich, doch der dritte folgt sogleich: 1863 wurde Joseph Austen Chamberlain geboren und war im 20. Jahrhundert Postminister, später Finanzminister und Außenminister. Gemeinsam mit US-Vizepräsident Charles Gates Dawes wurde ihm 1926 der *Friedensnobelpreis* verliehen, weil sie führend an der Ausarbeitung des Dawes-Planes beteiligt waren, mit dem das Deutsche Reich ausgelaugt wurde, bis es reif war für Hitler und Konsorten. Und Neville Chamberlain gibt jetzt den Premierminister seiner Majestät des Königs. Das ist eine Grundlage für Verschwörungen.

Schock in der Amtsstube

Kriegsminister Werner von Blomberg, den sich Reichspräsident Paul v. Hindenburg einst als konservativen Gegenpart zu Hitler dachte, hört am 24. Juni als einer der ersten davon, dass der Operationsplan „Grün“ nun fix und fertig vorliegt. Die Tschechoslowakische Republik soll nächstens von der Landkarte getilgt werden, doch der Plan sieht kein gewaltsames Vorgehen vor. Jedem Deutschen muss das Blut stocken, wenn er von so einem tollkühnen Projekt hört, und die hohen Offiziere wissen aus ihren Quellen besser als jeder andere, dass das Land selbst Möglichkeiten hat, um sich effektiv militärisch zu verteidigen, ganz zu schweigen von dem Vertrag, den Prag mit Paris geschlossen hat. Aber Frankreich macht sich weiter mehr oder weniger von der Unterstützung aus England abhängig. Von Blomberg geht jedoch aus militärischer Vernunft davon aus, dass es zum Zweifronten-Krieg kommt, wenn Hitler seinen Wunsch laut äußert. Deshalb reicht Blomberg im Juni offiziell die schriftliche Erklärung ein, in der der Minister schreibt, dass „kein Anlass gegeben sei, einen Angriff auf Deutschland von irgendeiner Seite zu befürchten“.[505] Hitler hingegen weiß seinerseits, dass er nichts zu befürchten hat, hält er sich doch hier bloß an die Londoner Linie vom letzten Frühjahr, dass es keine *changes* ohne *talks* geben soll.[506] Gegen die Grenzänderungen an sich hat man in London überhaupt nichts einzuwenden. Während die Deutschen überall im Reich zur Arbeit gehen, wird auf den Fluren der Macht in Berlin getuschelt. Dieser oder jener hat etwas aufgeschnappt und ihm dämmert, dass ihr Führer nicht die gleichen Vorstellungen wie sie hat, wie es denn mit der neu entstehenden Großmacht Deutschland weitergehen soll.

Gedanken und Hintergedanken

Polens Außenminister Beck zaubert unterdessen seine kreative Abwandlung des Westpaktes vom Dezember 1936 wieder aus dem Schreibtisch; doch jetzt ist es zu spät. Niemand will mehr den Westpakt und England setzt mehr oder weniger auf seine Politik des *Appeasement*. London will das erstarkende Deutsche Reich *besänftigen*. Das neue Deutschland soll bekommen, was es will, wenn es beim Essen nicht schmatzt und wenn es England nicht auf seine Speisekarte setzt. Der andere Teil des Planes ist nicht derart friedlich. Das offizielle London hofft auf einen militärischen Konflikt zwischen dem Deutschen Reich und der Sowjetunion, in dessen denkbar langem Verlauf sich die ehemaligen Reiche von Kaiser und Zar die Hörner richtig verlustreich aneinander abstoßen. Selbstverständlich muss für diesen Teil des Planes noch eine Hürde genommen werden; da stört noch dieser wolhynische Krautsalat zwischen Deutschland und der Räterepublik: da gibt es die Kaschuben und die Slowaken, die Zigeuner, die Ukrainer, die Juden, die Weißrussen, die Tschechen, die Polen, die Ruthenen, und an Deutschen mangelt es auch in keinem dieser Staaten. Es interessiert in London nur am Rand, wer da irgendwo Mehrheit oder Minderheit ist. Die Führung in London hofft darauf, dass das Deutsche Reich die Tschechoslowakei und Polen in seine breiten Arme nimmt, um Beinfreiheit zu bekommen für die große Schlacht im Osten. Die soll es ja um Gottes willen nicht gewinnen, aber es soll derart geschwächt werden, dass die Engländer anschließend gefahrlos auf dem Kontinent für Ruhe sorgen können. Das ist die *Balance of Power*, die London mit Erfolg seit Jahrhunderten praktiziert, *Politics made in England*. Die Kolonien hat das Land letztlich auch nicht durch übergroße Friedfertigkeit erworben. Werden Hitler auf der einen und Stalin auf der anderen Seite die ihnen zugedachten Rollen so spielen, wie man sich das in London so vorstellt? In den Köpfen einiger Politiker geistert die etwas vage Hoffnung herum, dass sich Hitler die Teile nimmt, bei denen er es für richtig hält, dass er aber Rumpfstaaten von Polen und der Tschechoslowakei übrig lässt. Auf keinen Fall sollen diese Länder Gegengewichte zu Deutschland bilden – trotz ihrer militärischen Möglichkeiten. Das Letzte, was in London ausgehen wird, sind die Argumente. Die Begründung für logisch veranlagte Menschen lautet, dies würde Moskau zur Schutzmacht für diese Länder aufwerten. Sehen Sie. Es wird auch weiterhin erwogen, eine Wiedervereinigung Deutschlands mit Österreich zu ermöglichen. Man muss es nur nicht laut sagen, dass sich Hitlers Reich, vergrößert um Ressourcen aus Österreich, länger gegen die sowjetische Übermacht behaupten kann.[507] Die Verwirrung der Begriffe fing ja schon bei *Appeasement* an; nein, die Kreise, die englische Großmachtpolitik betreiben, machen sich lediglich die Zustimmung der englischen Öffentlichkeit für ein *Appeasement* aus Angst vor einem Krieg zunutze. Kurz gesagt, sie betrügen ihr Volk.[508]

Volkes Mund tut Wahrheit kund

Den einfachen Leuten entgeht nicht, dass sie über die Arbeit und was sie herstellen, mit anderen nicht sprechen sollen. Seit langem schon hängen in vielen Betrieben Plakate der Aktion *Feind hört mit*, die vom Chef des Geheimdienstes Admiral Wilhelm Canaris auf die Beine gestellt worden ist.[509] *Feind hört mit!* wird schnell zu einem geflügelten Wort. Bald wird das der Schlachtruf, wenn beim Tuscheln einer in die Nähe kommt. Die Leute kommentieren die zwiespältige Freude über einen Arbeitsplatz auf die eigene Art: Ein Mann ist in einer Kinderwagenfabrik beschäftigt. Da er kein Geld hat, aber für seine Frau einen Kinderwagen haben möchte, „beschafft“ er sich die verschiedenen Fabrikationsteile aus den verschiedenen Abteilungen. Als er sie zu Hause zusammensetzt, was meinen Sie wohl, was daraus geworden ist? Ein Maschinengewehr![510] In der Zeitung geht es doch dauernd um den Frieden? Das glauben viele und alle hoffen es sehr, dieser und jener äußert hingegen Zweifel: Goebbels klopft an die Himmelstür, Petrus erklärt ihm jedoch, dass er in die Hölle müsse. Um ihn zu trösten, sagt er, so schlimm sei es gar nicht in der Hölle, und er lässt ihn durch ein Fernrohr in die Hölle blicken. Dort sieht er eine behagliche Bar, leicht bekleidete Mädchen, Wein und Sekt... und getröstet geht er von dannen. Aber als er in der Hölle ist, wird er von den Teufeln nach allen Regeln der Kunst gezwickt, gezwackt, gequält. Entrüstet ruft er: „Satan, wo ist denn der Barbetrieb, den mir Petrus vom Himmel aus zeigte?“ Da erwidert Satan: „Das ist nur Propaganda, alles Propaganda, Herr Minister!“[511] Deshalb ist es vielleicht noch der beste Vorschlag, die Zeitungen gar nicht zu lesen, wie es mancher vorschlägt: Hase ist tot. Er hat die Zeitung gelesen und ist von der Straßenbahn überfahren worden. Nutzanwendung: Lies keine Zeitung.[512] Ein gutes Beispiel für Goebbels’ Propaganda ist die Berichterstattung über den Bürgerkrieg in Spanien. Dort knallt es schon seit einem Jahr und die Faschisten siegen ohne zu siegen. Hinter vorgehaltener Hand tuschelt man: „Welches ist die größte Stadt Europas?“ Die Antwort folgt auf dem Fuß: „Madrid. Seit Monaten marschieren dort schon die Truppen ein – und die Stadt ist immer noch nicht besetzt.“[513] Was auf der anderen Seite die Rolle des eigenen Landes im spanischen Bürgerkrieg anbelangt, fragen sich die Leute: „Wer ist der tüchtigste Exporteur?“ und beantworten die Frage selbst: „Adolf Hitler; denn er liefert alles franco.“[514] Die substantielle Unterstützung für Herrn Franco, den *Caudillo* in Spanien, spricht sich mit der Zeit im Deutschen Reich herum. Geht man nur danach, was in der Zeitung steht, ist ja hier auch die Welt absolut in Ordnung. Man muss beide Augen ganz fest zumachen, um den Mangel an allen Ecken und Enden nicht zu bemerken; diese schwierige Lage ist andererseits auch kein Wunder, wenn der Plan eingerichtet wurde, um Krieg führen zu können. Nicht umsonst schärfte der Führerstellvertreter Rudolf Heß bereits im Oktober 1936 ein: „Auch heute gilt die Parole: Kanonen statt Butter“ – lecker. Klingt das etwa zufrieden? Der Hitler ohne Frau, die Schlächter ohne Sau, die Bäcker ohne

Teig – das ist das Dritte Reich.[515] Natürlich haben Sie Recht, reim' dich, oder ich fress' dich, aber was hier von Mund zu Mund geht, das ist nicht Kunst sondern Kritik. *Dieser* Aufruf ist auch nichts für 108-Prozentige unserer Volksgenossen: Deutsche, tragt deutsche Wolle, hergestellt aus Hirngespinsten Adolf Hitlers, Lügengeweben, Goebbels' Geduldsfäden des deutschen Volkes und aus alten Lumpen der SA.[516] Andere sprechen forsch über die Aussichten auf die nahe Zukunft und nehmen Bezug auf den Unterschied im Taillenumfang von Göring und von Goebbels: „Wie sieht es am Ende des ersten Vierjahresplanes aus?" – „Göring wird in die Hose von Goebbels passen."[517] Die Aussichten sind nicht sehr heiter. Mit der Zeit gibt es dies und das und jenes nur noch auf Lebensmittelkarten. Kurt hört, dass jemand auf einem Hindenburg-Denkmal so ein Plakat angebracht hat, auf dem stand: „Steig hernieder, greiser Streiter, dein Gefreiter kann nicht weiter!"[518] Es fällt sicher eher in den Aufgabenbereich der Gestapo, herauszufinden, wer das dorthin geschrieben hat.

Der Staat neuen Typus, Kirchen und Wehrmacht

Wer nicht exorbitant prominent ist und trotz allem aufmuckt, ist richtig schnell von der Bildfläche bei uns verschwunden. Seit Jahren schon gibt es nur noch zwei große Institutionen, in denen man vor der staatlichen Willkür dieses Nazi-Regimes einigermaßen geschützt ist. Eine ist unsere Wehrmacht und dann gibt es selbstverständlich noch die Kirchen. Doch nur die Kirchen nutzen ihren gegebenen Spielraum, um sich kritisch zu äußern. In der Armee zieht man vor, den Status zu erhalten, dass Politik in den Streitkräften nichts zu suchen habe. Wer aber unpolitisch bleiben will, kann dann nicht selbst dagegen verstoßen. Hans Bernd Gisevius ist trotzdem von den hohen Soldaten enttäuscht. Er, der oft am Sonntag in die Kirche von Pastor Niemöller in Berlin-Dahlem geht, soll uns von der sehr couragierten Institution berichten: „Sie stemmt sich gegen das immer beängstigendere Tempo dieser Bewegung zum Abgrund. Und gerade die Gegenüberstellung mit den Offizieren macht ersichtlich, mit wie viel Mut die Geistlichen beider Konfessionen kämpfen. Vielleicht muss ich einschränken, nicht die Kirche als solche kämpft. In ihrer organisatorischen Umhüllung verstecken sich tausend bürokratische Wenn und Aber, ungezählte diplomatische Bedenken und leider auch so manche Philosophien vom kleineren Übel."[519] Hier bleibt bloß noch anzumerken, dass viele Leute bei uns im Inland wie im Ausland diese Ansicht teilen. Doch im Übel sehen sie trotz alledem ein Übel: „Da gibt es Bischöfe, die über ihren Sprengel nicht hinaussehen wollen und sich damit begnügen, dass dieser intakt bleibt. Da gibt es Bischöfe, die schweigen, wenn sie reden sollten, und die reden, wenn sie schweigen sollten. Aber fast möchte ich sagen, wie sollte es anders sein?" Doch genau dies gerade mache den Kirchenkampf zu einem so bedeutsamen, weit über über die deutschen Grenzen hinausreichenden Ereignis, dass sich neue Führerpersönlichkeiten herausschälten. Mit einem Male werde ersichtlich, dass es nicht eine Institution ist, die da kämpft, sondern dass es vielmehr Menschen von Fleisch und Blut sind, die durch ihren persönlichen Einsatz alle jene Lügen strafen, welche so tun, als sei das Christentum eine längst überholte Angelegenheit, als gehe der Streit bloß um ein leeres Dogma, um Traditionen, um Vergangenes. Er meint, wie immer auch die Geschichte dieses Kirchenkampfes geschrieben werden möge und wie viele Namen dann rühmend erwähnt werden müssten, an erster Stelle soll immer der Name Martin Niemöller genannt werden. Für Hitler sei genau *der* Mann *der* große kirchliche Antipode seiner Alleinherrschaft – und als solchen hasse er Niemöller.[520] Jetzt bleibt nur noch zu hoffen, dass unsere Enkel und Urenkel erfahren werden, dass in dem Zusammenhang viele Namen rühmend erwähnt werden müssen, und dass so ein Mann wie Niemöller nicht auf einer Liste der einzigen Deutschen verendet, die unter übelsten Bedingungen etwas gegen die heutigen Zustände unternommen haben. Das wäre der Endsieg der Propaganda des britischen Imperialismus.

Gisevius sieht, dass sich Pfarrer Niemöller, der vor Jahren selbst an die Verheißungen des nationalen Sozialismus geglaubt hat, nach zwei Seiten verteidigen muss, einerseits gegen die Nazis und andererseits muss sich Niemöller ausgerechnet denen gegenüber zur Wehr setzen, die ihm der ganzen Herkunft nach am nächsten stehen und deren Argumentationen ihm am geläufigsten sind. Das sind die *Patrioten*, jene braven Kirchenchristen aus der Zeit von Thron und Altar, denen leider das neuralgische Leiden des deutschen Protestantismus, sein bedenklicher Hang, einfach *jeder* Regierung untertan zu sein, auch dann noch zu schaffen macht, als Hitlers Staatsersatz wahrhaftig bloß noch eine Verhöhnung aller echten Obrigkeit darstellt. Diese Menschen sind auf keinen Fall Nazis. Vielfach stehen sie sogar in offener Opposition. Nichts wünschen sie sehnlicher, als dass diese braune Gewissensqual von ihnen genommen werde. Deshalb ist ihnen Niemöller* als kämpferischer Mensch sympathisch. Aber, warum ist er immer so unvorsichtig? Muss er denn immer alles gleich so scharf sagen?“[521]

Am 1. Juli 1937 fühlt sich Hitler letztlich stark genug, Martin Niemöller verhaften und in das KZ Sachsenhausen einliefern zu lassen. Zahlreiche Geistliche und gläubige Christen protestieren dagegen. Das kann nichts an der Tatsache ändern, dass der Pfarrer in Haft bleibt; aber die Herren an der Macht wissen auch, dass diese Tatsache nichts daran ändert, dass viele Deutsche ihr System nach der Inhaftierung des Pfarrers noch mehr ablehnen, und wissen, dass sie sich sein Schweigen teuer erkaufen. Sein gelegentlicher Zuhörer Gisevius stellt fest, dass Hitler Martin Niemöller zu seinem Privatgefangenen macht und ergänzt: „Viele Zeugenaussagen bestätigen, wie wutverzerrt des Tyrannen Gesicht wurde, sobald er nur den Namen dieses mutigen Dahlemer Pfarrers hörte. Sollte nicht diese Tatsache allein schon begreiflich machen, warum das deutsche Kirchenvolk beider Konfessionen Niemöller vor allen andern zu seinem Helden erkor?“ In der Lagerzelle noch kann Niemöller, auf seine „immer größer werdende Personalgemeinde“[522] einwirken. Später soll der Prozess stattfinden. Gisevius legt in diesem Zusammenhang besonderen Wert auf die Feststellung, dass die Unverdrossenheit, mit der Niemöller als ein unbekannter Pfarrer das Risiko der ersten vier Jahre auf sich nahm, fast noch höher einzuschätzen ist als die Ungebrochenheit, mit der jener nunmehr prominente Häftling das Konzentrationslager ertrug.[523]

1937

Wenn man das Oben und Unten nicht erkennt

In Deutschland dreht sich diesen Sommer fast alles um die Künste. Wie man weiß, gehört der Führer ja selbst zu den unverstandenen Genies, so dass es nicht erstaunt, dass er das neue „Haus der Deutschen Kunst“ im bayerischen München höchstpersönlich eröffnet. Benjamin ist auf jeden Fall mächtig beeindruckt. Nicht nur die *Frankfurter Zeitung* bringt das monumentale Ereignis am 19. Juli auf der Titelseite: „Die weite Säulenreihe des neuen Hauses, die rot und goldenen Standarten dazwischen, die geschlossenen Abteilungen von Wehrmacht und uniformierten Gliederungen der NSDAP, welche die Prinzregentenstraße säumten – all das vereinigte sich an diesem Sonntagmorgen, bei aufgeklärtem Himmel, zu einer Dokumentation von Macht und Ordnung. Im Empfangsraum des Hauses, der wie die Ausstellungshallen selber sein Licht von oben empfängt, sammelten sich bis zehn Uhr die Gäste: die gesamte Reichsregierung, Mitglieder des Diplomatischen Korps, Reichs- und Gauleiter der NSDAP und andere führende Männer, sämtlich mit ihren Damen. In der ersten Stuhlreihe gewahrte man auch die Witwe des Erbauers, Frau Professor Troost.“ Es liest sich salbungsvoll, wenn ein Ideologe große Worte findet: „In den Seitenschiffen der Halle, hinter einer Kette von Männern der SS, fand stehend noch eine Anzahl von Geladenen Platz. Die hier innen waren, vernahmen den Akt der Übergabe des Hauses, die Worte des Münchner Gauleiters Wagner, des Vorsitzenden der Gesellschaft »Haus der Deutschen Kunst«, Herrn von Finck, und den Dank des Führers und Reichskanzlers nur durch Lautsprecher: Dies vollzog sich vor dem Portal auf der Freitreppe.“ Und danach kam der Höhepunkt der laufenden Veranstaltung: „Dann betrat Adolf Hitler den feierlichen Raum, gefolgt von den genannten Herren, ferner vom Reichskriegsminister und Reichsluftfahrtminister. Nach der Darbietung eines Weihechors (Städtischer Chor Augsburg unter Otto Jochum) erteilte Gauleiter Wagner sogleich dem Führer und Reichskanzler das Wort.“ Da möchte man das Blatt abbestellen: „Es will fast überflüssig erscheinen, hier seine Rede zu charakterisieren: Sie war, obwohl verzweigt, deutlich und entschieden genug. Nicht überflüssig aber ist es, von der außerordentlichen inneren Anteilnahme des Sprechenden an seinem Gegenstand einen Begriff zu geben, welcher allen Hörern spürbar werden musste, die eigenste Leidenschaft und den Ton des persönlichen Erlebens zu bezeichnen, welche hier eindrucksvoll vernehmlich geworden sind.“ Der Autor leitet dann über zu: „Auch denen, die diese Rede nur lesen, wird es nicht entgehen können, dass sie eine Abrechnung darstellt mit Gesinnungen und Theorien, die das öffentliche Kunstleben der hinter uns liegenden Epoche bestimmten – eine Abrechnung, die heute noch nicht beendet ist.“ Das alte München bietet eine Überraschung: „Diese Auseinandersetzung, welche durch die Gleichzeitigkeit der Großen Deutschen Kunstausstellung mit der bereits angekündigten Schaustellung »Entartete Kunst« (sie wird von morgen ab zugänglich sein) ebenso schlagend illustriert wird wie durch den Entschluss Adolf Hitlers, einen unerbittlichen Säuberungskrieg im Bereich der Kunst zu führen – diese Auseinandersetzung wurde in der Rede zugleich mit den Waffen scharfer Ironie wie mit den Mitteln philosophischer Erörterung geführt.“[524]

Es gibt zur Zeit noch keine Befragungsergebnisse, wie herzlich man über die Stelle gelacht hat, dass die führenden Männer des Reiches sämtlich mit ihren Damen aufmarschiert seien, wo doch ausgerechnet der Führer ohne derartige Begleitung nach München kommt. Klar ist bloß, dass es nicht allen Beobachtern entgeht. Davon zeugen Worte wie dieses: „Wer wie ein Barbar regiert, und Napoleon markiert, in Österreich geboren, den Bart englisch geschoren – wer italienisch grüßt, deutsche Mädchen Kinder kriegen lässt, aber selber keine Kinder machen kann – das ist ein deutscher Mann!“[525] Insofern steht in der *Frankfurter Zeitung* durchaus wieder einmal ein wahres Wort: „Deutsch sein heißt klar sein.“ Es ist so, unser Führer ist genau der Richtige: ein Frauenheld, ein Philosoph und ein Kunstkenner. Agathe ist ja ein extra neugieriges Weibsbild. Zu gerne würde sie erfahren, warum sie den unverstandenen jugendlichen Hitler damals nicht an der Kunstakademie haben wollten. Man wird ja einmal fragen dürfen. Sagten sie, seine Bilder seien gut für die Stube der Oma? Hat das jugendliche Genie verstanden, dass Mitte des 19. Jahrhunderts die Fotografie aufkam und die Realität absolut mühelos und zeitsparend auf Papier wiedergeben konnte? Ist ihm klar, dass jeder Versuch eines Realismus in der Kunst dann nur der Fotografie hinterher hechelte? Die neuen Formen kamen doch nicht von ungefähr! Nehmen Sie nur diesen Impressionismus. Das kann so ein Foto noch nicht – Emotionen bei der Betrachtung der Lichtung im Mondschein darstellen. Oder dann dieser Expressionismus, der Dadaismus oder der Kubismus und das alles. Sein Kunstverständnis war im 19. Jahrhundert stehengeblieben und so mag er das neumodische Zeugs nicht. Das wird eingesammelt in den Museen und kommt erst in die Zur-Schau-Stellung *Entartete Kunst* und danach wird, was noch nicht kaputt ist, gegen Devisen ins Ausland verschoben. In seinem Namen fährt der Präsident der Reichskammer der bildenden Künste Professor Ziegler in Deutschland herum und entscheidet vor Ort, was deutsche Kunst und was entartet ist. Sinnigerweise heißt er mit dem Vornamen auch Adolf. In München berichtet er von den ganz haarsträubenden Ergebnissen jener Exkursionen: „Ich war mir klar darüber, dass die Anzahl der in den vergangenen Jahren angekauften Werke ungeheuer groß sein würde. Maßlos erstaunt war ich darüber, dass noch bis vor wenigen Tagen in deutschen öffentlichen Museen und Sammlungen teilweise diese hier nach München gebrachten Verfallskunstdokumente ausgestellt und damit seitens der Leiter dieser Anstalten den deutschen Volksgenossen die Besichtigung zugemutet wurde. Es sind die hier gezeigten Produkte allerdings nur ein Teil der in den vorgenannten Anstalten noch vorhandenen. Es hätten Eisenbahnzüge nicht gereicht, um die deutschen Museen von diesem Schund auszuräumen. Das wird noch zu geschehen haben, und zwar in aller Kürze. Es ist eine Sünde und Schande, dass man die Anstalten mit diesem Zeug voll gehängt hat und die örtliche und anständig lebende deutsche Künstlerschaft gerade in diesen Stätten kaum oder nur schlechte Ausstellungsmöglichkeiten besitzt.“[526]

Viele Leute strömen zur *Entarteten Kunst*, „um einen letzten Blick auf unersetzliche Werte zu erhaschen“,[527] obwohl alles dagegen aufgeboten wird. Auf einem Ausstellungsplakat wird ein richtig unglücklicher Vergleich angestellt, um deutlich zu machen, was „entartete Kunst“ sei. Da wird ein verliebter Eindruck von einer jungen Frau dem Bild von einem schnurrbärtigen älteren Arbeiter gegenübergestellt, wobei der realistisch gemalte Arbeiter eindeutig besser abschneidet. Unter dem Gemälde hat man die Erklärung: „Lebensvoller Ausdruck eines deutschen Arbeiters, der nichts mehr von Verhetzung und Klassenhass in seinen Zügen zeigt, sondern sich bewusst ist, dass seine Arbeit gleichberechtigt mit jeder anderen zum Aufbau des Vaterlandes beiträgt. Das ausgezeichnete Bild schuf eine Frau, Else Schmidt von der Velde.“[528] Die Propaganda lächelt einem aus jedem Wort entgegen. Da Hitler Zieglers Bilder für unzulänglich hält, sucht danach sein Hoffotograf Hoffmann aus, was da hängt, da *unser* Führer „keine schlampig gemalten Bilder liebt, bei denen man das Oben und Unten nicht erkennt, und die der Rahmenmacher deshalb an jeder Seite mit einem Aufhänger versehen muss.“[529] Wurde Hitler deswegen in Wien abgelehnt? Die *Dortmunder Zeitung* schreibt am 20. Juli 1937, er habe „eine große Zahl von Scheußlichkeiten zu einer Schau zusammengestellt“. Ganz so schlimm kann es jedoch kaum gewesen sein, wenn den Museen bis dato die Besucher nicht ausgeblieben sind. Das ist sicher deshalb so gewesen, weil die Bilder ein paar Leuten gefielen. Das Plakat erläutert auch, was die versammelte Staatsführung als wertvolle deutsche Kunst ansieht – die „Kalenberger Bauernfamilie“ zum Beispiel, die den Leuten mit diesen Worten angepriesen wird: „Ein wundervolles Bild deutschen Familienlebens. Im Hintergrunde ein Ausschnitt aus der Landschaft Kalenbergs, das einmal eins der vielen Duodezfürstentümer des zerrissenen Vorkriegsdeutschlands gewesen ist.“[530] Es handelt sich in dem Zusammenhang ja auch nicht um offizielle Propaganda. Wo denken Sie denn hin? Brauchen Sie mehr von diesem Sülz? „Dieses prachtvolle Bild des rheinischen Meisters Professor Artur Kampf zeigt uns eine Episode aus den Tagen der Freiheitskriege gegen den korsischen Eroberer. Auch damals war das deutsche Volk zum Opfergang bereit. »Der König rief und alle, alle kamen!«“ Nach solch kenntnisreichen Einschätzungen wird auch die nachfolgende Wertung nicht verwundern: „Wohl eines der besten Führerbildnisse, die je geschaffen wurden, verdanken wir dem Berliner Maler Franz Triebsch.“[531] Klar, den Führerkult liebt der Genosse Stalin in Moskau ja auch so heiß und inniglich.

Hier die Festparade und dort das Lager

Wenige Tage später fängt auf dem Ettersberg bei Weimar in Thüringen der Bau des Konzentrationslagers Buchenwald an. Wenn das der Führer wüsste... Oder so ähnlich. Das Gebiet wird eingezäunt und gut bewacht, damit sich niemand aus Versehen beim Skilanglauf hierher verirrt. Wer weiß, welche Bank das Startkapital gegeben hat? Aber wo ist der Führer? Kanzler Hitler bereitet sich auf den wichtigen Staatsbesuch des *Duce* aus Italien vor. Im September ist es dann soweit. Generalstabschef Beck ist ebenfalls zur Vorbereitung aufgerufen und sucht sich die richtigen Leute für eine Delegation zusammen. Unter ihnen soll wegen dessen Position Hans Speidel sein, Leiter der Abteilung „Fremde Heere West“ des Generalstabs, den er seit Jahren kennt. Bei der Reise in das Reich jenseits der Alpen begleitet den italienischen Staatschef Mussolini auch eine große Militärdelegation mit dem Marschall Badoglio an der Spitze. Sie diskutieren über „eine militärische Zusammenarbeit im Frieden, aber auch in einer möglichen kriegerischen Auseinandersetzung.“ Badoglio macht einen menschlich vornehmen, gebildeten sowie militärisch geschulten Eindruck. Mussolini tritt er sehr frei gegenüber. Mussolini spricht den deutschen Offizier Speidel auch auf den Paris-Besuch General Becks an, insbesondere auf das Verhältnis Deutschland-Frankreich und den Ausbildungsstand des französischen Heeres. Von außerordentlich starkem Willen geprägt, selbstbewusst, herrisch, zeigt er sich im persönlichen Gespräch von einer eindrucksvollen, sehr unmittelbaren Liebenswürdigkeit. Der große Zapfenstreich im Stadion, bei dem Benito Mussolini kurz spricht, bildet den Abschluss des Besuches, der Speidel die mitreißende Wirkung der Diktatoren auf die Massen erneut zum Bewusstsein bringt. So weit die Schilderung von Speidel.[532]

Der einzelne Mann ist vom Jubel einer Masse beeindruckt. Er kann ja nicht abschätzen, wie viele Leute den Staatsbesuch einfach ausblenden und lieber zur Trabrennbahn gehen oder in ein Theater. Nehmen Sie in Berlin Helmuth James Graf von Moltke. Der Jurist hat sein Büro *Unter den Linden* und während *alle* ihre Häuser mit Fahnen *schmücken*, mag er einfach nicht. So hält es auch der knorrige Fleischermeister Klaus an der Ecke, aber der Klaus kommt damit in kein Geschichtsbuch. Der hat Glück, wenn er dafür nicht in den Wald geschickt wird. Der Graf spricht im Vorfeld dieses *Events* auch mit den anderen Mietern des Hauses an der Berliner Prachtallee und die hängen danach ebenfalls keine Fahnen auf.[533] *Unter den Linden* fällt ein grau gebliebenes Haus mehr auf als an unbedeutenden Orten und dort tut es diesem Regime richtig weh. Doch ihre Namen wird man später wohl in keinem Buch finden, obwohl auch sie davon ausgehen müssen, dass es in Zukunft kein Zufall ist, wenn es bei Telefonaten im Hörer knackt. Und wer behauptet denn, dass alle, die ihre Fahnen brav an ihr Haus hängen, ihrerseits klasse finden, wie es bei uns so zugeht? Wie viele hängen die Fahnen in den Wind, um nicht vom Hauswart dazu aufgefordert zu werden? Und Hauswart wird nicht jeder. Es ist auch nicht jeder zum Helden geboren und nicht jeder wird mit der Zeit ein Held. Aber Gesten des Widerstrebens gibt es. Ungefährlich sind sie sicher nicht. Den Leuten, die vorübergehen, mag es ja auffallen oder auch nicht. Hitler selbst genügen seine dreißig Prozent Zustimmung, um an der Macht zu bleiben. Für Kritiker Seines Regimes ist es nicht witzig, dass Er weiterhin in aller Dreistigkeit vom Ausland aus *supported* wird. Zu den bekannten Gästen 1937 gehören der abgedankte König Edward, der Marquess of Lothian und der Herzog von Windsor, wobei das längst nicht alle sind.[534] So entziehen sie der Kritik an Hitlers Staatsersatz jede Grundlage, aber wir können darauf wetten, dass sie in England dann die Hände in Unschuld waschen und mit langen Fingern auf Die Deutschen zeigen werden, die einen Hitler als König von Deutschland hatten.

Die braune Brut trifft sich zu ihrem Parteitag

Der offizielle Höhepunkt der Jahres ist der Reichsparteitag in Nürnberg. Der Chefdolmetscher des Auswärtigen Amtes Paul Schmidt kommt mit einem Flugzeug der *Air France* in die mittelalterliche deutsche Stadt mit ihren schön verzierten Gebäuden, Türmen und Kirchen. Schon aus der Luft sieht er das weite Zeltlager bei Langwasser und die vielen Leute auf der Zeppelinwiese. Er begibt sich in das *Grand Hotel*, in dem sich Gäste des Reiches auf Englisch, Französisch, Italienisch und Spanisch über die die Vorzüge und die Nachteile des Nationalsozialismus unterhalten. Den Dolmetscher bringen viele der Ausländer zum Grübeln mit ihrer lauten Begeisterung für Hitler und die neue Ordnung im Reich, das nur wenige Jahre zuvor im Chaos zu versinken schien. Er kennt die Kehrseite dieses Regimes nur zu genau. Was soll er zum Beispiel jener Französin sagen, die in höchsten Tönen von Adolf Hitler und seiner braunen Gefolgschaft schwärmt, oder was soll er jenen Engländern antworten, die sich einen Hitler wünschen, um in England Ordnung zu halten? Vielleicht, so sagt sich Dr. Schmidt, haben all die vielen Leute im Reich und die Ausländer ja Recht, die im Nationalsozialismus das Gute sehen. Vielleicht hat er ja einen Charakterfehler, so dass er an der Freude und Begeisterung innerlich keinen Anteil nehmen kann. Das geht ihm hier so durch den Kopf.[535] Zu seinen Aufgaben gehört es auch, am Tag des jährlichen Triumphzugs des Führers durch die schöne Stadt mit den prominentesten englischen und französischen Gästen in einem offenen Auto nur wenige Meter nach Adolf Hitlers Wagen herzufahren. Der Eindruck der in ekstatischer Begeisterung jubelnden Menschenmassen ist überwältigend.[536] Aber da ist ja alles aus dem Reich beisammen, was braun ist. Weshalb sollten diese Leute denn nicht jubeln? Ihnen hat die Revolution Nutzen gebracht. Auf einem Parteitag spricht Hitler jeden Tag vor einem neuen versammelten *Kollektiv*, wie es neuerdings heißt. Eine dieser Gruppen ist zum Beispiel der *Kulturbund*. Und immer redet Er, der Auserwählte, der Führer von Partei und Staat, naja. Allenfalls darf vielleicht Joseph Goebbels ein paar Randbemerkungen in Sachen Kultur anbringen oder sein Chefideologe, der die *clubs* der *City* so liebte, Alfred Rosenberg.[537]

Widerstand gegen Hitlers Kriegspläne

Wenn Hitler etwas beherrscht, dann ist es die Ausnutzung vorgegebener Situationen. Er hat seine Vorstellungen, was geschehen soll, doch er tritt damit nicht hervor, sondern wartet Gelegenheiten ab, in denen er eigene Vorstellungen unterbringen kann. Eine der ganz großen Visionen ist die von der großzügigen Ausdehnung des deutschen Lebensraums. Er hatte dieses Thema ja bereits in der Woche seiner Amtseinführung fünf Jahre zuvor im Kreise der führenden Generäle der Reichswehr angesprochen. Damals war er auf taube Ohren gestoßen. Diese Vorstellung, dass einer mit der damaligen Reichswehr irgendeinen Krieg führen wollte, schien derart absurd, dass sich der frische Kanzler damit selbst disqualifiziert hatte. Klug, wie Hitler ist, lässt er das Thema für Jahre ruhen und wartet ab, bis sich seine Herrschaft gefestigt hat und bis einer dieser Generäle mal irgendein Thema anreißt, bei dem er seine Vorstellungen erneut an den Mann bringen kann.[538]

Die Generäle wissen um die innen- und außenpolitischen Erfolge Hitlers und sie fürchten darum den Neid der Eliten in anderen Staaten Europas. So bittet Minister von Blomberg den Kanzler um eine Zusammenkunft, um die Rohstoffprobleme des Reiches sowie die absolut unzureichende Bewaffnung im Fall einer kriegerischen Entwicklung einmal eingehend zu besprechen. In diesen beiden ungelösten Fragen soll auf alle Fälle für Abhilfe gesorgt werden. Das ist fachlich verständlich und sicherlich gut gemeint, aber als dieses Ansinnen an den Herrn Kanzler herangetragen wird, funktioniert dieser es um für seine eigenen Zwecke.

Zu der Konferenz der entscheidenden Männer kommt es schließlich am 5. November 1937 in der Reichskanzlei. Anwesend sind Außenminister Konstantin von Neurath, der Kriegsminister Werner von Blomberg und die Kommandeure der drei Waffengattungen Hermann Göring, Werner von Fritsch und Erich Raeder sowie der Reichskanzler Adolf Hitler mit Adjutant Friedrich Hoßbach. Hitler betont einleitend die Bedeutung des Treffens und wünscht, dass die Erklärung, die er hier vortragen möchte, im Falle seines Todes als letzter Wille und Testament betrachtet werde. Der Kanzler kommt anschließend von den Rohstoffproblemen über die mangelhafte Ausrüstung von Wehrmacht und Luftwaffe zum rasanten Bevölkerungswachstum infolge seiner erfolgreichen Sozialpolitik. Langfristig muss es demzufolge darum gehen, die Ernährungsgrundlage der Deutschen zu sichern. Daraus ergibt sich ein Raumproblem. Er erörtert diese und jene Überlegung, nur um sie im langen Monolog auch wieder zu verwerfen. Konflikte zwischen verschiedenen europäischen Ländern werden thematisiert, die zu Kriegen zwischen ihnen führen könnten. Die so entstehende Lage könnte man nutzen, um Österreich mit dem Reich zu vereinigen und die Tschechei anzugliedern.[539] Eine Bedrohung für die Flanken etwaigen Vorgehens in Richtung Westen will er so ausschalten.

Es geht übrigens nicht um die Sudeten – es geht ihm um die Tschechei. Er führt aus, die Angliederung der beiden Staaten an das Reich bedeute militärpolitisch eine klare Entlastung durch kürzere und bessere Grenzziehungen. So können Streitkräfte für andere Zwecke frei werden durch eine dann mögliche Neuaufstellung von Truppen bis in Höhe von ungefähr zwölf Divisionen.[540] Dabei schielt Hitler vor allem auf die modernen tschechischen Panzer und die neuesten Flugzeuge, die die Tschechen in der Sowjetunion gekauft hatten. Für Hermann Göring ist das alles keine Eröffnung mehr; er weiß von den Ideen Hitlers schon lange und er hatte Mussolini, der eigentlich manchmal wegen Österreich lieber Krieg gegen Deutschland geführt hätte, schon im April des Jahres darüber berichtet. Ja, Göring wusste davon; der Kern der Naziführung hat es gewusst. Die führenden Militärs erfahren am 5. November 1937 von seinen Plänen. In Süddeutschland ist die Wiedervereinigung mit Österreich populär, doch nicht jeder in unserem Land ist restlos davon überzeugt, dass alle Leute in Österreich tatsächlich mit Deutschland vereinigt werden wollen. Von da rührt das geflügelte Wort her: Der Hitler-Staat hat drei Hauptstädte: Berlin ist die Hauptstadt des Dritten Reiches, München: die Hauptstadt der Bewegung, Wien: die Hauptstadt der Opposition.[541] Wer sich diesen Spruch ausgedacht hat, ahnt nicht, dass viele Österreicher neidisch den Aufschwung in Deutschland betrachten und ihn auch für sich wünschen.

Es ist freilich ebensolcher Unfug, dass die Münchener brauner sind als andere Deutsche im Reich, genauso wie umgekehrt jene Berliner, die in Friedrichshain leben, nicht brauner wurden, als der Arbeiterbezirk 1933 von den braunen Herrschern in Horst-Wessel-Stadt umbenannt wurde. Hitler erklärt, das Problem des deutschen Lebensraumes sollte bis 1943 oder höchstens 1945 gelöst sein und keineswegs später. Jetzt will er abwarten, wie sich die sozialen Spannungen in Frankreich entwickeln und ob es später zum bewaffneten Konflikt zwischen Italien und Frankreich kommt, in den sich England gewiss einschalten wird. Sind diese Länder mit sich beschäftigt, so bleibt das Risiko für Deutschland überschaubar. Führt dann ein solcher von ihm erwarteter Krieg in Westeuropa wegen der gegenseitigen Gebietsforderungen zur Mobilmachung dieser Länder, so will er „diese sich nur einmal bietende Gelegenheit für einen Feldzug gegen die Tschechei nutzen".[542] Sollten sich andere Staaten natürlich aus einem Krieg der Mittelmeerländer heraushalten, will er das auch tun. Er rechnet bei einer Annexion Österreichs und der Tschechei mit dem Zugewinn an Nahrungsmitteln für fünf bis sechs Millionen Menschen, die „zwangsweise Emigration"[543] von zwei Millionen aus der Tschechei und einer Million aus Österreich vorausgesetzt. Der Redner ist sich unerhört sicher, dass sich Polen, mit dem „Er" durch den Vertrag des Jahres 1934 verbündet ist, im Falle eines Krieges des Reiches mit einem dritten Staat neutral verhalten wird. Übrigens schließt er noch am gleichen Tage mit Polen ein neues Minderheitenschutzabkommen.[544] Für die Zeit nach '43 sieht er jedoch Krieg mit England und Frankreich voraus.[545] Was denken die anwesenden Herren? In den nächsten sechs Jahren fließt noch sehr viel Wasser die Spree hinunter? Um Wirtschaft und Finanzen müsste er sich jetzt erst einmal vorrangig kümmern, damit es ihn in sechs Jahren überhaupt noch gibt? Einer der vielen Offiziere, die das Drama, das sich dann in der Reichskanzlei abspielt, nicht erleben, ist Reinhard Gehlen*. Doch es passt hierher, dass er aufschnappt, wie der deutsche Diplomat Hasso von Etzdorf* eines Tages in Anspielung auf den Titel des Buches *Die Welt als Wille und Vorstellung* von Arthur Schopenhauer die völlig wirklichkeitsfremde Denkweise dieses Adolf Hitler auf den ganz bitteren Nenner bringt: Die Welt als Wille ohne Vorstellung.[546]

In der Öffentlichkeit dagegen, vor dem Reichstag wie gegenüber Halifax betont Hitler beschwichtigend, dass die Politik der Überraschungen zugunsten von Entspannungs- und Friedenspolitik aufgegeben würde. Die mittlere und untere Führung in der Wehrmacht sowie die Truppe selbst ist in tiefer Überzeugung defensiv eingestellt, wie Hans Speidel festhält. Der Bau des Westwalls scheint lediglich der Verteidigung zu dienen, und auch die Einsatzübungen der Truppe im vorgesehenen Mobilmachungsabschnitt zwischen der Weißenburger Senke und dem Rhein lassen bloß defensive Absichten erkennen."[547] Aber kommen wir zurück zu der Rede Adolf Hitlers vor den versammelten Herren am 5. November 1937 in der Berliner Reichskanzlei.

Der überaus erfolgreiche Reichskanzler ist ein Meister der ausufernden Rede. Er diskutiert die Gesprächspartner ganz banal an die Wand, eine Regel, zu der es nur wenige Ausnahmen gibt, weil es nur wenige wagen, ihm Paroli zu bieten und da er es auch nur wenigen gestattet. Als er über die Österreicher und die Tschechen spricht, erläutert er seine Gedanken aus seinem Werk *Mein Kampf*. Es handele sich nicht um die Gewinnung von Menschen, sondern von landwirtschaftlich nutzbarem Raum. Auch die Rohstoffgebiete seien zweckmäßig im unmittelbaren Anschluss an das Reich in Europa und nicht in Übersee zu suchen, wobei die Lösung sich für ein bis zwei Generationen auswirken müsse. Der Kanzler breitet die Weisheit vor ihnen aus, die Geschichte aller Zeiten vom römischen Weltreich bis zum englischen Empire zeige, dass Raumerweiterung nur durch Brechen jedes Widerstandes und unter Risiko geschehen könne. Auch Rückschläge seien unvermeidbar. Weder früher noch heute habe es herrenlosen Raum gegeben, jeder Angreifer stoße stets auf Besitzer.

Wie oft hat dieser Mann bei öffentlichen Auftritten behauptet, dass sein Buch, dessen Manuskriptpapier von Antisemiten gesponsort wurde, mit den Zielen eines regierenden Politikers gar nichts zu tun haben könnte? Man muss sicher auch sehen, dass es gang und gäbe ist, Grenzziehungen in Frage zu stellen. Vielleicht wird das 1957 oder 1977 einst anders sein, aber vielleicht ja auch nicht. 1937 stellt England seine Forderungen an

Irland, Spanien an Italien, Italien an Frankreich, Polen und Ungarn an die Tschechoslowakei, Litauen und Russland stellen ihre Forderungen an Polen und Norwegen genauso an Dänemark.[548] Bei diesem Motiv ist zumindest kein Beleg für einen deutschen Sonderweg zu finden, bei dem Führer auf seinem Obersalzberg jedoch starke Spuren von Verlogenheit. Natürlich und selbstverständlich bekäme Hitler Hiebe, wenn die Leute auf der Straße erführen, dass der Kanzler der Herzen ein Raumproblem entdeckt hat, das er mit militärischen Mitteln zu lösen gedenkt – ob nun in sechs oder in zwölf Jahren. Aber wie sieht es mit den sechs Deutschen aus, die den Ausführungen des Führers geduldig zuhören müssen? Sind Sie gefügig? Nein und nochmals nein! Die Generäle tragen an herausgehobener Stelle die Verantwortung für das Wohlergehen des Reichs. Von den sieben Herren im Raum sind zwei dieses Regime persönlich: Hitler und Göring. Hitler wird sich nicht widersprechen, Göring will das nicht, und ein Hoßbach hat überhaupt nichts zu melden; er ist bloß der Adjutant. Von den anderen vier Männern widersprechen drei. Reichskriegsminister und Oberbefehlshaber der Deutschen Wehrmacht Werner von Blomberg trägt militärtechnische Einwände vor genau wie der Oberbefehlshaber des Heeres Generaloberst Freiherr von Fritsch. Logisch sind sie als Soldaten keineswegs der Frieden persönlich, aber sie schweigen nicht, als der bisher so friedliche Kanzler Gedankenspiele offenbart, die den Bestand des Reiches an sich gefährden. Der Adjutant Hoßbach hält nach der Besprechung fest, die Auseinandersetzung hat „zeitweilig sehr scharfe Formen“[549] angenommen. Es stehen sich Blomberg und Fritsch auf der einen und Göring auf der anderen Seite gegenüber. Der Kanzler hört aufmerksam zu und ist sichtlich beeindruckt. Er sieht, dass seine Gedankengänge lediglich nüchterne, sachliche Gegenäußerungen statt Zustimmung oder gar Beifall gefunden haben.[550] Und der Dritte von den Herren? Außenminister Konstantin von Neurath hat den Eindruck, dass „die Gesamttendenz seiner Pläne aggressiver Natur“ ist, und reicht beim Kanzler seine Bitte um den Rücktritt ein.[551] Nein! Nicht ausgerechnet zu diesem Zeitpunkt! Wie lange hat er auf diesem Platz ausgeharrt, um eine Geisterfahrt Deutschlands ins Ungewisse zu verhindern? Und jetzt kann er doch nicht derart geschockt sein! Doch der Kanzler lässt von Neurath zappeln. Ein bisschen muss er noch bleiben. Einige Tage später liest der Generalstabschef des Heeres, der General der Artillerie Ludwig Beck die Notizen, die Hitlers Adjutant Hoßbach von der Besprechung angefertigt hat und verfasst drei Denkschriften gegen eine riskante Außenpolitik an den Kanzler. Sieben Generäle entschließen sich zu einer Verschwörung und würden Mütter von derartigen Visionen ihres Schwarmes erfahren, würden sie sich wohl dazu entschließen, ihn mit den Schöpflöffeln grün und blau zu schlagen.[552] Aber das weiß ihr Verführer zu verhindern.

Die Rechnung geht auf

1919 analysierte Halford Mackinder in seinem Werk *Democratic Ideals and Reality. A study in the politics of reconstruction* die Ergebnisse des Weltkrieges und leitete daraus ab, wie nun weiterzuverfahren sei, damit das Deutsche Reich endgültig als ernsthafter Konkurrent des Britischen Reiches ausgeschaltet werden kann. Er schrieb unter anderem, am Ende des 19. Jahrhunderts seien in Deutschland internationale Großbetriebe möglich geworden durch die jüdischen Bankiers in Frankfurt am Main. Folgerichtig müsse man sich von London aus bemühen, Keile zwischen die Deutschen und die Juden zu treiben. Seine Ideen wurden schon vor dem Weltkrieg von Politikern aus *Milners Kindergarten* und später aus der *Round-Table-Bewegung* weiterentwickelt. 1917 wurden folgerichtig die Juden der Welt in das frisch besetzte Palästina eingeladen und 1933 wurde die Kampagne in englischen und amerikanischen Zeitungen losgetreten, nach der angeblich die Juden der Welt zum Boykott deutscher Waren aufgerufen haben sollen. Ob es einen solchen Aufruf wirklich gegeben hat, bleibt für mich im Nebel, doch die Folgen waren wieder ganz konkret und handgreiflich: Für Samstag, den 1. April 1933 rief Goebbels zum Boykott jüdischer Geschäftsleute in Deutschland auf. Soll man nun darüber schreien vor Lachen oder weinen, dass der Anstifter zu diesem dümmlichen Antisemitismus Adolf Hitler einst selbst jüdische Freunde hatte, dass er ursprünglich auch gar kein Antisemit war und nach 1920 noch Spendengelder von Juden in Empfang genommen hatte? Der Dreh mit dem Antisemitismus kam erst mit dem Versprechen seiner *Fans* aus England und Amerika, ihm mehr Geld zu geben als unsere Juden.[553]

Im laufenden Jahr werden wir Zeugen der nächsten Runde des Irrsinns. In München wird am 8. November eine Ausstellung unter dem Namen „Der ewige Jude“ von Dr. Joseph Goebbels und Julius Streicher eröffnet, die in den folgenden Monaten durch unser Reich tingelt. Der *Völkische Beobachter* merkt dazu an: „Julius Streicher, der verdiente Vorkämpfer gegen die jüdische Weltpest, war, wie kaum ein zweiter, berufen, Sinn und Bedeutung dieser Schau zu umreißen.“[554] Die Erfolge im Ringen um die Auswanderung der Juden aus dem Reich sind unglaublich: Künstler, Wissenschaftler, Schauspieler, Bäcker und Bankiers wurden vertrieben. Verfolgt man, wie Babelsberg einen Künstler nach dem anderen verliert, tut einem der Bauch weh. Viele von ihnen gehen in die USA. Man kann jetzt nur hoffen, dass das ferne Hollywood im Vergleich mit dem großen Babelsberg nicht bald die Nase vorn hat bei der Produktion guter Filme. Wenn wir als Großmacht auftreten wollen, müssten wir diese Leute hier hegen und pflegen – anstatt sie zu verscheuchen. In Berlin eröffnet der Gaupropagandaleiter Pg. Wächter noch eine wegweisende Ausstellung; sie heißt „Bolschewismus ohne Maske“. Ach ja, unser Pg. Wächter. Der Nazi als solcher tendiert leider dazu, die herrliche Sprache Goethes und Schillers mit eintausend Abkürzungen jämmerlich zu verhunzen, schafft damit jedoch auch viel Freiraum für die Interpretation. So kommen die Leute auf der Straße auf die wildesten Einfälle. Eigentlich steht Pg. ja für Parteigenosse – doch kreativ wie Deutsche sind, wird daraus der Partei-Gegner, Partei-Genießer, Posten gefunden und Prima Großmutter,[555] ein Hieb auf die erwünschte „arische“ Abstammung. Was passiert noch am 8. November? Ministerpräsident Göring fährt nach Braunschweig, wo er seinem Hobby fröhnt und an der Reichs-Hubertus-Feier der Jäger teilnimmt sowie einen Adolf-Hitler-Platz einweiht. Neben Pg. Wächter hält der Leiter der faschistischen Kulturpropaganda im Ausland, General der italienischen Miliz Melchiori, eine Rede, in welcher er das Gemeinsame des nationalsozialistischen und faschistischen Kampfes gegen *„die rote Weltpest“* hervorhebt.[556]

1937

Der Traum vom Wiederaufstieg

Der Staatssekretär im Auswärtigen Amt Ernst von Weizsäcker* trägt am 10. November seinen Vorschlag für eine Politik gegenüber London vor. Daraus geht hervor, dass er oder das AA insgesamt der Meinung ist, in den letzten Jahren habe Deutschland ernsthaft Erfolge erzielt und habe vielleicht sogar seine alte Weltgeltung wiedererlangt. Die Formulierung zeugt davon, dass er nicht versteht, dass England Hitler schon jahrelang den Weg bereitet hat und dass die Erfolge nicht gegen England errungen wurden, sondern durch dessen Beihilfe. London zittert nicht vor Berlin, sondern es ist dabei, es als Machtfaktor auszuschalten: „Wir wollen von England Kolonien und Aktionsfreiheit im Osten, England wünscht von uns militärisches Stillhalten, namentlich im Westen." Und er zieht den Schluss: „Das englische Ruhebedürfnis ist groß. Es lohnt sich festzustellen, was England für seine Ruhe zahlen will."[557] Ihm schwebt wohl etwas wie eine Art von *Schutzgelderpressung* vor. Hitler sammelt Ratschläge und Meinungen für seine Begegnung mit Halifax, der für den britischen Premier die Beziehungen mit Berlin verbessern soll. Dieser Lord bereitet sich unterdessen in London auf seinen Gedankenaustausch mit unserem Kanzler Hitler auf dem Obersalzberg vor. Seine politischen Freunde und er sind der Auffassung, dass man auf eine Drei-Blöcke-Welt hinarbeiten sollte.[558]

Den Gedanken gibt es in England nun schon ein paar Jahre, wobei nicht jeder auf der Straße von diesen Vorstellungen besonders erbaut ist. Der Schriftsteller Aldous Huxley malte sich schon vor längerer Zeit im Buch *Brave New World* aus, wie das ja eventuell praktisch aussehen könnte. Ein einflussreicher Kreis in London möchte Großbritannien und seine Dominions mit den USA vereinigen. Was sie sich als Atlantischen Block vorstellen, soll Sicherheit vor der Sowjetunion und Deutschland bieten, so lautet die verlogene Begründung. Sie bauen die beiden ja gerade auf. In Osteuropa und in Asien möchten sie die Sowjetunion und dazwischen denken sie sich das Deutsche Reich. Dafür soll Warschau den „Korridor" zwischen dem Reich und Ostpreußen herausrücken, der ihnen gerade in

Versailles zugesprochen worden war; mit Bedacht war dort keine Grenzgarantie festgeschrieben worden. Österreich sowie die Tschechoslowakei könnten gleich ganz in deutschen Besitz übergehen.[559] So direkt nachgefragt haben sie nicht, ob die Betroffenen das wirklich wünschen, weil sie wissen, dass diese es mehrheitlich ablehnen würden. Vor den Leuten in England wird argumentiert, man müsse Deutschland abfüttern, auf dass es satt und träge wird. Ist das erreicht, werde England vermutlich sicher sein. Wer die Argumentation glaubt, denkt nicht mit. Um Deutschlands Wirtschaftskraft zu schwächen, musste es in Versailles verkleinert sowie jede Verbindung zu Österreich gekappt werden. Weshalb soll auf einmal das Gegenteil richtig sein? Bei den Polen ist man sich noch nicht sicher; Premier Arthur Neville Chamberlain hatte deutschen Diplomaten freilich versprochen: „Gebt uns befriedigende Zusagen, dass ihr gegenüber Österreich und der Tschechoslowakei keine Gewalt gebrauchen werdet, und wir werden euch versichern, jede Veränderung, die ihr haben möchtet, nicht mit Gewalt zu verhindern, wenn ihr sie mit friedlichen Mitteln erhaltet."[560] Und wenn keiner etwas abgeben möchte? Um Polen und die Tschechoslowakei gefügig zu machen, ist vorgesehen, auf Warschau und auf Prag diplomatischen Druck auszuüben. Die Achse Berlin-Rom dient nach Londoner Überzeugung der Stabilität in Europa ebenso wie schon die eigene *Entente* mit Paris. Eines steht jedenfalls felsenfest. Das Reich soll unbedingt „das Bollwerk in vorderster Linie gegen eine Ausbreitung des Bolschewismus in Europa"[561] bleiben; das ist so ein schönes griffiges Schlagwort. Ziel ist unbeirrt ein Vier-Mächte-Pakt von Großbritannien, Frankreich, Italien und Deutschland nach dem Muster des schon unterschriebenen Vertrages, der seinerzeit im Sommer 1933 an der zu linken Bevölkerung Frankreichs gescheitert war. Nach den Protokollen der Gespräche zwischen London und Berlin ist das sicher kein Friedensprojekt.

Die Londoner Politik ist eher was für Genießer und nichts für Leute mit schwachen Nerven. Würde ein einfacher Brite, ein Franzose oder gar ein Tscheche oder Pole erfahren, was sich die Londoner ausgetüftelt haben, er würde sich jetzt dazu entschließen, sie aus ihrem Amt zu treiben und die entsprechenden Franzosen ebenfalls. Das einfache Volk wird jedoch nirgends gefragt, wenn die Strategen tagen. Anfang des Monats hatte es nämlich Konsultationen zwischen London und Paris gegeben, bei denen sich die Chefetagen der beiden Großmächte einig wurden, die Tschechoslowakei abzutreten, wenn die Annexion ohne großes Aufsehen vor sich ginge,[562] wobei dieser Mann natürlich nur meint, dass es ohne Aufsehen in Großbritannien und Frankreich vor sich gehen soll.

Die Strategen in London sind gerne bereit, Hitler Gebiete zu überlassen, die ihnen überhaupt nicht gehören. Wie 1917 in Palästina. Frisch erobert und dann laden sie die Juden in die gute Stube der Araber ein, verteilen Waffen an beide und ernten Zirkus. Jetzt denken sie an Kolonialgebiete in Südzentralafrika, zum Beispiel an Portugiesisch-Angola und Belgisch-Kongo. Dafür muss Deutschland nur den Wunsch aufgeben, Tanganjika wiederzugewinnen, das ihm die Briten 1919 abgenommen hatten und es soll so ein internationales Abkommen unterzeichnen, nach „dem diese Gebiete mit angemessener Berücksichtigung der Rechte der eingeborenen Völker, auf der Basis einer Handelspolitik der offenen Tür und unter einem internationalen Überwachungsmechanismus nach Art eines Mandats regiert werden sollten.“[563] Dann ist jetzt nur noch wichtig, dass eine Vereinbarung erzielt wird, welche die Anzahl und die Verwendung von Bomberflugzeugen begrenzen soll.

Viel häufiger als die Staatsführung der Vereinigten Staaten lassen sich in Deutschland führende Vertreter des British Empires sehen. Da gab es ja schon manches Gespräch, auf das man sich vorher keinen rechten Reim machen konnte. Die offizielle Erklärung war immer, das Empire sehe im Reich die Bastion gegen den Bolschewismus. Gebetsmühlenartig rattert man das auch am 19. November 1937 wieder herunter. Doch hinter dem offiziellen Psalm säuseln die Spitzenpolitiker aus London dem Führer in sein Ohr, man habe nichts gegen einen Anschluss Österreichs, der ČSR und Danzigs. Sicher, es wird immer dazu gesagt, Deutschland solle keine Gewalt anwenden. Aber im Prinzip hört Hitler, dass ihm jene Macht, auf die sich alle Hoffnungen richten, nicht in den Arm fallen wird. Über die damit getätigte Absprache erfährt die Weltöffentlichkeit fraglos wieder einmal nichts.[564] Es wird auch nicht zum Problem gemacht, dass sie sich in Berlin weigern, Schulden gegenüber England zurückzuzahlen. Jedenfalls zahlt man weniger als zehn Prozent der Schulden seit 1932 zurück. Den Rettungsschirm für die notleidenden Kredite dürften die englischen Steuerzahler finanzieren, sonst würden die Banken ja auf den Schulden hocken bleiben und seit wann bezahlen die Nutznießer für den Schaden? Nichtsdestotrotz gewährte England neben den ursprünglichen Krediten seit 1933 weiteren Geldsegen in vielfacher Höhe des noch ausstehenden Betrages.[565] Damit weiß Hitler etwas anzufangen. Zu den Gesprächen am 19. November wird auch Hermann Göring hinzugezogen, der davon abgesehen seine eigene Kontakte nach England unterhält.

Hinter verschlossenen Türen geht es auf Hitlers Berghof dann hoch her. Lord Halifax betont eingangs, dass er die Gelegenheit begrüßt, durch die persönliche Aussprache mit dem Führer jetzt ein besseres Verständnis zwischen England und Deutschland herbeiführen zu können. Dies wäre nicht nur für unsere beiden Länder, sondern für die ganze europäische Zivilisation von größter Wichtigkeit. Vor der Abreise aus England habe er mit Premierminister Chamberlain und Außenminister Anthony Eden über den Besuch auf dem Obersalzberg gesprochen, und sie seien sich in der Zielsetzung völlig einig gewesen.[566] London erkennt die großen Verdienste, die sich der Führer beim Wiederaufbau Deutschlands erworben habe, voll und ganz an, und wenn die englische öffentliche Meinung zu gewissen deutschen Problemen gelegentlich eine kritische Stellung einnehme, so liege dies zum Teil daran, dass man in England nicht so ganz vollständig über die Beweggründe und die Umstände gewisser deutscher Maßnahmen unterrichtet sei. Die englische Kirche, sagt Halifax, verfolgt die Entwicklung der Kirchenfrage in Deutschland beispielsweise „voller Besorgnis und Unruhe".[567] Kreise in der Arbeiterpartei stünden gewissen Dingen in Deutschland ebenso kritisch gegenüber. Mit diesen Worten ist hier also auch einmal *die Menschenrechtsfrage zur Sprache gekommen*. Dann geht es Halifax um die anderen Partner auf unserem Kontinent. Er findet, sobald England und Deutschland auf dem Weg der Annäherung seien, sollten Frankreich und Italien einbezogen werden, damit sie nicht den Eindruck bekommen, diese Entwicklung richte sich vielleicht gegen sie. Weder die Achse Berlin-Rom noch das Verhältnis zwischen London und Paris dürften darunter leiden.[568] Diese Lords sind vom Pakt mit den Diktatoren nicht abzubringen. Hauptsache, sie erzählen den Deutschen später nicht, sie hätten sich mit Hitler nicht einlassen dürfen.

Kanzler Hitler wünscht, dass Deutschland „nicht mehr das moralische oder materielle Stigma des Versailler Vertrages“[569] an sich tragen dürfe. Als logische Konsequenz dürfe man Deutschland dann nicht mehr „die Aktivitäts-Legitimation einer Großmacht“[570] verweigern. Stop! Hier zeigt sich, wozu unser Chef *Versailles* missbrauchen möchte. Er bezeichnet es als „Aufgabe einer überlegenen Staatskunst, sich mit dieser Wirklichkeit abzufinden, wenn sie vielleicht auch gewisse unangenehme Seiten mit sich brächte“.[571] London und Paris sollten sich jetzt damit abfinden, dass Deutschland „in den letzten 50 Jahren zu einer Realität geworden“ sei. Anstelle des Spiels der freien Kräfte müsse „höhere Vernunft“[572] walten, „wobei man sich allerdings darüber klar sein müsse, dass diese höhere Vernunft ungefähr zu ähnlichen Ergebnissen führen müsse, wie sie sich bei den Auswirkungen der freien Kräfte ergeben hätten.“[573] Selbst wenn man diese Worte wohlwollend auslegt, kann das nur heißen, militärisch schwächere Länder sollten sich den Deutschen freiwillig und ohne langwierige Debatten ergeben. Der Reichskanzler sagt, er frage sich „in den letzten Jahren oft, ob die heutige Menschheit intelligent genug wäre, das Spiel der freien Kräfte durch die Methode der höheren Vernunft zu ersetzen.“[574] Dies ist seine Vorstellung von der Verhinderung eines neuen Weltkrieges. Man müsse sich bei den Opfern, die die Vernunft-Methode sicherlich hier und dort fordere, vergegenwärtigen, welche großen Opfer entstehen würden, wenn man zu der alten Methode des freien Spiels der Kräfte zurückkehrte. Man würde „dann feststellen, dass man im ersteren Falle billiger weg käme“,[575] so der Führer und Reichskanzler über seinen Pazifismus neuen Typus wörtlich.

Halifax führt aus, dass man Deutschland in England „als ein großes und souveränes Land“[576] achtet und dass auch nur auf dieser Grundlage mit ihm verhandelt werden soll. Die Engländer seien ein Volk der Realitäten und seien „vielleicht mehr als andere davon überzeugt, dass die Fehler des Versailler Diktats richtig gestellt werden“ müssen, oder wie es in den englischen Aufzeichnungen heißt, „that mistakes had been made in the Treaty of Versailles which had to be put right“.[577] Lord Halifax weist auf Englands Rolle bei der vorzeitigen Räumung des Rheinlandes durch die fremden Soldaten, bei der Lösung der Reparationsfrage und der Wiederbesetzung des Rheinlandes durch die Deutsche Wehrmacht hin.[578] Noch nicht einmal der Wink mit dem Zaunpfahl weckt Hitler aus der *Trance*. Aber die Erfolge, die er seiner irren Geschicklichkeit und der Vorsehung zuschreibt, werden ihm der Reihe nach aus London (sowie aus Amerika) zugeschustert. Über die vergangenen Jahre ist Ihnen das vielleicht auch schon mehrmals *en passant* aufgefallen.

Der Reichskanzler entgegnet, er habe leider die Empfindung, dass zwar der Wille vorhanden sei, sich in der vernünftigen Richtung zu betätigen, dass jedoch besonders in den demokratischen Ländern vernünftigen Lösungen große Schwierigkeiten bereitet würden, weil politische Parteien dort die Möglichkeit hätten, ausschlaggebend auf die Handlungen ihrer Regierung Einfluss zu nehmen. Er selbst hätte in den Jahren 1933 und 1934 eine Anzahl praktischer Vorschläge zur Begrenzung der Rüstungen gemacht, deren Annahme Europa und der Welt viel Geld erspart hätten. Diese Vorschläge seien „der Reihe nach abgelehnt“[579] worden. Er verwies auf seine Angebote einer 200.000 oder 300.000 Mann-Armee und der Begrenzung der Luftrüstungen. Nur das Flottenabkommen sei von allen seinen Bemühungen übrig geblieben. Adolf Hitler verweist auf das gute Verhältnis, das er „trotz der schwierigen Vergangenheit mit Polen hergestellt“[580] hat. In diesem Zusammenhang spricht er auch den „Raub des Memelgebiets durch Litauen im Jahr 1923 und die spätere Behandlung deutscher Proteste in dieser Frage“[581] an. Wo er Recht hat, hat er Recht. Er erklärt sich die Ablehnung aller seiner Vorschläge damit, dass er im Ausland „als das schwarze Schaf angesehen“[582] werde, und die Tatsache, dass ein Vorschlag von ihm stamme, habe genügt, um ihn abzulehnen.

Nun glauben Sie bloß nicht, dass Halifax darauf eingeht, wo Hitler recht hat. Stattdessen pickt er sich eine Formulierung heraus, an der er seine Londoner Shakespeare-Bühne angegriffen sieht. Hitlers Äußerung zum Einfluss, den die Parteien in der Demokratie hätten, kontert er, wenn Er wirklich der Auffassung sei, es könne kein Fortschritt auf dem Wege der Verständigung gemacht werden, solange England noch eine Demokratie sei, wäre eine weitere Unterhaltung von der Sache her überflüssig. Sein Land werde seine gegenwärtige Regierungsform so schnell nicht ändern. Ein Brite schreibt mit: „Lord Halifax replied that, if the chancellor was really of *that* opinion, it was clear that he had wasted his time in coming to Berchtesgaden and the Chancellor had wasted his time in receiving him. For if the Chancellor's premises were correct, it followed that no advance could be made on the road to understanding, and that, so long as England was a democracy, further conversation could serve no useful purpose."[583] Vorsichtig erklärt Halifax dem Gastgeber die demokratische Inszenierung. Um die Unabhängigkeit der Regierung von Ansichten der Leute auf der Straße zu unterstreichen, führt der Lord an, dass beispielsweise das Flottenabkommen mit dem Reich gegen den Willen der Mehrheit der regierenden Partei unterschrieben worden sei. Der Brite ist jetzt richtig in Fahrt. Des Kanzlers Vorschläge seien abgelehnt worden, weil einige Länder mit ansehen mussten, „wie Deutschland sich über vertragliche Verpflichtungen hinwegsetzte aus Gründen, die vielleicht Deutschland selbst überzeugend erscheinen"; andere Länder hätten sie „wenig überzeugt".[584] Die Abrüstung müsse der Sicherheit folgen und nicht umgekehrt. Darauf sagt Hitler, er sei vom Lord falsch verstanden worden. Er meine doch Frankreich und nicht England, und für Frankreich seien die gemachten Bemerkungen „wohl hundertprozentig zutreffend".[585]

Nach der Mittagspause kommt Lord Halifax noch einmal auf eine Fortführung der deutsch-englischen Fühlungnahme zu sprechen und schlägt erneut direkte Verhandlungen zwischen Regierungsvertretern vor, die „nicht nur sachlich begrüßenswert" seien, sie „würden auch einen guten Eindruck auf die öffentliche Meinung machen".[586] Dann könne man die Kolonialfrage zum Beispiel ins Gespräch bringen. Der Kanzler spricht in der Folge die Rolle der Medien in England an, die er als verhängnisvoll bezeichnet und führt aus, dass neun Zehntel aller Spannung „einzig und allein von ihr hervorgerufen“[587] würden. Hier kann er darauf verweisen, dass die britische Presse aus den deutschen Schiffen, die Francos Armee von Marokko nach Südspanien brachten, die Besetzung Marokkos durch das Deutsche Reich gemacht haben. Eine direkte Voraussetzung für die Beruhigung der Verhältnisse wäre also die Zusammenarbeit der Völker, „um dem journalistischen Freibeutertum ein Ende zu bereiten“[588]. Dann muss er Dr. Goebbels wohl jede weitere Betätigung sofort untersagen.

Stärker als alle anderen zusammen

Außenminister von Neurath, der noch immer nicht aus dem Amte darf, überlässt den Bericht über die Konferenz dem regimekritischen Finanzminister Hjalmar Schacht. In den oberen Etagen Berlins werden nun die Gegner der Hitlerschen Außenpolitik hellhöriger. In London ist es ohne ein zufriedenstellendes Ergebnis *auch* nicht einfach, die Gedanken der führenden Männer des Landes in der Öffentlichkeit zu propagieren. Wie klopft man die Leute in England bloß weich? Hin und wieder bringt man ein Artikelchen in die *Times*, dann hält jemand eine Rede im Unterhaus, oder es wird eine vermeintliche Indiskretion laut. Parallel dazu wird in die Welt gesetzt, das Deutsche Reich sei bis an die Zähne bewaffnet und England könne dem nichts entgegensetzen.[589] In der Dezemberausgabe des *Round Table* von 1937, in der auch die meisten jener sieben Punkte, die Halifax kurz zuvor mit Hitler besprochen hat, erwähnt werden, wird ein Krieg zur Verhinderung der Berliner Ambitionen in Europa aus dem Grund zurückgewiesen, dass sein Ausgang unsicher sei und dass im Gefolge unwünschbare innenpolitische Katastrophen auftreten würden.[590] Vielleicht ist es nicht nötig, daran zu erinnern, dass in der *Round-Table-Group* die Strategie Halford John Mackinders aus der Zeit der Vorbereitung des Weltkrieges von 1914 in tagesaktuelle Politik umgesetzt wird.

Der Artikel soll den Eindruck erzeugen, Großbritannien wäre dem Reich unterlegen, indem die Möglichkeiten der Tschechoslowakei weggelassen werden – genau wie die der Sowjetunion, indem die französische Armee mit zwei Dritteln der deutschen und die britische Armee mit weniger als drei Divisionen angeben werden.[591] Nach seinen Gesprächen mit Halifax kann es sich Kanzler Hitler am 21. Dezember 1937 zum Erstaunen seiner Generäle erlauben, bei der Vorlage einer neuen Fassung des Operationsplans *Grün* die Bereitschaft zur Gewaltanwendung gegen die Tschechoslowakei zu erklären, „auch dann, wenn sich die eine oder andere Großmacht gegen uns wendet".[592]

Das wirft irgendwie schon die Frage auf, was der Zweck der neuerlichen Reise des prominenten Ozeanfliegers Charles Lindbergh war, außer der Aufwertung der Herrschaft Adolf Hitlers. Er war ursprünglich vom US-Militärnachrichtendienst nach Deutschland geschickt worden. Er sollte Informationen über den aktuellen Stand der deutschen Luftstreitkräfte erhalten – und sollte anschließend der großen weiten Welt diesbezüglich einen Bären aufbinden. Seine Angaben sind völlig überdreht und sollen ebenfalls den Eindruck unterstützen, Großbritannien wäre Adolf Hitlers Reich heillos unterlegen und könne weltpolitisch nur ein Zaungast sein. Die durch den Amerikaner geradezu beflügelten Nazis erweisen sich gegenüber Colonel Lindbergh als großartige Gastgeber. Der Flieger selbst gibt sich wie schon so viele andere als großer *Fan* des Deutschen Reichs aus.[593] Bedenklich daran ist eben nur, dass ihm diese Zirkusnummer im revolutionierten Berlin abgekauft wird. Doch dumme Menschen halten sich sehr gerne für schlauer als andere. Nach Lindberghs Visite von 1937 berichtet er der Weltpresse jedenfalls auftragsgemäß, die deutsche Luftwaffe sei größer als alle anderen Luftstreitkräfte Europas zusammen; sie verfüge über 10.000 Maschinen. Unter ihnen seien 5.000 einsatzbereite Bomber. Er tönt, das Reich produziere mehr als 500 Flugzeuge in jedem Monat und könne diese Zahl notfalls verdreifachen. Die Realität sieht jedoch anders aus. Die deutsche Luftwaffe kann selbst im September 1938 nur 1.230 Flugzeuge mobilisieren, von denen nur 600 Bomber sind. Die monatliche Produktionsziffer ist kleiner als 300.[594]

Was Amerika angeht, war 1937 kein gutes Jahr für Diplomaten der alten Schule. Botschafter William Dodd in Berlin wirft das Handtuch, weil die Bemühungen um politisch Verfolgte im Deutschen Reich vor allem von Roosevelts Vertrautem Sumner Welles im Außenministerium behindert werden, und der Botschafter William Christian Bullitt, der sich mit der rosaroten Brille des amerikanischen Präsidenten auf die Zustände in der Sowjetunion nicht anfreunden möchte, wird ganz einfach durch den um sieben Jahre jüngeren Joseph Edward Davies ersetzt.[595] Wer in Amerika prominent bleiben möchte, der spielt die Spiele der Großen und Reichen mit, sonst verschwindet er wieder von der Bildfläche. Das kann man als Binsenwahrheit betrachten oder als Verschwörungstheorie. Geschenkt.

Das Jahr 1937 neigt sich dem Ende entgegen

So wirklich gut war dieses Jahr freilich auch im Deutschen Reiche nicht. Nach den Auseinandersetzungen der letzten Jahre bauen die politischen Kirchen Ende des Jahres Rückzugsstellungen auf. Mit Hilfe ihrer internationalen Verbündeten hoffen sie, doch noch den Zusammenbruch des nationalsozialistischen Reiches zu erleben, wie die Kollegen vom Sicherheitsdienst der SS festhalten. Die katholische Kirche rechnet besonders auf das Bollwerk, das sie sich in Österreich errichtet hat. Der Papst hatte seine feindliche Haltung gegen das nationalsozialistische Regime bereits durch die Enzyklika „Mit brennender Sorge“ bekundet und tut dies nun erneut durch seine Weihnachtsansprache mit ihren „verleumderischen Anwürfen“ über „Kirchenverfolgungen, die zu den schwersten der Weltgeschichte gehören“, wie sie beim SD festhalten.[596]

Selbst die neuen „Herren“ über Deutschland sind mit den Resultaten in vielerlei Hinsicht unzufrieden. Der Spitzeldienst der SS schreibt für die Staats- und Parteiführung auf, dass sich auf allen Lebensgebieten weiter Spannungen nicht bloß zwischen den Organisationen des Staates einerseits und der NSDAP andererseits zeigen, sondern eben teilweise ebenso verschiedener Stellen der Partei untereinander. Im Rechtsleben fehlt es nach dem Bekunden des SD an einer vertrauensvollen Zusammenarbeit zwischen staatlicher Justizverwaltung und Rechtsstellen der Bewegung, wobei es der Bewegung nicht gelungen sei, den angemeldeten Führungsanspruch im Rechtsleben durchzusetzen."[597]

Genießen Sie am letzten Tag des Jahres den Kabarettisten Werner Finck auf einer Schellack-Platte. Seine Wortspiele und seine Zweideutigkeiten sind im Reich schon lange zur Legende geworden. Das Publikum ergänzt in Gedanken, was in den Aufführungen ungesagt bleibt und versteht...

„Meine lieben Freunde! Eine Jahresabschiedsrede soll man nur halten, wenn man gut aufgelegt ist. Da Sie mich eben gut aufgelegt haben, ist die Grundbedingung erfüllt. Allerdings schicke ich voraus, dass ich kein Festredner bin. Ich kann mich wohl festreden, aber das ist ja wohl nicht dasselbe. Wo waren wir stehengeblieben? Ach so, ja. Also, das alte Jahr geht. Es geht ja alles, wenn man nur will. War es uns ein mühseliges Jahr? Wie gesagt – es geht. Es geht ums Ganze. Das Ganze halt. Es hallt von den Bergen und schallt durch die Täler und einer ruft es dem andern zu: Prost Neujahr! Gleich wird ein neues Jahr anbrechen. Merkwürdig, dass wir immer nur angebrochene Jahre bekommen. Dabei war dieses Jahr gar nicht so übel – wie einem werden kann, wenn man bedenkt, was die Welt daraus gemacht hat.
Hierzulande zeigte das alte Jahr wieder ein turnerisches Gepräge, und von allen Übungen erzielte der Aufschwung den größten Beifall.
Im Ausland zeigte sich eine starke Tendenz zu kriegerischen Verwicklungen. Über den Nichteinmischungsausschuss wollen wir kein Wort mehr verlieren. Was ist er schon? Eben Ausschuss. Und, selbst in Frankreich, die Blum reiche Sprache unseres westlichen Nachbarn kann nicht über das hinwegtäuschen. (Anspielung auf den französischen Premierminister Léon Blum)
Und viele, die bisher in England das Ideal eines marktfeindlichen Landes sahen, werden durch die neuerlichen Riesenrüstungen auch

aus diesem Garten Eden vertrieben. Es knallt und schreit bereits, doch noch ist es nicht zwölf. Lasst Euch durch die Schreier nicht aus der Ruhe bringen. Was wird das nächste Jahr uns bringen? Mindestens zwölf Monate. Wohl dem, der ein gutes Gewissen hat. Es fehlen noch etliche Sekunden. 21, 22, 23 war die Inflation. Nehmt die Gläser in die Hand. Es ist gleich soweit, wie wir es gebracht haben. Zur Sache meine Lieben. Wir haben wieder ein Jahr zurückgelegt. Für manche wird es das Einzige sein, was sie sich zurückgelegt haben. Denen ist nicht zu helfen. Möge Euch meine Rede zum Troste gereichen. Hört, es schlägt! Soll es schlagen. Soll es alle andern Jahre schlagen an Glück, Eintracht, Weisheit und Frieden. Prost Neujahr 1938!“[598]

Freuen Sie sich schon jetzt auf den nächsten Band:
Septemberrevolution in Deutschland. Das Jahr 1938.

474 Hirche (1964), S. 97
475 Ebd., S. 97
476 Ebd., S. 135f.
BDM war der Bund Deutscher Mädel, NSV die Nationalsozialistische Volkswohlfahrt und KdF wurde die Freizeitorganisation Kraft durch Freude abgekürzt.
477 Ebd., S. 119
478 Fest (1991), S. 693
479 Ebd.
480 Ebd., S. 694
481 Ebd., S. 694f.
482 Steinbach & Tuchel (1994), S. 168
Wikipedia (2018). Mit brennender Sorge. [online] Verfügbar unter: https://de.wikipedia.org/wiki/Mit_brennender_Sorge [12.06.18]
483 Steinbach & Tuchel (1994), S. 230 und 300
484 Falin (1995), S. 46
485 Ebeling u. a. (2011, Hrsg.), S. 175f.
486 Falin (1995), S. 46f.
487 Ebd., S. 104
488 Vgl. Höhne (1976), S. 240f.
Reile (1990), S. 253ff.
Gisevius (1963), S. 370f.
489 Falin (1995), S. 104 und 512
490 Kennan (1968), S. 74
491 Ebd., S. 75
492 Ebd., S. 75
493 Ebd., S. 76
494 Ebd., S. 87f.
495 Ebd., S. 76
496 Ebd., S. 88f.
497 Ebd., S. 88-91
498 Hirche (1964), S. 92
499 Ebd., S. 89
500 Speidel (1977), S. 70
501 Ebd., S. 69f.
502 Ebd., S. 71
503 Ebd., S. 72
504 Ebd., S. 71
505 IMN (1948), Band XXII, S. 317
506 Falin (1995), S. 43f.
Wojciechowski (1990), S. 262
507 Quigley (2010), S. 9, 38 und 48
Falin (1995), S. 91
508 Quigley (2010), S. 39

509 Höhne (1976), S. 184
510 Hirche (1964), S. 120
511 Ebd., S. 101
512 Ebd., S. 119
513 Ebd., S. 120
514 Ebd., S. 71
515 Ebd., S. 131
Was die Wirtschaftspolitik unter Hitler und Göring anlangt, ist das Buch „Kanonen statt Butter. Wirtschaft und Konsum im Dritten Reich“ von Tim Schanetzky zu empfehlen.
516 Hirche (1964), S. 130
517 Ebd., S. 131
518 Ebd., S. 97
519 Gisevius (1947), Band 1, S. 328
520 Ebd., S. 328
521 Ebd., S. 329
522 Ebd., S. 328
523 Ebd., S. 329
524 Frankfurter Zeitung und Handelsblatt, 19. Juli 1937, S. 1
525 Hirche (1964), S. 97
526 Dortmunder Zeitung, 20. Juli 1937, S. 2
527 Gisevius (1963), S. 372
528 McGee (2009)
529 Gisevius (1963), S. 372
530 McGee (2009)
531 Ebd.
532 Speidel (1977), S. 73
533 Rothfels (1960), S. 34
534 Hoffmann (1970), S. 35
535 Schmidt (1949), S. 361f.
536 Ebd., S. 362
537 Gisevius (1963), S. 316
538 Hoffmann (1970), S. 55
539 Schultze-Rhonhof (2007), S. 435
540 IMN (1948), Band XXII, S. 489
541 Hirche (1964), S. 87
542 Schultze-Rhonhof (2007), S. 329
543 Ebd., S. 329
544 Ebd., S. 435
545 Ebd., S. 436
546 Gehlen (1971), S. 120
547 Speidel (1977), S. 75
548 Schultze-Rhonhof (2007), S. 329

549 Fest (1991), S. 744
Hoffmann (1970), S. 56
550 Ebd., S. 57
551 Schultze-Rhonhof (2007), S. 326
552 Ebd., S. 354
553 All dies finden Sie ausführlich und mit Quellen belegt im ersten Teil dieser Serie „Londoner Außenpolitik und Adolf Hitler".
554 Völkischer Beobachter, 9. November 1937, S. 2
555 Mackinder (1919), S. 184
Hirche (1964), S. 123
556 Völkischer Beobachter, 9. November 1937, S. 2
557 Falin (1995), S. 44
558 Quigley (2010), S. 38
559 Ebd., S. 9 und 38
560 Falin (1995), S. 503
561 Quigley (2010), S. 48
562 Falin (1995), S. 54
563 Quigley (2010), S. 48f.
564 Preparata (2011), S. 319f.
565 Ebd., S. 303f.
566 Dokumente (1948), Band 1, S. 12
567 Ebd., S. 17
568 Ebd., S. 18
569 Ebd., S. 19f.
570 Ebd., S. 20
571 Ebd.
572 Ebd., S. 20f.
573 Ebd., S. 21
574 Ebd., S. 21f.
575 Ebd., S. 22
576 Ebd., S. 23
577 Ebd.
578 Ebd.
579 Ebd., S. 25
580 Ebd., S. 26
581 Ebd.
582 Ebd., S. 26f.
583 Ebd., S. 29
584 Ebd., S. 30
585 Ebd., S. 32
586 Ebd., S. 43
587 Ebd., S. 45
588 Dokumente (1948), Band 1, S. 45

1937

589 Quigley (2010), S. 51
590 Ebd., S. 52
591 Ebd., S. 52
592 Falin (1995), S. 43f.
593 Knightley (1990), S. 90
Vgl. Quigley (2010), S. 74 und 76
594 Knightley (1990), S. 90
Vgl. Quigley (2010), S. 74 und 76
595 Kennan (1968), S. 88f.
596 Meldungen aus dem Reich (1984), Band 2, S. 32f.
597 Ebd., S. 119
598 Von der Schellack-Platte „Fünf Minuten vor Zwölf“

Literaturauswahl

Brandt, Willy (1990). Erinnerungen. 4. Auflage, Frankfurt am Main: Propyläen Verlag und 1989 Zürich: Ferenczy Verlag

Brüning, Heinrich (1974). Briefe und Gespräche 1934-1945. Stuttgart: Deutsche Verlags-Anstalt dva

Bülow, Bernhard von (1916). Deutsche Politik. Berlin: Verlag von Reimar Hobbing

Dokumente (1948). Dokumente und Materialien aus der Vorgeschichte des Zweiten Weltkrieges. Bände 1 und 2. Moskau: Verlag für Fremdsprachige Literatur

Dönhoff, Marion Gräfin (1976). Menschen, die wissen, worum es geht. Politische Schicksale 1916–1976. Hamburg: Hoffmann & Campe

Ebeling, Theresa u.a. (2011, Hrsg.). Geliebter Führer. Briefe der Deutschen an Hitler. Berlin: Vergangenheitsverlag

Ecke, Felix (1990). Die braunen Gesetze. Über das Recht im Unrechtsstaat. Berlin: Staatsverlag der DDR

Enzensberger, Hans Magnus (2008). Hammerstein oder Der Eigensinn. Frankfurt am Main: Suhrkamp Verlag

Falin, Valentin (1995). Zweite Front. Die Interessenkonflikte der Anti-Hitler-Koalition. München: Droemersche Verlagsanstalt Th. Knaur Nachfolger

Fest, Joachim C. Fest (1991). Hitler. Eine Biographie. Ungekürzte Ausg., 2. Auflage, Frankfurt am Main und Berlin: Ullstein Verlag

Fest, Joachim C. (1994). Staatsstreich. Berlin: Wolf Jobst Siedler Verlag

Frederik, Hans (1969). gezeichnet vom zwielicht seiner zeit. (Ein Buch über Herbert Wehner). 15. Auflage, München 1974: vpa GmbH

Galland, Adolf (2007). Die Ersten und die Letzten. Jagdflieger im Zweiten Weltkrieg. Würzburg: Verlagshaus Würzburg

Gehlen, Reinhard (1971). Der Dienst. Mainz und Wiesbaden: v. Hase & Koehler Verlag

Gisevius, Hans Bernd (1947). Bis zum bittern Ende. Bände 1 und 2. Darmstadt: Claassen & Würth

Gisevius, Hans Bernd (1963). Adolf Hitler. Versuch einer Deutung. München: Rütten und Loening Verlag

Haffner, Sebastian (1997). Zwischen den Kriegen. Essays zur Zeitgeschichte. Berlin: Verlag 1900

Haisenko, Peter (2010). England, die Deutschen, die Juden und das 20. Jahrhundert. Lehrte: AnderweltVerlag

Hirche, Kurt (1964). Der braune und der rote Witz. Düsseldorf und Wien: Econ Verlag

Hofer, Walther (1982). Der Nationalsozialismus. Dokumente 1933 – 1945. Überarbeitete Neuausgabe, Frankfurt am Main: Fischer Taschenbuch Verlag GmbH

Hoffmann, Peter (1970). Widerstand. Staatsstreich. Attentat. Der Kampf der Opposition gegen Hitler. 2. verbesserte und erw. Auflage, Frankfurt/M., Berlin und Wien: Verlag Ullstein GmbH

Höhne, Heinz (1976). Canaris. Patriot im Zwielicht. München: C. Bertelsmann Verlag GmbH

Huber, Heinz & Müller, Artur (1964). Das Dritte Reich. Seine Geschichte in Texten, Bildern und Dokumenten. München, Wien und Basel: Verlag Kurt Desch

IMN: Internationaler Militärgerichtshof Nürnberg (1948). Der Nürnberger Prozess gegen die Hauptkriegsverbrecher vom 14. November 1945 – 1. Oktober 1946. Genehmigte Sonderausgabe, herausgegeben vom Internationalen Militärgerichtshof Nürnberg, Frechen: Komet MA-Service und Verlagsgesellschaft mbH

Kennan, George F. (1968). Memoiren eines Diplomaten. Stuttgart: Henry Goverts Verlag

Klöckler, Jürgen (2005). Auslandspropaganda und Holocaust. Kurt Georg Kiesinger im Auswärtigen Amt 1940-1945. In: Buchstab, Gassert, Lang (Hg.). Kurt Georg Kiesinger 1904-1988. Von Ebingen ins Kanzleramt. Freiburg: Herder Verlag

Knightley, Phillip (1990). Die Geschichte der Spionage im 20. Jahrhundert. Aufbau und Organisation, Erfolge und Niederlagen der großen Geheimdienste. Berlin: Verlag Volk und Welt

Koch, Werner (1974). Ein Christ lebt für morgen. Heinemann im Dritten Reich. 3. Auflage, Wuppertal: Aussaat Verlag

Kordt, Erich (1948). Wahn und Wirklichkeit. Die Außenpolitik des Dritten Reiches. Versuch einer Darstellung. Stuttgart: Union Deutsche Verlagsgesellschaft

Kranig, Andreas (1984). Arbeitsrecht im NS-Staat. Texte und Dokumente. Köln: Bund-Verlag GmbH

Lange, Horst H. (1966). Jazz in Deutschland. Berlin: Colloquium Verlag Otto H. Hess

Mackinder, Halford John (1904). The geographical pivot of history. In: The Geographical Journal. Special Issue: Halford Mackinder and the 'Geographical Pivot of History'. Edited by Klaus Dodds and James D. Sidaway. December 2004. Volume 170. Part 4. Glasgow/Schottland: Royal Geographical Society

Mackinder, Halford John (1919). Democratic Ideals and Reality. A study in the politics of reconstruction. London: Constable and Company Ltd.

McGee, Peter (2009, Hrsg.). Beilage zu dem Nachdruck Zeitungszeugen. Sammeledition: Die Presse in der Zeit des Nationalsozialismus. Dok. 33, Hamburg, London: Albertas Ltd.

Meldungen aus dem Reich (1984). Die geheimen Lageberichte des Sicherheitsdienstes der SS 1938-1945. Band 2. Herrsching: Manfred Pawlak Verlagsgesellschaft mbH

Moorhouse, Roger (2007). Killing Hitler. Die Attentäter, die Pläne und warum sie scheiterten. Wiesbaden: marixverlag GmbH

Namier, Lewis Bernstein (1949). Diplomatisches Vorspiel 1938-1939. Berlin: Oswald Arnold Verlag

Poliakov, Léon & Wulf, Joseph (1983). Das Dritte Reich und seine Denker. Frankfurt am Main, Berlin und Wien: Ullstein Taschenbuchverlag

Preparata, Guido Giacomo (2011). Wer Hitler mächtig machte. Wie britisch-amerikanische Finanzeliten dem Dritten Reich den Weg ebneten. 2. Auflage, Basel: Perseus Verlag

Quigley, Carrol (2010). Appeasement. Die britische Mitschuld am Zweiten Weltkrieg. Berlin: Kai Homilius Verlag, Compact

Ramge, Thomas (2003). Die großen Polit-Skandale der Bundesrepublik. Frankfurt am Main: Campus Verlag

Reile, Oscar (1990), Der deutsche Geheimdienst im II. Weltkrieg. Westfront, Weltbild-Verlag, Augsburg: Weltbild Verlag

Rothfels, Hans (1960). Die deutsche Opposition gegen Hitler. Ungekürzte, stark revidierte Ausgabe, Frankfurt am Main und Hamburg: Fischer Bücherei

Schmid, Carlo (1981). Erinnerungen. Taschenbuchausgabe. Bern und München: Wilhelm Goldmann Verlag

Schmidt, Paul (1949). Statist auf diplomatischer Bühne. 1923–1945. Ausgabe von 1961. Frankfurt/Main und Bonn: Athenäum Verlag

Schröder, Heribert (1988). Zur Kontinuität nationalsozialistischer Maßnahmen gegen Jazz und Swing in der Weimarer Republik und im Dritten Reich. Bad Honnef: Colloquium. Festschrift Martin Vogel zum 65. Geburtstag.

Schultze-Rhonhof, Gerd (2007). 1939. Der Krieg, der viele Väter hatte. 6. überarb. und aktualisierte Auflage, München: Olzog Verlag

Shirer, William (1961). Aufstieg und Fall des Dritten Reiches. Köln: Komet MA-Service- und Verlagsgesellschaft mbH, Frechen

Speidel, Hans (1977). Aus unserer Zeit. Frankfurt am Main, Berlin und Wien: Verlag Ullstein GmbH

Springer, Axel (1972). Von Berlin aus gesehen. Zeugnisse eines engagierten Deutschen. 5. Auflage, Stuttgart: Seewald Verlag

Steinbach, Peter & Tuchel, Johannes (1994, Hrsg.). Widerstand gegen den Nationalsozialismus. Bonn: Bundeszentrale für Politische Bildung

Stern, Carola (2002). Doppelleben. Reinbek bei Hamburg: Rowohlt Taschenbuch Verlag

Straeten, Herbert (1997). Andere Deutsche unter Hitler. Mainz: v. Hase & Köhler Verlag

Strauß, Franz Josef (1989). Die Erinnerungen. Berlin: Wolf Jobst Siedler Verlag

Sutton, Antony Cyril (2008). Wallstreet und der Aufstieg Hitlers. Basel: Perseus Verlag

Wojciechowski, Marian (1990). Der historische Ort der polnischen Politik in der Genesis des Zweiten Weltkrieges. In: 1939: An der Schwelle zum Weltkrieg. Berlin u. New York: Walter de Gruyter

Wolf, Markus (2003). Spionagechef im geheimen Krieg. 5. Auflage, München: Econ Ullstein List Verlag GmbH & Co. KG

Zayas, Alfred M. de (1979). Die Wehrmacht-Untersuchungsstelle. 7., erweiterte Auflage 2001, München: Universitas Verlag

Namensregister

Unternehmen

Zeitungen mit vollständigen Namen und Radio

Inhalt

1933

1934

1935

1936

1937

Ebenfalls im Anderwelt Verlag erschienen:

England war mit dem Aufstieg kontinentaleuropäischer Länder zu Wirtschaftsmächten und Konkurrenten am Ende des 19. Jahrhunderts nicht untergegangen. Dabei standen die Sterne für das Empire nicht günstig. Der Anteil der Insel am Welthandel war über Jahrzehnte immer weiter gesunken, sie verfügte perspektivisch nicht selbst über genug Rohstoffe für ihre eigene Wirtschaft, auch nicht über hinreichend viele Einwohner, um den ökonomischen Aufstieg anderer Länder mit Hilfe von Feldzügen zu beenden. Wie lässt es sich erklären, dass binnen 50 Jahren die erfolgreiche Entwicklung großer Reiche in Kriegen und Diktaturen versandete und England auch ohne materielle Grundlage noch der Global Player ist wie vor hundert Jahren?

Londoner Außenpolitik & Adolf Hitler: Gibt es einen blinden Fleck?
Autor: Reinhard Leube

ISBN 978-3-940321-19-0 **€ 25.00 (D)**

Kriege werden aus zwei Gründen begonnen: Wirtschaft und Religion. In der Neuzeit ist es oftmals nicht zu übersehen, dass der Kampf ums Öl der wahre Grund für Kriege ist. Die Betrachtungen von Peter Haisenko zeigen, dass es bereits vor mehr als 100 Jahren nicht anders war. Politisch orchestrierte Lügen und Intrigen sind keine Erfin- dung der Neuzeit. Mit diesem Buch gehen Sie auf eine Reise durch das 20. Jahrhundert, und die Analyse wirtschaftlich-politischer Verknüpfungen lässt manche „geschichtliche Wahrheit" zweifelhaft erscheinen.

England, die Deutschen, die Juden und das 20. Jahrhundert
Autor: Peter Haisenko

ISBN 978-3-940321-03-9 **€ 24.90 (D)**

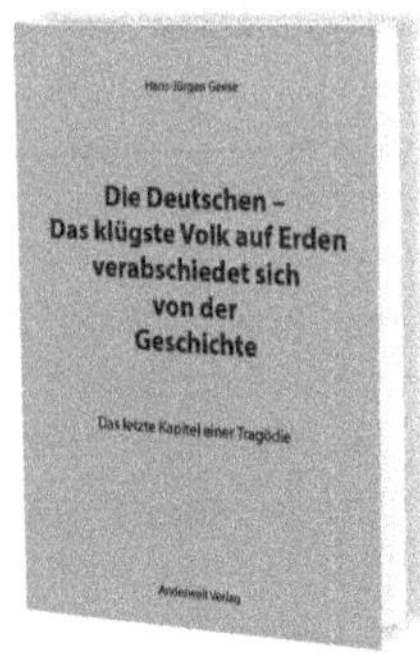

Deutschland als Kulturnation ist am Ende. Ein besetztes Land – sein Schicksal in fremden Händen, eine Marionettenregierung in einer Parteiendiktatur, eine machtlose Bevölkerung. Ein Grundgesetz, das keine Verfassung ist, und das zwar einen Widerstandsartikel kennt, aber dabei nicht konkret wird. Arbeit kann immer mehr Menschen nie wieder ernähren. Riesige soziale und wirtschaftliche Umwälzungen ohne Antworten. Flüchtlinge, die nicht gebraucht werden, ohne Pespektiven. Die Medien sind den Mächtigen hörig, anstatt Alternativen aufzuzeigen oder zumindest die harten Fragen zu stellen. Die Analyse der aktuellen Situation drängt sich förmlich auf.

Die Deutschen – Das klügste Volk auf Erden verabschiedet sich von der Geschichte
Autor: Hans-Jürgen Geese
ISBN 978-3-940321-17-6 **€ 16.00 (D)**

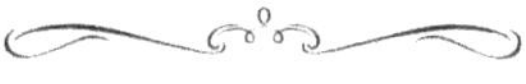

Der NSA-Skandal im Jahre 2013 führte den Deutschen vor Augen, dass sowohl ihre individuelle als auch die staatliche Souveränität nicht gewährleistet sind. Bei dem zu dieser Zeit geführten Bundestagswahlkampf wurde das massenhafte Ausspionieren der Bürger nicht thematisiert. Als am Wahlabend im September 2013 CDU und CSU ihren Sieg feierten, bekam Angela Merkel eine kleine deutsche Fahne gereicht. Diese entsorgte sie mit verzerrtem Gesicht. In jedem anderen Land wäre damit die Karriere eines Politikers beendet gewesen. Ihr Amtseid, alles zum Wohle des deutschen Volkes zu tun, erwies sich als Farce …

Ist Deutschland ein souveräner Staat?
Autor: Wolfgang Schimank
ISBN 978-3-940321-18-3 **€ 24.00 (D)**

Auf keinem anderen gesellschaftspolitisch brisanten Terrain herrscht ein so geisterhaftes Diktat des Schweigens, des Verschweigens, des Schönfärbens wie bei Fragen rund um Migration und Integration. Dieses Buch wagt sich weit vor, es zeigt mutig die zentrale Ursache jener längst aus dem Ruder gelaufenen Einwanderungsströme auf: das Tabu. Leidenschaftlich und mit lebendigen Beispielen räumt der erfahrene Sachbuchautor auf mit Lebenslügen, die unsere politisch Verantwortlichen uns seit 50 Jahren auftischen, um ihre Konzeptlosigkeit, ihr Zaudern, ihre Ohnmacht auf diesem grundlegenden Zukunftsfeld zu verschleiern.

Auf nach Germania!
Autor: Hans Jörg Schrötter
ISBN 978-3-940321-06-0 **€ 14.90 (D)**

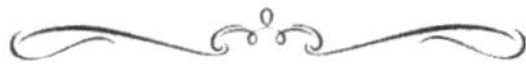

Afghanistan wird in Deutschland vor allem mit Krieg, Terror, Taliban, Chaos, Korruption und Drogen in Verbindung gebracht, nicht zuletzt deshalb, weil die Medien hierzulande fast ausschließlich über Kämpfe, Bomben und Tod berichten. Der Auslandseinsatz der Bundeswehr indes wird eher mit „höflichem Desinteresse" begleitet – die Soldaten und ihre Angehörigen werden in vielfacher Weise alleingelassen. Anliegen dieses Buches ist es, in einem persönlichen Exkurs episodenhaft und exemplarisch das andere, das zivile Afghanistan zu zeigen.

Verteidigung am Hindukusch
Autor: Dr. Joachim Sproß
ISBN 978-3-940321-09-1 **€ 14.00 (D)**

Was für ein Leben! Hineingeboren in die dunkelste Epoche der Neuzeit, wird der Protagonist dieser authentischen Odyssee konfrontiert mit menschlichen Grenzerfahrungen, wie wir sie uns, die wir in Frieden, Freiheit und Wohlstand aufgewachsen sind, überhaupt nicht vorstellen können: Hunger, Terror, Verfolgung, Vernichtungslager, Flucht, Gefangenschaft. Ständig in Gefahr, kein Ort, der dauerhaft Schutz und Sicherheit bieten konnte, Verlust der Heimat, Entbehrungen und Verzicht. Wie viele Menschen sind in vergleichbaren Situationen gescheitert?!

Nicht so Peter Gorew. Das Vertrauen auf seine Fähigkeiten und Talente, der Mut, sich in ausweglos erscheinenden Situationen nicht aufzugeben und allen Gefahren zum Trotz seinen Weg zu gehen, ein klares Ziel vor Augen und der unerschütterliche Wille, dieses Ziel zu erreichen, waren ihm Quellen der Kraft und der Orientierung. Nur dank dieser schier unmenschlichen mentalen Stärke konnte er die Wirren des Zweiten Weltkrieges schadlos überstehen und sein Ziel erreichen: ein neues, ein besseres Leben in Freiheit.

Der Leser wird förmlich hineingezogen in diesen geradezu unglaublichen Lebensbericht eines ungewöhnlichen Menschen und muss sich immer wieder vergewissern, dass es sich hier nicht um Fiktion handelt, sondern um die brutale Wirklichkeit eines gelebten Lebens. Die Lektüre dieser beiden Bände hinterlässt eine Fülle unauslöschlicher Bilder und eine tiefe Dankbarkeit für „die Gnade der späten Geburt".

Der Weg vom Don zur Isar

Autor: Vadim Grom

Band 1: ISBN 978-3-940321-12-1 **€ 13.90 (D)**

Band 2: ISBN 978-3-940321-15-2 **€ 14.20 (D)**

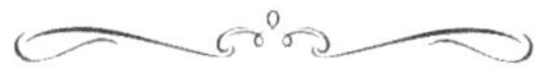

Wer echte Demokratie will, muss als wichtigste Voraussetzung ein Finanz- und Wirtschaftssystem fordern, das die Macht des Kapitals bricht, der „wundersamen Geldvermehrung“ durch Zins und Zinseszins ein Ende setzt und Korruption weitgehend unmöglich macht. Die Humane Marktwirtschaft wird das leisten, und nicht nur das. Sie wird den Menschen Freiheit schenken in bisher nicht gekanntem Ausmaß; ein Leben frei von Lohnsteuer und Inflation und damit eine zuverlässig planbare Zukunft. Um das zu erreichen, bedarf es keiner blutigen Revolution, sondern lediglich der Rückbesinnung auf die Grundsätze des Humanismus – und deren konsequente Umsetzung.

Die Humane Marktwirtschaft
Autoren: Peter Haisenko / Hubert von Brunn
ISBN 978-3-940321-13-8 **€ 15.00 (D)**

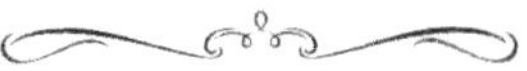

Das gesamte Angebot des Anderwelt Verlages finden Sie unter:

www.anderweltverlag.com

Besuchen Sie auch unser Portal für kritischen Journalismus und Meinungsbildung unter:

www.anderweltonline.com